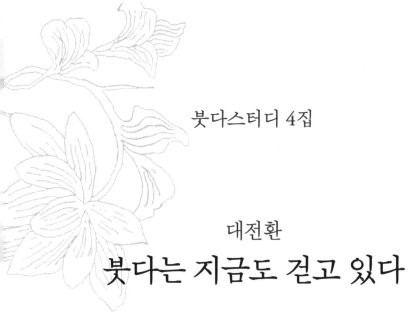

붓다스터디 4집

대전환
붓다는 지금도 걷고 있다

김재영 지음

KB191706

동쪽나라

〔실참실수(實參實修)〕

[무상(無常) *Sati* 일구]

문득 위의(威儀)를 단정히 하고,
허리 곧게 펴고, 두 눈 코끝에 집중하고
들숨 날숨 헤아리며 먼저 '사띠 일구' 외운다.
(죽비 / 목탁 3타−)

「예비호흡」

들숨− 날숨− 하나
들숨− 날숨− 둘− … 다섯

「(들숨 날숨− 숨이 감촉되는 그 자리에) '하나'−
(들숨 날숨− 숨이 감촉되는 그 자리에)
'제행무상(諸行無常) 제행무상(諸行無常)'−
(들숨 날숨− 숨이 감촉되는 그 자리에)
'마음이 허공처럼 텅− 비어간다.」 − (三念)」

[광명 *Sati* 일구]

「광명찬란 광명찬란
불성광명이 눈앞에 찬란하다.
나무석가모니불 우리도 부처님같이−」

'diṭṭha dhamma 딧타담마-, 눈앞의 fact-, 사실(事實)들-'로 대전환한다

1집 『화엄코리아』(2017년)
2집 『붓다의 일생 우리들의 일생』(2018년)
3집 『새롭게 열린다, 붓다의 시대』(2019년)
4집 『대전환 붓다는 지금도 걷고 있다』(2021년)

① 1집을 출간한지 5년만에 4집을 내 보낸다.

이렇게 해서 *Buddha Study* 전 4집을 내놓게 되었다.

지금 읽는 사람들 별로 없어도, 내가 불교공부, 불교인생 50여 년을 돌아보면서, 그래도 세상에 '꼭 남기고 가야지'-, 하는 나 자신과의 약속은 지켰다. 욕심 같아서는 기초교리 중심으로 5집까지 쓰고 싶지만, 팔십 중반을 바라보는 나이라, 기약하기 어렵다. 이것만으로도 감사하고 감사하다.

② *Buddha Study* 1~4집은 말 그대로 '부처님 공부하는 교재'다.

세계종교들이 다 그러하듯이, 불교공부는 '부처님 공부'가 전부다. 전부가 돼야 한다. 붓다 석가모니의 땀 냄새 물씬 풍기는 팔십 생애-, 그리고 붓다의 직언직설(直言直說)이 불교공부의 전부가 돼야 한다.

부처님의 팔십 생애-, 붓다께서 목말라 하며 걷고 걷는 전법고행의 길 가르치고 배우는 데도 시간이 모자란다. 입문에서부터 노령에 이를 때까지 거듭거듭 배우고 배워도 부족하다. 그런데 우리 불교도는 엉뚱한 공부에 빠져서 부처님 생애 공부하지 않고, 수박 겉핥기식으로 넘어간다. 그러고는 '연기다' '무아다' '반야다' '공이다' '마음이다' 하고 앉았다. 붓다의 직언직설 배우지 않고, 절마다 법회마다 '금강경이다' '반야심경'이다 하고 앉았다. 붓다의 관찰법 *Sati* 배우지 않고, '위빳사나다' '참선이다' '명상이다' 하고 앉았다. 부처님께서 와서 보면, '이게 불교인가? 내가 언제 이런 거 가르쳤든가?-', 하실 것이다. 부끄럽다.

③ 그 결과가 오늘 우리 불교의 참담한 현실이다.

불교 아무 쓸모없는 것이 되고 말았다. 우리 불교도(佛敎徒) 어떤 사회적 역할도 하지 못하고 동포들로부터 버림받고 말았다. 1970~90년대-, 우리 한창 혈기방장 할 때만해도, 애쓰고 노력하면 뭔가 성과가 있었다. 절에 아이들도 청년 대학생들도 왁자지껄 모여왔다. 동덕불교학생회는 전교생 절반이 넘는 8백여 명이 몰려왔다. 무진장 스님, 정무 스님이 밤이고 새벽이고 달려와서 법회 했다. 그러나 지금은 아무리 해도 안 된다. 목숨 걸고 하는 사람들도 거의 없고, 아무리 발버둥 쳐도 안 된다. 절벽이다. 눈앞이 캄캄하다. 다들 한소식 기다리며 앉아있기 때문이다.

④ '*diṭṭha dhamma* 딧타담마-, 눈앞의 *fact*-, 사실(事實)들-'

이것이 이 책의 주제(主題)-, *Key-word*다. 아니-, *Buddha Study*의 일관된 주제다. 불교는 처음부터 '*diṭṭha dhamma*딧타담마-, 현금

법(現今法)−, 눈앞의 사실(事實)'을 대전제로 한다. 불교 이전에는 초월적 명상을 통하여 브라흐만(Brahman, 梵, 梵天) 찾고 법아일여(梵我一如) 찾고 우주진리 찾았다.

그러나 붓다는 이런 초월적 명상적 방식 버리고 '눈앞의 사실(事實)'로, 곧 '*diṭṭha dhamma*딧타담마'로 전환하였다. 눈앞에 보이는 민중들의 고통과 사회적 불의(不義)와 맞서 싸우고 이기기 위하여 전법고행의 길 걷고 걷는 삶으로 전환한 것이다.

천지개벽−, *Copernicus*적 대전환이다. 이것이 *Sati*고, 고집멸도(苦集滅道)고, 끝없이 걷고 걷는 보살고행의 길이다. 이것이 불교 전부다. 더 이상 없다.

'우리도 부처님같이'−, 다시 한번 외친다.
아무리 외쳐도 듣는 사람 별로 없지만, 다시 한번 도전한다.
나는 이렇게 무모한 짓 하다가 갈 것이다.
내생에도 빛나는 몸으로 다시 와서 또 할 것이다.
이것이 내 숙명이다. 감사하고 감사합니다.

2021년 9월 8일
안성 죽산 용설리 도피안사 玉川山房에서
김재영

대전환

붓다는 지금도 걷고 있다

차 례

| 약 어 |

빨리어 경전(한글본)의 약어는 Pāli-English Dictionary의 약어에 준함.

A   Aṅguttara-Nīkāya (증지부)

AA   Aṅguttara-Nīkāya Aṭṭhakathā (증지부 주석서)

D   Dīgha-Nīkāya (장부)

DA   Dīgha-Nīkāya Aṭṭhakathā (장부 주석서)

Dh   Dhammapada (법구경)

DhA   Dhammapada Aṭṭhakathā (법구경 주석서)

J   Jātaka (본생담)

M   Majjhima-Nīkāya (중부)

MA   Majjhima-Nīkāya Aṭṭhakathā (중부 주석서)

S   Saṅyutta-Nīkāya (상응부)

SA   Saṅyutta-Nīkāya Aṭṭhakathā (상응부 주석서)

Sn   Sutta-nipāta (경집)

Thag   Theragāthā (장로게)

Thig   Therīgāthā (장로니게)

U   Udāna (감흥어)

Vin   Vinaya-Piṭaka (율장)

PED   Pāli-English Dictionary

PTS   Pāli Text Society

T   대정신수대장경

개강開講

우리 인생–우리 불교 생사기로, 대체 무엇이 문제일까?

●
●

"아난다여, 좀 쉬어야겠다.

나는 몹시 피로하구나.

아난다여, 물을 좀 다오.

나는 목이 마르구나. …"

― 디가니까야 16 『대반열반경』 4, 21-22 ― [1]

1. 절은 텅텅 비어가고, 교회는 차고 넘치고

1) 이 참담한 불교 현실–, 빛나는 혈통 다 잃고 말았는가?

불교도의 분열, 끝없는 싸움

---

1) D Ⅱ. p.128. ; 각묵 스님 역, 『디가니까야』 2권 p.251.

역동적 적응능력 상실
도도한 시대적 변화에 대한 무감각
사회적 무력화(無力化), 주변적 종교로 전락-

절이 텅- 비어간다.
법회가 텅- 비어간다.
불교인구가 텅- 비어간다.
절에 사람들이 오지 않는다.
법회에 사람들이 모이지 않는다.
코로나 탓만은 아니다.

교회는 사람들로 차고 넘친다.
시골 작고 가난한 마을에도 지역교회가 다 들어서 있다.
웬만한 교회는 집회에 수백 수천 명이 보통이고, 소위 대형교회는
몇만 명씩 모인다.
실로 세계사의 기적이다.
대한민국은 바야흐로 교회공화국이다.
지금 우리 역사는 바야흐로 '기독교시대'다.

우리 불교의 이 참담한 몰락-,
거의 다 무너졌다.
거의 다 죽게 되었다.
긴 설명이 필요 없다.
눈앞에 환- 히 보이는 사실이다.

빠리사에 무릎 맞대고 둘러앉아
밤늦도록 함께 공부하고 토론하고
거친 들판 험한 물길을 달려 목숨 걸고 전법하고-,

우리 선대들의 이 빛나는 혈통-,
다 어디로 간 것일까?
우리 불교 그 역동적인 개척의 열정-,
다 잃고만 것일까?

2) 왜 떠나갈까?,
왜 이렇게 썰물처럼 떠나갈까?

간단하다.
사람들이 따나가는 이유-,
그 이유는 간단하다.
절에서, 법회에서 시민들이 썰물처럼 떠나가는 이유-,
단순명료하다. 깊이 생각할 것도 없다.
열정(熱情)이 없기 때문이다. 열정이 퇴화했기 때문이다.
매일 '무안이비설신의(無眼耳鼻舌身意)' 찾다가 감각기관이 퇴화하고, 거기서 솟아나는 열정도 퇴화해버렸기 때문이다.
교회는 민중들의 욕구에 예민하게 응답하고 불교는 무감각 무응답하기 때문이다.

교회 성직자들은 신도들이 아프면 뛰어가 밤새 함께 눈물 흘리며 기도하고, 타종교 사람들에게도, '절에 다닌다'고 해도, 굳이 정성을 다하여 기도해준다. 불교 사찰에서는 아무리 오랜 신도라도 앉을자리 하나 없는 뜨내기 나그네고, '신도회장'은 회원 없는 '허수아비 회장'−, 돈만 내는 '돈 회장'−, 병들어 누워도 찾아와 기도해주는 이 하나 없다. 스님도 없고 도반도 없다. 많은 절에서는 돈 가져와야 재(齋) 해준다. 돈 없으면 극락도 못 간다.

교회 성직자들은 교우들이 듣기 원하는 사회적 실제적 문제들에 관하여 철저하게 연구하고 성경에 근거하여 간결하게 열정적으로 설교하고, 대중들은 감동해서 '아멘' '아멘' '할렐루야'를 외치며 화답한다. 힐링(*healing*)되고 있는 것이다. 가정에서 사회에서 받은 스트레스 우울증이 치유되고 있는 것이다. 그래서 밤이고 새벽이고 기를 쓰고 모인다. 눈물 흘리며 소리쳐 기도한다. 치유과정이다.

우리 법사들은 설법이라고 하면서 매번 하는 가락대로 혼자 장광설 늘어놓는다. '연기 · 중도 · 공 · 마음 · 한소식 · 깨달음'−, 대중들이 관심도 없고 고달픈 삶에 아무 위로가 되지 않는 교리 사상 도취해서 동서남북 팔만대장경 다 꿰고 있다. 법사 혼자 도취하고, 대중들은 허리 비비꼬며 졸고 앉았다. 열정도 없고 감동도 없다.

무열정(無熱情), 무감각 무응답,
우리 불교의 이 절망적인 무열정(無熱情)−,
우리 불교가 민중들의 욕구에 이렇게 무감각하고, 우리 불교도들이 시대의 요구에 이렇게 무응답하면서, 어떻게 사람들 모이기를 기대할 수 있을까? 시대의 흐름에 예민하고, '성불' '한소식' '깨달음'이 아니라, 자기들 인생문제에 고뇌하고 있는, 그 출구를 갈망하고 있는 시민 · 청소년 · 청년 · 대학생들−, 어떻게 절에, 법회에 모여들기 기대할 수 있을까? 민중들을 잃고 시민들을 잃고 무슨 수로 살아남을 수 있을까? 부처님이 어디 하늘에서 뚝 떨어지는 것일까? 불교가 어디 땅에서 한 순간 쑥 솟아나는 것일까? 깨달음 한소식이 토굴에 앉아서 머리 굴린 다고 번쩍 되는 것일까?

2. '일어나라, 어서 일어나라', 노(老)붓다의 모습 보고도 게으르게 앉아있다

기원전 544년 웨사카달력(인도달력) 2월 보름

부처님 생애 마지막 날

구시나가라(Kusinsgara) 가는 길

늙고 병들고 지친 팔순의 노(老)붓다

대장장이 쭌다(Cunda)의 공양 드시고 중독되어 피를 쏟으시고

그래도 작고 외로운 말라족(Malla族) 불쌍한 동포들(*the miserable people*) 찾아 법을 설하러 뙤약볕 길 걸으시고

걷다가 지치고 목이 말라 이렇게 호소하신다.

두 번 세 번-, 이렇게 호소하신다.

〔실참실수(實參實修)〕

[합송 ; 붓다의 직언직설(直言直說)]

위의를 단정히 하고

허리 곧게 펴고 두 손 경건히 합장하고

붓다의 모습 우러러 직시하면서
대중들이 간절한 마음으로 함께 외우며 가슴 깊이 새긴다.
(목탁 / 죽비-)

"아난다여, 좀 쉬어야겠다.
나는 몹시 피로하구나.
아난다여, 물을 좀 다오.
나는 목이 마르구나. …"

— 디가니까야 16 『대반열반경』 4, 21-22 —

(2번, 3번 외운다.
한참 동안 부처님 모습 지켜보며 생각한다.
목탁/죽비-)

"일어나라.
어서 일어나라.
일어나서 걷고 걸어라.
저 부처님같이
일어나서 걷고 걸어라."

아무리 외쳐도 안 된다.
목이 터져라 외쳐도 꿈쩍 않는다.
허망한 골짜기-, 메아리도 없다.
마냥 앉아있다. 죽치고 앉아있다.
눈앞에 보고서도 듣고서도 지금 우리는 앉아 있다.

늙고 병들고 지친 팔순 노(老)붓다의 저 간절한 호소-, 보고 들으면서도, 우리는 지금 머리 굴리며 눈감고 눈뜨고 이렇게 게으르게 앉아있다. 붓다의 뒤를 좇아 법의 수레를 몰고 목말라 하며, 피땀 흘리며 열정을 다하며 거친 들판 걷고 걸을 생각 아니 하고, 이렇게 처음부터 앉아있다. 불교 입문하면서 앉는 것부터 배운다.

경전공부 한다고 앉아있고,
교리공부 한다고 앉아있고,
위빳사나 · 사마타 한다고 앉아있고,
참선한다고 앉아있고,
명상한다고 앉아있고,
기도한다고 앉아있고,
깨닫겠다고 앉아있고,
한소식 한다고 앉아있고,
마음 챙긴다고 앉아있고,
삼매 든다고 앉아있고,
'연기' '공' '마음' '본래부처'-,
이렇게 헛소리 하며 앉아있다.

거기에 부처님 없는데, 거기에 부처님의 피땀 어린 삶도 없고 직언직설(直言直說)도 없는데-, 껍데기뿐인데-, 끝까지 게으르게 머리 굴리며 헛소리 하며 앉아있다. 게으르게 머리 굴리며 눈감고 눈뜨고 앉아있다.

3. 생사기로 우리 불교 –,
대체 무엇이 잘못된 것일까?

1) '붓다의 상실' –,
바로 이것이 문제다

어쩌다 이 지경 되었을까?

걷고 걷는 우리 불교–, 해탈구원의 우리 불교–,

목말라 하며 피땀 흘리며 걷고 걷는

'붓다의 불교' '개척불교'–,

거친 열정으로 험한 들판 내달리며 법바퀴 굴리는

'붓다 빠리사' '개척 빠리사'–,

다 어디가고, 어쩌다 이 지경 되었을까?

작고 외로운 동포들–, 버림받은 동포들을 당당 역사의 주역, 사회의 주역으로 일으켜 세우며, 차별과 폭력의 캄캄한 절망의 대륙을 희망의 대륙으로, 경이로운 *Buddhist India*로 변혁시켰던 그 장대한 기상, 분출하는 에너지–, 다 어찌하고, 이렇게 무열정 · 무감각 · 무응답–, 게으른 앉은뱅이–, 삼류 *Outsider*–, 이렇게 초라하게 무너져가고 있는 것일까?

어쩌다 이 지경 되었을까?

'붓다의 불교–개척불교'–, 왜 망각하고 만 것일까?

왜 이렇게 이 역동적인 생명력, 동력 상실하고 만 것일까?

왜 이렇게 무기력 무감각해지고 만 것일까?

왜 이렇게 민중과 역사의 요구에 아무 응답도 못하게 된 것일까?

대체 무엇이 잘못된 것일까?

생사기로 우리 불교-, 대체 무엇이 잘못된 것일까?

생사기로 우리 불교-, 우리 인생-, 우리 민생(民生)-, 대체 무엇이 문제일까?

그 대답은 단순명료하다. 분석하고 연구할 것 없다.

무엇인가? 무엇이 문제인가?

대답은 딱 둘이다.

<u>첫째, '붓다의 상실'이다.</u>

지금 우리는 붓다를 잃고 있다.

지금 우리는 붓다의 삶을 까맣게 망각하고 있다. 지금 이 땅의 불교도들은 붓다 석가모니의 아픈 연민을 망각하고 있다. 숨넘어가는 순간까지도 목말라 하며 걷고 걷는 팔순 노(老)붓다의 아픈 연민-, 인류정신사의 미증유(未曾有)-, 그 고결한 열정을 망각하고 있다.

'붓다의 상실-,

붓다 석가모니의 망각-,

늙고 병든 팔순 노(老)붓다의 아픈 연민과 열정의 망각'-,

이것은 우리 불교가 근거(根據)를 상실한 것이다.

우리 불교도가 딛고 설 토대-근거-뿌리를 상실한 것이다.

그래서 지금 우리는 족보 없는 불교-, 정통성(正統性)을 상실한 불교를 하고 있다. 불교 아닌 것을 '불교'라고 우기고 있는 것이다.

붓다 없는 불교-, 이것이 무슨 불교일까? 붓다 석가모니의 연민과 열정의 삶을 망각하고 '깨달음' '한소식'-, 이것이 무슨 깨달음이며 한소식일까? 허구(虛構, *fiction*)며 거짓(虛僞, *fake*) 아닐까? 2천7백 년 불교사-, 몇 명이나 깨달았는가? 그래서 세상을 어떻게 바꿨는가? 인도를-, 중국을-, 한국을 어떻게 바꿨는가? 지금 인도-, 어떤 나라인가? 중국-, 어떤 나라인가? 한국-, 어떤 나라인가? 2천여 년 불교 믿어온 나라들-, 거기서 깨달음-한소식-, 뭣들 하고 있는가?

2) '방법론의 모순' -,
바로 이것이 문제다

<u>둘째, 방법론의 문제다.</u>

불교 하는 방법-, 이것이 문제다.

불교 하는 방법론-, 이것이 문제다. 곧 방법론(方法論)이 잘못돼 있는 것이다. 불교방법론이 왜곡되고 망가져 있는 것이다. 우리 불교의 이러한 변질과 몰락은 기본적으로 방법론의 문제에서 야기된 결과이다. 불교 하는 방법론의 모순된 적폐(積弊)에서 초래된 응보(應報)이다.

'깨달음' '한소식' '견성' '성불'

'해탈 열반' '불국토' '보살행'-,

이것이 모두 허구적 관념론(觀念論)이다.

지금 우리는 이러한 허구적 관념론에 빠져 불교 하고 있다. 이 모든 것을 오로지 앉아서 머리 굴리면서 생각으로, 마음으로 하고 있다. 눈 감고 눈뜨고 앉아서 마음 찾으면 만사형통 다 되는 것처럼 허구로 과장하고, '마음'이라는 허구적 관념주의에 깊이 빠져있다.

 '연기' '중도' '무아' '공'
 '불성' '자성' '본래청정'
 '본래부처' '모두 부처' '나도 부처'
 '본래 깨달아 있다' '본래 광명이다'
 '본래 고통 없다' '본래 죽음 없다' '닦을 것이 없다'-,

 이것이 모두 허구적 관념주의(觀念主義)다.
 이것이 모두 허구(虛構, *fiction*)며 거짓(虛僞, *fake*)이다.
 지금 우리는 모두 이 허구와 거짓에 빠져 불교 하고 있다.
 왜 허구며 거짓이라 하는가?
 모두 고귀한 법들인데, 왜 '허구며 거짓'이라고 매도하는가?

 사실(事實) 아니기 때문이다.
 이런 교리들은 지금 여기서 눈앞에서 볼 수 있는(*diṭṭha*) 사실(事實, *dhamma*)이 아니기 때문이다. 지금 여기서 누구든지 와서 볼 수 있는 '보편적 사실(普遍的 事實)'이 아니기 때문이다. 아니-, 우리가 이 고귀한 법들을 눈앞의 삶으로, 행위로, 사실로 살아내지 못하기 때문이다. 말만하고 생각만하고 있기 때문이다.

 '*diṭṭha dhamma* / 딧테담마-,
 현금법(現今法)-, 눈앞의 *fact*-,
 지금 여기서 눈앞에서 볼 수 있는(*diṭṭha*) 사실(*dhamma*)'-,

이것이 불교의 대전제(大前提)다.

이것 아니면 불교 아니다. 붓다의 법 아니다.

사실 아닌 것을 '법(法)'이라고-, '진리(眞理)'라고 우기는 것은, 아무리 근사한 사상이라도 곧 허구며 거짓이다. 지금 누가 부처인가? 지금 여기서 이 눈앞 현실에서 부처 아닌데, '본래 부처'가 무슨 의미가 있는가? 지금 이 순간에도 수없이 고통 받고 죽어가는 이 사람들-, 동포들은 무엇인가? 이것이 눈앞의 사실 아니고 무엇인가? '본래 고통 없다, 죽음 없다'-, 앉아서 아무리 외친들, 눈앞의 사실이 아닌데, 이것이 무슨 의미가 있는가?

교리공부-, 이것은 허구다.

피땀 흘리며 걷고 걷는 붓다의 삶을 배우지 아니 하는 교리공부-, 이것은 허구다.

경전공부-, 이것은 허구다.

따뜻한 숨결이 스며있는 붓다의 직언직설 배우지 아니하는 경전공부-, 이것은 허구다.

위빳사나 참선 명상수행-, 이것은 허구다.

동포들의 고통과 사회적 불의-, 눈앞의 사실 보지 아니 하고, 마음 찾고 자기 찾고 우주진리 찾는 위빳사나 참선 명상수행-, 이것은 허구다.

4. 불교-, 다시 세울 것이다,
불교 살아야 우리 인생도, 동포도 살아난다

'*diṭṭha dhamma* / 딧테담마 -,

현금법-, 눈앞의 *fact* -,

지금 여기서 눈앞에서 볼 수 있는(*diṭṭha*) 사실(*dhamma*)'-,

이것이 불교의 대전제며,

바로 이것이 '불교의 정체성(正體性, *Identity*)'이다.

바로 이것이 불교방법론의 정체성이다.

부처님도 이렇게 하시고, 우리 선대(先代)들도 이렇게 하신다. 이제 우리는 먼저 '불교의 정체성'을 다시 세울 것이다. 불교 방법론의 정체성-, '불교 하는 대전제'를 다시 세울 것이다. 오래 망각한 붓다-, 붓다 석가모니의 삶을 다시 세울 것이다.

가장 먼저 *Sati*부터 다시 세울 것이다. 붓다의 관찰법-, *Sati*부터 다시 세울 것이다. 이렇게 해서 붓다의 열정(熱情, *chanda* / 찬다) 다시 불러일으킬 것이다. 이렇게 해서 '깨달음' '연기' '본래 부처'-, 이 고결한 붓다의 법들 다시 살려낼 것이다. 뼈를 깎는 자기성찰과 비판을 통해서 불교의 모든 법들, 하나도 버리지 아니 하고, 다 다시 살려낼 것이다. 이렇게 우리는 새로운 희망의 출구를 열어갈 것이다. 생사기로(生死岐路) 우리 불교-, 반드시 다시 살려낼 것이다.

불교가 살아야

불교로써 정신(精神, *Spirit*)을 삶아 온 우리 동포들이 살고

동포들이 살아야 우리 가정이 살고
그래야 내가 살아난다.
그래야 내가 이 인생 한번 신명나게 날아오를 수 있다.

사랑도 한번 멋있게 해보고
돈도 한번 왕창 벌어보고
출세도 한번 폼 나게 해보고
이 나라 자유민주주의도 한번 굳세게 지켜보고
우리 불교도들도 한번 우렁차게 세계만방에 떨쳐보고-,

이것이 열심히 살아가는 소박한 우리들의 염원 아닌가.
우리가 불심(佛心)으로 이렇게 신나게 살아가면,
이것이 모든 동포들에게 기쁨이고 희망 아닌가.
벌써 가슴이 힘차게 박동하고 있다.

2020년 10월 1일 한가위 날
안성 죽산 도솔산 도피안사
玉川山房에서 **필자**

제1장

붓다 시대–, 기원전 7~5세기,
사회적 위기의 격화와
새로운 사상적 혁신운동

'분명히 이 세상 전체가 Brahman(梵)이로다.

누구나 차분히 그것에게 예배하라.

누구나 그것으로부터 탄생하였고,

그것으로 돌아가며,

그것을 호흡하도다.'

— *Chāndogya-Upanisad* 3, 14, 1 – [1]

---

1) *The Thirteen Principal Upanisads*, translated by R. E. Hume(Oxford University Press, London, 1934) p.209. 『초기불교개척사』 p.137에서 재인용.

제1강

붓다 시대-, 사회적 민중적 상황, 사회적 양극화 현상과 사회적 위기의 본질

.
.

1. 사회적 상황 - 큰 흐름

① 붓다 시대-, 기원전 7~5세기,

인도사회는 심대한 사회적 전환기에 직면하고 있었다.

철제 농기구의 사용으로 인한 농업생산력의 증대는 수공업과 상업, 교역의 발전을 촉진하고, 그 결과 인구의 증가, 도시화 현상이 전개되고, 이러한 경제적 변화는 정치 사회 전반의 급속한 구조적 변동을 초래하였다. 정치적으로는 강력한 군주들 사이의 정복전쟁이 진행되면서 인도대륙은 마가다(Magadha)·꼬살라(Kosala) 등 강대국들을 비롯한 16국 쟁투시대를 맞이하고 있었다. 사회적으로는 강력한 군주권에 기초한 '국가적 사회화'와 더불어 노동력에 대한 욕구가 증대되면서, 카스트(caste)의 신분적 차별화와 더불어 '계급적 사회화'가 촉진되었다.

② 이러한 변화 속에서 정치적 경제적 주도세력으로 등장한 캇띠야 (khattiya / 戰士貴族)와 세띠(seṭṭhi / 長者)·가하빠띠(gahapati / 居士) 등이 새로운 시대적 변화를 선도하는 사회적 중심 그룹으로 자리 잡아 갔다. 이들 전사·장자·거사 그룹들은 신흥 불교운동의 중심축으로서 도 큰 역할을 담당한다.

③ 기원전 7~5세기 광범하게 진행된 인도사회의 이러한 급속한 경제 사회적 변화는 결과적으로 평민·노비 등 민중세력들의 사회 경제적 몰락을 초래하고, 주류 사상계의 재편을 불가피하게 하는 시대적 요인으로서 작용한다. <u>붓다의 '불교운동' 또한 이러한 역사적 격변 속에서 형성된 '시대의 산물'로서 조명되지 않으면 안 될 것이다.</u>

2. 평민·노비 등 생산자 계층의 사회적 몰락

① 초기 베다(Veda) 시대-, 비교적 평등한 사회였다.

평민(平民 viś, vessa)들은 귀족들과 거의 평등하게 인식되었다. '귀족들은 평민들로부터 창출되었다'[2] '귀족들과 평민들은 같은 그릇으로 음식을 먹어야 한다'라고[3] 일컬어질 정도였다.

② 그러나 후기에 이르러 계급화 사회가 진행되면서, 카스트(caste) 계급이 사회적 지위와 특권/특전, 그리고 책임과 권리의 주된 자원이

---

3) SB XII 3. 8 ; Upreti(1997) p.58
4) SB IV 3. 3. 15 ; Upreti(1997) p.58

되어갔다. 네 카스트에 따라서 인사법·무덤의 크기, 심지어 신(神)들까지 서로 다르게 변화되어 갔다. 「아이타레야 브라마나(*Aitareya Brāhmaṇa*)」에서는, '평민처럼 타인에게 종속적이고, 타인에게 먹이가 되고, 〈타인의〉 자의(恣意)로 억압되고 …',[4] 이렇게 단정되고 있다.

③ 노비(奴婢, sudda, sudra)는 경제 확장에 필요한 노동력을 공급하는 중요한 경제적 자원들이지만, 그들의 사회 경제적 지위는 매우 열등한 것이었다. 그들은 재산권이 없었다.[5]

P. 딧사나야케(Piyasena Dissanayake)는 이렇게 논하고 있다.

'수드라에게 재산을 소유할 권리가 없었다. 그가 어떤 개인재산을 가지고 있을지라도 그의 주인은 그것을 마음대로 가질 수 있었다. 또 수드라는 자기의 직업을 선택할 수도 없었다. 상위 계급은 그들을 마음대로 처분할 수 있었으며, 그들은 생계를 위해 상위계급에게 의존해야만 했다. 그들은 주인들이 버린 옷이나 신발과 같은 필수품만 사용할 수 있었다. 또 주인이 먹다 남긴 음식을 먹어야 했다.'[6]

④ 그들은 베다를 공부하거나 암송할 권리마저 배제되었다.[7]

---

4) *Aitareya Brāhmaṇa* Ⅶ 29. 3 cit. Upreti(1997) p.58
5) Upreti(1997) pp.56-57
6) 딧사나야케(1988) p.133
7) '만일 숫다(수드라)들이 베다 암송을 고의적으로 들으면 그들의 귀를 열로 녹인 주석이나 락(lac)으로 채울 것이요, 만일 그들이 베다의 문헌을 암송한다면 그 혀를 잘라낼 것이며, 만일 그들이 그것들을 기억하고 있다면 그 몸을 두 동강이로 잘라야 할 것이다.' SBE ⅩⅣ p.236 cit. 딧사나야케(1988) pp.132-133

그들은 '탄생의식(upanayana)'에서조차 배제되었으므로 내생에 더 좋은 신분으로 태어날 수 있는 재생(再生, dvij)의 기회마저 영구히 박탈당하였다.[8] 노비들과 여성들을 포함한 부정(不淨, pollution)의 개념도 이미 성행하고 있었다. 베다 본집의 주해서인 「샤타파타 브라흐마나(*śatapatha Brāhmaṇa*)」에서 여성의 복종은 전면적인 것이라고 규정하고,[9] '여성 · 노비 · 개 · 까마귀는 어리석다'고[10] 공언하고 있다. 다만 아직 불가촉천민(不可觸賤民)의 제도화는 나타나지 않고 있었다.[11] 결론적으로 말하면, 노비들을 사회의 주류로부터 배제하려는 사회적 제도적 장치는 거의 완벽한 것이었다.[12]

3. 사회적 양극화와 도덕적 붕괴

① 경제가 확장되고 자산가 계급의 지위가 공고해지면서, 평민과 노비들을 주축으로 하는 하층 생산자 계급의 조건은 더욱 악화되어갔다. 이전에는 존경 받던 기술자 · 수공업자들도 노비의 지위로 몰락하였다. 그들은 영구한 궁핍과 치욕에서 벗어날 길이 없어 보였다.

이것은 후기 베다 시대 말기 동북 인도사회가 두 개의 사회적 집단으로 양극화되고 있었다는 사실을 의미하는 것이다. 하층생산자―노

---

8) Upreti(1997) p.57 dvij(davij, 再生), dvija(davija, 再生族)에 관해서는 中村 元(1094) p.98 참조
9) SB Ⅳ 4. 2.. 13 ; Upreti(1997) p.57
10) SB ⅩⅣ 1. 1. 31 cit. Upreti(1997) p.59
11) Upreti(1997) p.57
12) Upreti(1997) p.57

동자 계급들이 일상적으로 직면하는 공공연한 차별과 자산가 계급의 화려하고 풍요한 삶이 민중들의 박탈감과 궁핍감을 더욱 고조시키고 있었다는 사실을 의미하는 것이다.

② 이러한 양극화는 그 자체로서 사회적 위기를 의미하는 것으로서, '두 카테고리 사이의 날카로운 차별화는 사회적 긴장의 시작을 조성하였다.'[13] 이러한 긴장은 구체적인 사건으로 표출되었다. *Vinaya-piṭaka*에 의하면, 석가족(Sakkā)의 노비들은 그들의 주인들에 대한 보복으로써 그들의 부인들이 숲속에 고립되었을 때 그 부인들을 공격하였다.[14] 이 사건은 자산가와 노동자의 두 사회적 그룹 사이의 적개심이, 여성들을 분명한 목표로 삼는 최초의 기록 가운데 하나로서 중요한 의미를 지니는 것이다.[15]

사회적 불평등에 대한 노동자 계급의 의식도 점차 깨어나고 있었다. 그들은 그들 지배자들의 엄청난 부(富)의 정당성에 관하여 의문을 갖기 시작하였다.[16]

4. 사회적 위기의 본질 —,
   ## 탐욕스럽고 공격적인 사회적 이기주의

① 이러한 사회적 갈등과 투쟁의 원인은 무엇일까?

계급과 계급을 분열시키고 가정공동체를 파괴시키는 원인과 조건은

---

13) Chakravarti(1996) p.27.

14) *Pacittiya* p.241 cit. Chakravarti(1996) p.27

15) Chakravarti(1996) p.27 note-145

16) Woodward(1995) V p.27 ; II. p.35

무엇일까?

이와 관련하여 『맛지마 니까야(*Majjhima-nikāya*)』의 「랏따빨라 경(*Raṭṭhapāla-sutta*)」에서는 의미 깊은 메시지를 전하고 있다. 출가 수행자 랏타빨라는 꼬라위야(Koravya) 왕에게 이렇게 게송으로 말하고 있다.

"내가 세상의 부자들을 바라보니
어리석어 그들의 재물을 나눠주지 않고
욕심 많게 그들의 부(富)를 쌓아두고
아직도 더더욱 감각적 쾌락을 갈망하고 있다네.

폭력으로 육지를 정복하고
바다 끝까지 땅을 지배하는 왕은
아직 그것으로 만족하지 못하고
또한 바다 저편까지 탐내고 있다네.

어찌 왕뿐이랴, 모든 사람들 또한
욕심을 이기지 못하고 죽음을 맞이하여
뜻을 이루지 못한 채 시체를 남기니
세상 욕망은 만족을 모른다네. … "

― 『맛지마니까야』 82 「랏따빨라 경」/ *Raṭṭhapāla-sutta* ―[17]

---

17) M Ⅱ 73 ; 전재성 역(2003) 『맛지마니까야』 3권, pp.417-420

② 나눠줄 줄 모르는 부자들의 욕심,

끝 간 데를 모르는 왕들의 정복욕,

만족을 모르는 세상 사람들의 욕망-,

이러한 경전의 서술은 후기 베다 시대 말기, 동북 인도의 사회적 병리(病理) 현상에 잘 조응하고 있는 것으로 보인다. 사유재산의 발달에 기초한 자산가 계급의 개인주의는 자신을 적절히 제어할 수 있는 도덕적 장치를 구축하지 못한 채 탐욕스럽고 공격적인 이기주의(利己主義, egocentrism)로 끝없이 표출되고 있었다. 무한정한 획득과 독점을 추구하는 이기적 개인주의가 날카로운 사회적 긴장과 갈등을 조성하고, 이러한 긴장과 갈등이 '새로운 시스템이 도약지점에 이르기도 전에 시스템 그 자체를 위협하는'[18] 심각한 위기를 형성하고 있었던 것이다.

③ 이 상황에 대하여 붓다는 이렇게 우려하고 있다.

"국가를 다스리고 재산이 풍부한 군주들은, 그들의 만족할 줄 모르는 욕망에 영합하면서, 이제 그들의 이기심을 서로들을 상대로 드러내고 있다. 만일 이러한 행위들이 쉽 없이 무상의 흐름 속에 헤엄치면서 탐욕과 물질적인 이기심에 의하여 지속된다면, 과연 누가 이 지상에서 평화롭게 걸을 수 있겠는가?"[19]

---

18) Upreti(1997) p.56
19) cit. Upreti(1997) p.69

④ 이러한 사회적 위기는, 본질적으로 궤도를 일탈한 개인주의의 강화로 인하여 야기된 것이다. 경제가 확장되고 사유재산이 발전하는 과정에서 개인주의는 윤리적 제어장치를 발견하지 못한 채, 나눔을 모르는 끝없는 탐욕과 이기주의로 왜곡되어 갔다. 그 결과 사회전반에 걸쳐 '만인 대 만인의 투쟁'이라는 전면적 위기 상황을 조성하였다. 재물을 얻기 위한 고통, 실패의 비탄, 그리고 획득의 불안이 만인을 불안과 불행 속으로 몰아넣고 있었다. 누구도 이 지상에서 평화롭게 걸을 수 없는 상황이 실제로 전개된 것이다. 신흥 인도 사회의 발전을 구동시키는 시스템의 동력이 되어온 사유재산과 개인주의가 이제 시스템 그 자체의 존립을 위협하는 심각한 장애요인으로 작용하기에 이른 것이다.

5. 우리 시대 – 우리 불교의 성찰

1) 불교는 하늘에서 뚝 떨어진 것 아니다

① 불교는 석가모니라는 걸출한 인물의 독창(獨創), 독주(獨走) 아니다.

부처님은 하늘에서, 도솔천에서 하강(下降)하신 신격(神格) 아니다.

불교는—, '붓다의 불교'는 철저하게 시대적 민중적 산물이며 시대정신이다.

시대를 넘어서는 '영원성(永遠性)'—, 눈앞의 민중적 고뇌를 넘어서는 '우주적 진리'는 허구다. 눈앞의 민중적 고뇌에 투철할 때, '영원성' '우주적 진리'는 비로소 생명력을 지니는 것이다. '영원한 진리' '깨달음'-, 이것은 지금 여기 눈앞의 사실(事實)이다.

따라서 역사적 사회적 문제의식이 결여된 불교인식은 맹목(盲目)-, '장님 코끼리 만지기'-, 이러한 문제의식의 결여가 우리 불교도 일반의 치명적 약점이다.

② 기원전 7~5세기 인도사회의 급격한 경제 사회적 변화와 이로 인한 민중의 몰락과 고통-, 이러한 시대적 위기상황-, 민중적 고통에 의한 '시대적 산물(産物)'로서-, 민중적 고통을 제도하려는 '시대정신'으로서 관찰되지 않으면, 불교는 한갓 관념적 허구(虛構)가 되고 만다.

③ "탐욕과 물질적인 이기심에 의하여 지속된다면,
과연 누가 이 지상에서 평화롭게 걸을 수 있겠는가?"

"내가 세상의 부자들을 바라보니
어리석어 그들의 재물을 나눠주지 않고
욕심 많게 그들의 부(富)를 쌓아두고
아직도 더더욱 감각적 쾌락을 갈망하고 있다네.-"

불교는-, 붓다의 모든 가르침과 수행법들은 이러한 치열한 문제의식과 사회적 불의에 대한 비판적 저항정신-, 싸워서 이기는 항마정신(降魔精神)을 전제로 하는 것이다. 불경(佛經) 다시 읽고, 우리들의 수행 재점검하지 않으면 안 된다.

-붓다의 '고집멸도(苦集滅道)'는 바로 이런 문제의식을 정면으로 문제 삼고 있는 것이다.

-붓다의 사띠(Sati)는 바로 이런 시대적 상황들-, 눈앞의 사실(事實)들을 관찰하는 시민적(市民的) 수행법으로 창안된 것이다. '숲속의 명상(冥想)' 아니다.

2) 우리 시대 우리 불교의 자화상(自畵像)은 어떠한가?

① 우리 불교는 지금 이러한 대전제(大前提)를 망각하고 관념에 빠져있다.

우리 불교가 역사적으로 사회적 민중적 구원의 역할을 거의 하지 못하고, 지금 우리 시대 불교가 우리 시대 동포들의 이 절박한 시대적 고통과 고뇌에 응답하지 못하고, 교리에 매달리고, 경전에 매달리고, 명상에 매달리며 마음 찾고 우주진리 찾는 데 몰두하고 있는 것은 아닌가? 이것은 현실회피(現實回避)며 자기만족(自己滿足)에 불과한 것 아닌가?

② 역사적 사회적 문제의식 없는 교리공부, 경전공부, 명상수행-, 어떻게 극복하고, 어떻게 생명력을 불어넣을 것인가? 어떻게 본래의 모습으로-, '붓다의 불교'로 개척하고 살려낼 것인가? 이것이 지금 우리들의 긴급한 과업이다.

③ 이런 역사적 각성-, 사회적 문제의식 없이-, 아무리 애써도 안 된다. 우리 현실이 절벽처럼 우리 앞을 가로막고 있다.

붓다 시대-, 전통사상의 새로운 변화, 우빠니사드(Upaniṣad)의 사상적 발전

1. 제식(祭式)주의에서 명상(冥想)으로

'브라만(Brahman, 梵)은 모든 것이로다.

브라만으로부터 형태며 감정이며 욕망이며 행위가 비롯되나니 …

그러나 이 모든 것은 단순한 이름이며 모습일 따름이니라.

브라만을 알리기 위하여, 사람은 자신과 신(神),

즉 마음의 연꽃 안에 살고 있는 브라만과의 사이에

하나 됨을 경험하지 않으면 안 된다.

이렇게 하나 됨으로써 사람은 슬픔과 죽음으로부터 벗어나게 되며,

모든 지식을 초월한 그 미묘한 본질과 하나가 된다.'

－ *Chāndogaya-Upanisad* － [20]

---

20) Swani Prabhavananta / 박석일 역, 『우파니사드』(정음사, 1980) p.101, *Chāndogaya* 중에서.

① 이것은 대표적인 우빠니샤드의 하나로 평가되는 「찬도가야 우파니샤드(Chāndogaya-Upaniṣad)」의 한 구절이다. 브라만(Brahman, 梵)은 본래 브라만교의 성전(聖典)인 베다(Veda)에서 유래하는 것으로 초기에는 주술적인 힘을 가진 주문 등으로 쓰였으나, 차츰 신격화되고 마침내 우주만물을 창조하고 주관하는 주신(主神)으로 등장하였다. 그리고 우빠니샤드 시대에 이르러, 앞의 인용문에서 보는 바와 같이, 브라만은 단순한 신화적 존재이거나 신격(神格)을 넘어서 거대한 우주적 전일자(全一者)로서의 모습을 드러내고 있으며, 시공을 초월한 실재(實在, Reality)로서 규정되고 있다. 이것은 우빠니샤드 시대에 이르러 제식(祭式), 곧 의식(儀式)과 신화 중심의 전통적인 베다 사상이 우주의 궁극적 실재를 추구하며 보다 내면적인 해탈을 모색하는 형이상학적 명상(冥想)으로 크게 전환되고 있음을 강력히 시사하는 것이다.

② 브라만교는 초기의 베다시대와 중기의 브라흐마나 시대에 걸쳐 공희(供犧) 중심의 제식(祭式)주의로 전개되었다. 신(神)들에 대한 공희, 곧 신들에게 동물 등을 희생물로 바치며 구원을 갈구하는 희생제의(犧牲祭儀, yaññā / 얀냐, Skt. yajña / 야쥐냐)가 중시되고, 이 제식을 주관하는 바라문(婆羅門, 司祭, Brāhmaṇa)[21]들의 주문과 주술적 권능이 신성시되고, 사제들은 카스트의 최고 계급으로 군림하였다.

---

21) '브라만(Brahman)'은 브라만교의 주신(主神, 梵天), 또는 우주의 궁극적 원리(梵)를 일컫고, '브라마나(Brāhmaṇa)'는 브라만교의 성직자 계급인 사제(司祭)들을 일컫는 호칭인데, 양자가 혼동되는 것을 피하기 위하여 브라마나(Brāhmaṇa, 司祭)는 중국식 한역(漢譯)인 '바라문(婆羅門)'으로 표기한다.

③ 그러나 기원전 7~5세기, 곧 붓다 시대에 이르러, 북동인도 전역에서 전개된 급속한 정치 경제 사회적 변화와 캇띠야(*khattiya*, 戰士)·가하빠띠(*gahapati*, 長者居士) 등 새로운 사회적 유력자들의 등장은 바라문(司祭)들의 사회적 지위를 약화시키는 한편, 이러한 전통적 공희의식에 대한 회의(懷疑)와 논쟁을 확산시켰다. 이렇게 해서 사람들은 공희의식을 넘어서 영원한 생명—영원한 평안을 구하는 새로운 대안을 숲속의 스승들—명상가들에 의하여 추구하게 되고, 이러한 명상의 초월적 비법들은 스승 가까이(*upa=near*) 앉아 있는(*ni=down, ṣad=sit*) 제자들에게 은밀히 전수되었다.

이러한 저술들이 곧 우빠니사드(Upaniṣad, 奧義書)이고, 우빠니사드 사상이다. 바라문들은 이러한 우빠니사드적 방식을 거부하지 않고 전통적 베다의식에 적극적으로 도입함으로써 우빠니사드 사상 또한 베다사상의 말기 학파(Vedanta)로서 불교를 비롯한 많은 사상들과 서로 경쟁하며 영향을 주고받게 된다.

④ 우빠니사드의 저술들은 몇 세기에 걸쳐 수많은 익명의 성자(聖者, 仙人, *Rsi* / 리시)들에 의하여 각기 잡다한 방식으로 전개되었기 때문에, 이 사상을 체계화하거나 논리적으로 학습하는 것은 거의 불가능한 일이다. 다만 절대적인 자기통제, 세속적인 욕망의 포기를 전제로 한 명상과 명상에 의한 앎(*knowledge*)을 통하여 초월적인 실재(實在)를 체험하고 해탈하는 것이 우빠니사드의 중심적 개념이라는 사실이 점차 분명하게 드러나고 있다.

자기극복과 명상적인 앎을 통한 해탈의 추구라는 점에서 우빠니사드는 불교사상과도 접목되고 있다. 그러나 붓다는 우빠니사드의 이 초월적인 명상의 단순한 계승자로 머물지 아니 하고, 보다 경험적이고 사실적(事實的)인 새로운 '붓다의 길' '붓다의 관찰법'을 개척함으로써 사상적 혁신을 추구해가고 있다.

2. 범아일여(梵我一如)를 향하여

① '명상을 통한 궁극적 실재(實在)의 체험'-,

이 체험이 도달한 최고의 경지가 곧 '범아일여(梵我一如)'다.

이 '범아일여'는 '베단타 사상(Vedanta 思想)'[22]의 핵심을 이루는 개념으로서, 내 본연의 자아(自我, *Ātman*)와 우주적 생명인 브라만(Brahman, 梵)과의 완전한 일치를 의미하는 것이다. 곧 우주적 생명인 브라만과 나의 본질적 자아의 완전한 일치를 의미하는 것이다.

'사람은 자신과 신(神),

즉 마음의 연꽃 안에 살고 있는 브라만과의 사이에

하나 됨을 경험하지 않으면 안 된다.

이렇게 하나 됨으로써 사람은 슬픔과 죽음으로부터 벗어나게 되며,

모든 지식을 초월한 그 미묘한 본질과 하나가 된다.'

— *Chāndogaya-Upaniṣad* —

여기서 말하는 '자신과 신(神)-, 브라만과의 하나 됨'이 곧 '범아일여'다.

---

22) Vedanta는 Veda 시대의 말기라는 뜻. 곧 기원전 7-5세기를 의미한다.

② 범아일여

나의 본질적 자아와[23] 우주적 생명과의 궁극적인 하나 됨—

여기서 Ātman은 우리 육신의 감각기관을 통하여 인식하는 경험적 자아(自我, ātman, jīva)가 아니다. 이 Ātman은 육신과는 전혀 관계없이 홀로 존재하는 진실본연(眞實本然)의 자아, 초월적인 자아, 본질적 자아, 또는 순수영혼이다. 이 Ātman은 곧 Brahman이다. 여기서 Brahman은 비(非)인격적인 우주의 진리 그 자체—, '미묘한 본질'이다. 본래 Brahman은 인격적인 창조의 신(創造神)으로 신앙되었지만, 궁극적 진리를 탐구하는 우빠니사드 시대에는 그것이 '진리 그 자체' '우주의 제일원리(第一原理)' '창조의 원리'로 인식되고, 궁극적 실재(實在, Ultimate Reality)'로, '우주만유(宇宙萬有) 그 자체'로 전환되었다. Chāndogya-Upaniṣad에서는 이렇게 찬탄되고 있다.

'분명히 이 세상 전체가 Brahman이로다.
누구나 차분히 그것에게 예배하라.
누구나 그것으로부터 탄생하였고,
그것으로 돌아가며
그것을 호흡하도다.'

— Chāndogya-Upaniṣad 3, 14, 1 —[24]

---

23) Ātman은 단순히 개인적인 자아(自我)가 아니라 브라만과 일치하는 우주적인 자아를 의미한다. Ātman은 나 자신인 동시에 우주적 자아다.

24) The Thirteen Principal Upanisads, translated by R. E. Hume(Oxford University Press, London, 1934) p.209. 『초기불교개척사』 p.137에서 재인용.

③ 이 Brahman은 천지만물로 그 모습을 드러낸다. 천지만물은 Brahman의 화현(化現)이다. 여기서 화신사상(化身思想)이 파생되어 나온다. 불교에서 '천백억화신 석가모니불'이란 말 쓰고 있지만, 이것은 Brahman교의 화신사상을 모방한 것이다.

이 Brahman이 나 자신-자아의 본질이며 실체다.

Brahman은 우리 인간의 주관적인 모든 것, 이성 · 감정 · 의지 · 자의식 등 자아의 가장 깊은 실체가 되고, 내면세계 전체를 의미한다. 인간의 영혼 자체, 또 영혼의 활동도 모두 이 Brahman이 자신을 드러내는 모습이다. 이 자아는 영원한 것이고 신령(神靈)한 것이고 진실한 것이고 빛나는 것이고 우주적 생명과 일치하는 것이다. 이 자아가 곧 Ātman이다. 이 Ātman이 우리가 흔히 말하는 대아(大我)며 진아(眞我)며 진실생명(眞實生命)이다.[25] 이 'Ātman은 곧 Brahman이다(Avan Ātman Brahmā).'[26] 따라서 이 범아일여(梵我一如)의 원리를 깨닫고 그 경지를 체험하는 것이 수행의 궁극적 목표인 해탈이며, 이것이 최고의 선(最高善), 최고의 행복으로 규정된다. Brahman과 일치할 때, 일치를 깨달을 때, 작은 나는 우주적 자아, 곧 대아(大我)가 되는 것이다. 우주적 생명과 하나 되는 것이다. 이것이 최고선, 최고의 행복으로 규정된다.

Chāndogya-Upaniṣad에서는 이렇게 찬탄되고 있다.

---

25) 불교의 일부 논자들은 '마음' '한마음' '진실생명'이란 용어를 쓰면서 이것이 육체를 초월한, 육체의 감각적 체험을 넘어선 초월적인 자아로, 대아 · 진아로 묘사하고 있는데, 이것은 범아일여의 Ātman을 모방한 개념으로서 반(反)불교적 사고방식이다. 불교의 자아는 어디까지나 감각기관으로 체험할 수 있는 경험적 자아로서, 어떤 형태의 영원한 자아도 인정하지 아니 한다.

26) 정태혁, 『인도종교철학사』 p.45. ; 김동화, 『原始佛敎思想』 p.29.

"심장 속에 있는 나의 이 영혼은 쌀·보리·쌀겨자·기장 한 톨 보다 더 작다.

(그러나 또한) 심장 속에 있는 나의 이 영혼은 대지보다, 하늘보다, 아니 이 세상 전체 보다 더 크다. …

심장 속에 있는 나의 이 영혼, 이것이 바로 브라만이다."

　　　　　　　　　　　　　　　　　– *Chāndogaya-Upaniṣad* 3, 14, 3 – [27]

④ 범아일여(梵我一如)

나의 본질적 자아 *Ātman*과 우주의 본질적 생명 Brahman과의 합일
최고선(最高善, *summum bonum*), 최고의 행복–

이것은 '앎(*knowledge*)'에 의하여, 명상을 통하여, *Ātman*을 잘 이해할 때, 내 본연의 자아를 찾을 때, 내 본래 모습을 볼 때, 실현되는 것이다. 따라서 *Ātman*을 찾는 것과 *Ātman*을 잘 이해하는 것(*The Knowledge of Ātman*)이 우빠니사드 사상의 주된 연구과제로 제기되었다. '나를 찾고 나를 보는 것'이 수행의 주된 과제로 제기된 것이다.

'자기를 바로 봅시다'–, '대아(大我)를 찾는다'–, 우리 불교에서 많이 듣던 말이다. 우리가 불교의 고유한 사상이라고 믿고 있는 많은 개념들이 우빠니사드적 개념들과 일치하고 있다는 사실에 대하여 우리는 경각심을 갖지 않으면 안 된다. 명상·대아(大我)·진아(眞我)·초월적 우주적 생명·한마음·진실생명–, 이런 개념들이 불교고유의 것이

---

27) *The Thirteen Principal Upanisads*, translated by R. E. Hume(Oxford University Press, London, 1934) p.210. 『초기불교개척사』 p.140에서 재인용.

아니라 우빠니사드적 유산이라는 역사적 사실에 대하여 경각심을 갖지 않으면 안 된다. 어쩌면 우리는 불교 아닌 것을 불교로 착각하고 집착하고 있는지 모른다.

3. 업(業) – 윤회사상의 발전과
브라만적 세계관의 동요

① 사후(死後)세계와 윤회(輪廻)에 대한 믿음은 뿌리 깊은 것이다. 가장 오래된 문명의 하나인 인더스(Indus) 문명의 하랍파(Harappa) 유적에서 발굴된 매장방식에서도 확인될 정도이다. 영혼의 윤회라는 개념, 사후 영혼이 이 세상으로 돌아온다는 개념은 리그-베다(Rg-veda)에서 발견될 정도로 오랜 것이다.

② 그러나 업(業)-윤회사상이 보다 명료한 모습으로 드러나는 것은 우빠니사드에 이르러서다. 명확한 윤회의 교리는 기원전 7세기경의 *Brhadanayaka-Upaniṣad*에서 처음으로 나타나고 있다. 여기에는 선인선과(善因善果) 악인악과(惡因惡果)의 선악응보와 업·윤회사상이 분명하게 나타나고 있다. 브라만 중심의 초월적 일원론(一元論)이 우빠니사드 사상가들의 하나의 큰 발견이라면, 윤회의 교의는 또 하나의 큰 발견이 될 것이다.[28]

*Brhadanayaka-Upaniṣad*에서는 이렇게 기술되고 있다.

---

28) H. W. Schumann, *The Historical Buddha* p;37.

"현세에서 좋은 행위를 하는 사람은 내생에서 좋은 모태(母胎), 곧 브라만이나 캇띠야, 혹은 웻사(Vessa, 平民)의 모태로 들어갈 것을 기대하게 될 것이다. 그러나 현세에서 악취가 나는 행위를 한 사람은 악취가 나는 모태, 곧 암캐·암퇘지, 또는 카스트에도 못 드는 천민의 모태로 들 것이다."

– *Chāndogaya-Upaniṣad*– [29)]

③ 이러한 업-윤회사상은 바라문 사제(司祭)들에 의하여 그들의 카스트 차별제도를 정당화하는 숙명적 논리로 이용되기도 하였다. 그러나 시간이 경과하고 업-윤회사상이 보다 합리적으로 이해되면서, 바라문 사제 중심의 전통적인 세계관과 제의(祭儀)주의에 대하여 다음과 같은 심각한 의문과 비판들이 제기되었다.

'만일 행위(業)의 도덕적 질(質)이 단독으로, 그리고 돌이킬 수 없이 인간의 미래를 결정한다면, 인간이 자신의 운명의 주인이 되는 것이다. 그렇게 되면 바라문 사제들의 공희는 더 이상 필수불가결한 것이 될 수 없다. 더욱 심각한 것은, 지금까지 사람들은 공희를 통하여 신(神)의 호의(好意, 은총. 필자 주)를 얻기 염원하였는데, 만일 인간의 행위(業)가 전능한 것이라면, 참으로 신의 호의(好意, 은총)라는 것이 있는 것인가?

그리고 만일 신이 독자적인 은총을 소유하지 못한다면, 공희와 기도는 무용지물이 되는 것 아닌가? 더욱이 신들의 탄생이 얘기되는데, 그

---

29) *The Thirteen Principal Upanisads*, p.233. ; 『초기불교개척사』 pp.145-146에서 재인용.

렇다면 신들의 전생은 무엇인가? 그리고 만일 신성(神聖)의 지위라는 것이 행위의 결과라면, 어떻게 그것이 영원한 것이 될 수 있는가? 만일 천상에 머무는 것 또한 한계가 있는 지속(持續)이라면, 불사(不死, Amrtatva)의 탐구에 대한 해답을 찾기 위하여, 사람들은 다른 곳에 눈길을 돌릴 수밖에 없지 않은가?'

— *Mund* 1, 2, 12 — [30]

④ 이러한 새로운 사고와 비판들은 전통적 바라문 사제들의 권위를 흔들어놓고, 결과적으로 Brahman—Ātman 중심의 초월적—초경험적이고 의타적인 세계관과 도덕관에 대한 혁명적 변화를 야기하는 강력한 정신적 요인으로 작용하였다. 이제 사람들은 자기 자신의 행위, 바른 삶의 방법, 곧 법(法, *dhamma*, Skt. *dharma*)의 실천을 통한 자기 자신의 공덕(功德, *puñya* 뿌냐)과 공덕을 쌓는 수행에 더 큰 관심을 갖기 시작하였다.[31]

---

30) Mund 1, 2, 12 ; ch. 8, 1, 6 ; Kath. Up. 4, 2 ; G. C. Pande, Studies in the Orgin of Buddhism p.287. ;『초기불교개척사』p.147에서 재인용.

31) 中村 元 / 김지견 역,『佛陀의 世界』pp.109-113. ;『초기불교개척사』pp.163-167.

제3강

붓다 시대-, 새로운 수행법들의 발전

•
•

1. 해탈을 찾아서

① 우빠니사드 시대 업·윤회사상이 일반적으로 수용되면서, 주민들 사이에 염세주의(厭世主義)가 퍼져나갔다. 이런 고통스런 세상에서 끊임없이 재생(再生)해야 된다는 윤회의 교리 속에서 심각한 공포와 좌절을 느꼈다. 이러한 좌절의식은 또 새로운 영역을 찾아가는 아리아인들(Ariyans)의 영토적 확장이 더 이상 개척할 변경을 기대할 수 없는 역사적 상황과도 관련되고 있다. 이러한 시대적 갈등 속에서 많은 사상가들은 윤회의 현실에 안주하지 않고, 윤회의 동력(動力)인 업을 소멸함으로써 해탈 열반을 획득하려는 사고와 수행에 몰두하였다.

김동화(金東華) 박사는 이렇게 논하고 있다.

"오의서(奧義書, Upanishad)에 의하면, 윤회의 동인(動因)이 업(業)이요, 업의 동력은 무명(無明, *avidyā*)이라 본다. 즉 무명으로부터 업력(業力)이 일어나고, 업력에 의하여 윤회하게 된다는 것이다. 윤회란

요컨대 정통학파의 현상철학이라 할 수 있다. 이렇게 무명에 의하여 현상된 우리 인생이므로 원만 완전할 리 없다. 그러므로 그들은 해탈 (解脫, *moksa* / 목사)을 목적으로 한다. 맹목적인 무명에 의하여 업이 있고 업력에 의하여 윤회가 계속되는 것이므로, 그 생(生)이 부자유(不自由) 불완전(不完全)할 것은 당연한 이치이다. 그런 고로 부자유 불안의 근본원인인 무명을 제거하여 업, 윤회의 속박을 해탈하여 자신의 본연의 상태인 아(我, *Ātman*)-범(梵, Brahman)에 환원코자 하는 것이 인생의 목적이라고 보았던 것이다."[32]

② 여기에서 범아일여(梵我一如)가 이 시대의 전통적 사상가들이 추구하는 해탈의 경지라는 것이 다시 한번 확인되고 있다. 업·윤회사상이 범아일여의 이념과 결합되면서, 나의 자아(自我, *Ātman*)가 우주적 자아인 Brahman(梵)과 결합하기 위하여, '어떻게 이 현상의 물질적 육신의 자아(*prakrti* / 프라크리티)를 벗어날 것인가?' 하는 문제가 과제로 제기된다. 그것은 이 육신을 벗어남으로써 나의 *Ātman*이 Brahman과 일치할 수 있고, 불생불멸의 생명이 되는 것으로 인식되었기 때문이다. 따라서 이 육신적 현상을 벗어나는 해탈의 문제는 *Ātman*을 잘 이해하는 앎(*The Knowledge of Ātman*)의 문제와 더불어 우빠니사드 시대의 주요 사상적 과제로 추구되었다.

③ 해탈을 위하여 일반적으로 공희제의(供犧祭儀, *yajna*)가 답습되는 한편으로, 진보적 지식인들을 중심으로 세속의 모든 것을 버리고

---

32) 김동화, 『原始佛敎思想』 p.30.

출가유행(出家遊行)하는 새로운 풍조가 일어나고 있었다. 보다 차원 높은 실존적 해탈을 추구하려는 이들 유행자(遊行者)들은 해탈을 실현하기 위하여 많은 새로운 수행법들을 발전시켰고, 고행(苦行, *tapas*)과 요가(*yoga*), 선정(禪定, *dhyana*, 冥想)은 그 가운데서 가장 유력한 수행법으로 광범하게 전파되었다.

2. 고행(苦行, *tapas*)

① 고행(*tapas* / 따빠스, *ascetic*)은 최초의 Rg-veda로까지 거슬러 올라가는 오랜 수행법의 하나다. '*tapas* / 따빠스'는 '불(火, *burning*)' '열(熱, *glow*)'을 뜻하는데, 브라흐마나(Brahmana, 梵書)에 의하면 이 '*tapas*(불, 열)'는 제식(祭式)을 집행할 때 켜놓은 제화(祭火)와 관련되어 있다. 신체에 극도의 고통을 가할 때 발생하는 열감각이 제화의 성스러운 불꽃으로 표상되면서, 그것은 만물을 창조하고 제식을 수행시키는 원동력으로 승화된다. 따라서 Brahman(梵)을 알고 체험하며 만물을 자유롭게 움직이는 힘은 이 고행의 열에 의하여 획득되는 것으로 인식되면서, 고행은 브라만적 수행의 중심으로서 요가와 관련되어 확산되어 갔다. '*tapas*'에 의하여 발생하는 열은 초자연적인 능력을 지니는 것으로, 이 열을 축적하면 해탈의 힘으로 작용하는 것으로 인식되었다.

② '*tapas*'—고행이 육신해탈의 방법으로 널리 대중화된 것은 기원전 7~6세기경이다. 불교 출현시기가 가까워지면서, 동물 희생의 공희(供犧, *yajna*)가 점차 비판 받고 쇠퇴하는 한편, '자기고행(自己苦行), 보다

정확하게는 자기고문(自己拷問, *self-mortification, or exactly, self-torture*)'은 제의(祭儀)의 주술과는 분리되어 보다 높은 실존적 체험의 수단으로서 중시되어갔다. 신이 우주를 창조한 것이 공희에 의한 것이라는 오랜 인식이 이제는 고행에 의한 것이라는 관념으로 전환되어 갔다.

③ 고행은 점차 탁월한 수행법으로서의 지위를 확보하게 되고, 고행의 방법도 더욱 다양하게 개발되었다. 한 고행의 전문가가 붓다와의 대화에서 진술한 바에 의하면, 음식에 관해서는 22가지, 의복과 관련해서는 30가지의 고행법이 있었다. 거기에는 고행자의 모습이 이렇게 기술되고 있다.

"그는 머리털을 뽑아낸 대머리다.(고통스런 과정에 의하여 단순한 외모의 아름다움에 대한 자만을 파괴하는 것이다) … 그는 (좌석의 사용을 거부하며) 서 있는 사람이다. … 혹은 그는 (고통스럽게 껑충껑충 뛰면서 빙빙 움직이며) 뒤꿈치 위에서 까치발을 하고 있다. … 혹은 그는 (그가 눕는 쪽의 피부 아래 가시나 철제 창을 꽂는) 가시 침대의 사람이다. … 혹은 그는 두꺼운 판자 위에서 자거나, 항상 한쪽으로만 잔다. … 혹은 그는 (기름을 그의 맨몸에 바르고 흙먼지가 난무하는 곳에 서서 먼지가 그의 몸에 달라붙게 하는) 흙먼지를 뒤집어쓴 사람이다." [33]

④ 'tapas'의 가장 기본적인 방식은 단식(斷食)이다. 때로는 죽음에 이르는 단식이 준수되었다. 그리고 고행에 성공하려면, 성욕(性慾)의

---

33) Rhys Davids, *Dialogue of the Buddha* Ⅰ, pp. 26-232.

자제가 절대조건이다. 만일 고행자가 성적 행위에 매달리면 축적된 'tapas'의 힘이 한순간에 소멸되는 것으로 여겨졌다. 이것은 고행이 금욕주의와도 깊은 관련이 있다는 사실을 시사하는 것이다. 그들 고행자들은 홀로, 또는 집단으로 숲속으로 들어가서 세속의 부정한 생활방식을 청산하고, 경건하고 금욕적인 삶에 충실하면서 갖가지 방식의 육체적 고행에 몰두하였다.

그들 중 일부는 한 곳에 머물지 않고 여러 곳을 유행(遊行)하면서 더욱 고립된 편력(遍歷)의 길을 걷고 있었다. 이들 고행자 가운데는 바라문 출신도 있었지만, 점차 비(非)브라만의 이단적 편력자(遍歷者)들도 증가하고 있었다. 이 이단적 수행자들이 북동 인도의 새로운 수행자 그룹인 사마나 집단의 형성과 깊이 관련돼 있다.

3. 요가(yoga, 瑜伽 / 유가) ―, 선정(禪定)수행의 시대

① 붓다의 시대, 인도 고대의 수행법으로는 고행과 더불어 요가 (yoga, 瑜伽 / 유가)가 주류를 형성하고 있다. 초기불교 문헌에서 'dhyana / 댜나', 곧 '선정(禪定)' '선나(禪那)'로 일컬어지는 수행법이 바로 이 '요가'에서 유래한 것이다. 우리가 일상적으로 사용하는 '선' '참선' '명상'도 이 '요가'에서 유래한 것이다. 오늘날 요가는 심신단련의 체조 같은 것으로 인식된 면도 없지 않지만, 본래 요가는 정신활동을 한 곳에 결박(집중)시킴으로써[34] 정신적 통일, 곧 삼매(三昧, samādhi

---

34) '요가(yoga, 瑜伽 / 유가)'란 'yuj', 곧 '묶는다' '결박하다(arrest)'라는 동사어근에서 파

/ 사마디)를 실현하고 궁극적인 깨달음, 또는 범아일여를 체험하는 종교적 수행법이다.

굽타(Dasa Gupta) 박사는 이렇게 논하고 있다.

"*yoga*는 정신적 상태의 부분적인, 또는 완전한 '결박(結縛, *arrest*)', 또는 '휴지(休止, *cessation*)'로서 정의되고 있다.[35] *yogi*(요기, 요가수행자)들은 부수적인 과정으로서 자기 자신을 한 특별한 자세(*asana*)로 고정시키고 점차적으로 호흡의 과정을 얽어매는 방법을 배운다. 다른 목표들을 제거하고 한 초점 위에 지속적으로 고정되어 있는 선택된 한 가지 정신상태를 강화하려는 *yogi*의 노력은 '*dharana*'와 '*dhyana*'로 각각 일컬어진다.

정신상태를 얽어매는데 점진적으로 성공하면, 결과적으로 '지혜(智慧, *pañña* / 빤냐, *Skt.*, *prajnñā*)'라는 새로운 형태가 생겨나고, 잠재의식의 힘들은 점차로 소멸된다. 그렇게 해서 궁극적으로 구조적 관계를 갖고 있는 잠재의식과 무의식의 모든 힘들이 파괴되고, 그 결과 마음의 충동을 결정짓는 무명(無明, *avidyā*)이 파괴되고, 마음의 모든 구조들이 분해되고, 초월적 독존(獨存, *kaivalya*) 속에서 순수한 영혼(*the pure purusha*)만 남게 된다. 이 상태가 인간 정신의 궁극적인 소망으로 인식되고 있다."[36]

생된 말로, '마음을 대상에 집중하여 결합하다'라는 뜻이다. 따라서 요가는 靜止的인 心集中이다. 원시불교에서는 오로지 '定'이란 말이 사용되며, 定을 실현하기 위하여 禪(dhyana, 靜慮)이 설해진다. ; 平川 彰 / 이호근 역, 『印度佛敎의 歷史』 상 p.233.

35) yoga는 'yuj / 유즈'에서 유래한 말인데, 'yuj / 유즈'는 '묶는다' '결박하다'는 뜻이다. ; 平川 彰/이호근 역, 『印度佛敎의 歷史』 상 p.233.

36) S. M. Das Gupta, *A Cultural History of India* p.116.

② *yoga*가 문헌상 명확한 형태를 취하며 본격적인 발전단계로 들어선 것은 불교 탄생시기와 거의 일치하거나 그 이후로 알려져 있기 때문에, *yoga*를 불교와 직접 비교하거나 불교탄생의 한 기원으로 보는 견해는 문제가 있다는 주장도 있다. 그러나 기원전 6세기경 고행자들 사이에 *yoga*수행이 공통적이었던 사실은 부정할 수 없다. 따라서 초기불교의 수행체계는 이 *yoga*−선정과 밀접하게 관련돼 있는 것으로 보인다. 붓다가 사문이었을 때의 스승들이 *yoga*를 수행하였고 그가 이 *yoga*−선정을 체험하였다는 역사적 사실이 이러한 상황을 잘 입증하는 것이다.

③ 또 *yoga* 수행자들에게는 도덕적 종교적 억제 · 불해(不害) · 진실 · 순결 · 경건 · 성(性)행위의 억제 · 자기만족 등을 준수할 것이 기대되었다.[37] 그리고 이러한 전통은 초기불교의 수행체계에서도 그대로 계승되고 있다.

토마스(Thomas) 교수는 이렇게 논하고 있다.

"정신적 수행의 실천은 항상 불교도 체계의 한 부분이 되어왔다. 문헌들에 의하여 거슬러 가 볼 수 있는 한 항상 그랬던 것이다. 그러나 그런 정신적 수행은 가장 초기의 문헌에 나타나고 있다. 따라서 그러한 정신적 수련이 불교 이전의 것이라는 점, 그리고 그러한 수행의 어떤 형태들은 다른 학파들로부터 차용한 것이라는 점을 의심할 아무런 근거도 없는 것이다. 그러한 수행은 브라만의 문헌 속에, 그리고 다른 학파의 문헌 속에 '*yoga*'라는 이름으로 이미 알려져 있다. …

---

37) Ibid., p.116.

마음의 집중을 바르게 실현하고 무아(無我)의 상태와 보다 높은 지혜를 획득하려면, 도덕적 수행은 그 전제조건이다. 이러한 전제조건이 제자들의 수행을 계(戒, sīla) · 정(定, samādhi) · 혜(慧, paññā)의 삼학(三學)으로 이끌어 가게 한다."[38]

---

38) E. J. Thomas, *The Historybof Buddha Thought* pp.43-44.

제4강

붓다 시대−, 사마나(samaṇa, 沙門)운동,
비(非)정통적 혁신운동의 전개

•
•

1. '사마나(*samaṇa*, 沙門) 운동'−,
다양한 유행자(遊行者, *paribbajaka*) 그룹의 출현

① 붓다 시대−, 기원전 7~5세기−, 북동 인도에는 두 갈래 큰 종교적 정신적 흐름이 병행하고 있다.

하나는 브라만교의 공희의식(供犧儀式) 중심의 정통적인 흐름이고, 다른 하나는 이 비(非)합리적 차별적인 정통 브라만교를 비판하며 다양한 형태의 정신적 해탈을 추구하는 새로운 종교적 정신적 혁신운동이다. 새로운 혁신운동 가운데서 가장 큰 세력을 지니며 전개된 것이 바로 사마나 운동이다. 이 시대의 새로운 해탈 수행법으로 전파되고 있던 고행(苦行, *tapas*)과 *yoga*−, 곧 선정−명상주의가 이러한 사마나 운동을 촉진시키는 하나의 중요한 매체로서 작용하였다. 베다 사상의 마지막 단계인 우빠니사드의 범아일여 · 업−윤회 등 보다 진보된 사상들도 이 사마나 운동에 신선한 요소로서 작용하고 있다.

② '사마나(*samaña*, 沙門)'−, '사문(沙門)'−,

이들은 불교도들에게는 비구・비구니의 출가승(出家僧)들로 인식되고 있지만, 역사적으로는 다양한 형태의 자유로운 유행자(遊行者, *paribbajaka* / 빠립바자까)들에 대한 일반적인 호칭으로 광범하게 사용되었다.

슈만(H. W. Schumann)은 이렇게 논하고 있다.

"불교도의 자료들은 그들을 '빠립바자까(*paribbājaka*, Skt. *parvrājaka*)', 또는 '사마나(samaña, Skt. Śramaña)'로 일컫는데, 곧 '유행자(遊行者, wanderers)' '걸식자(乞食者, *strivers*)'란 뜻이다. '빠립바자까'는 브라만 어원으로는, 정통이든 아니든 '유행하는 승려들'이고, '사마나'라는 용어는 여러 가지 이단적인 방법들을 따르는 다른 카스트의 사람들에게 적용되었다. 붓다는 그의 말년으로 들어서면서 팔정도(八正道)를 중심으로 하는 그의 교리를 따르는 유행승(遊行僧)들, 다른 말로 하면 비구・비구니들에게만 사용되도록 그 의미를 축소하려는 경향을 보이고 있다.

오늘날 우리는 고대 인도에서 민중들에게 무엇이 출가의 삶이 그토록 매력적인 것으로 보이게 하였는지, 또 무엇이 유행하는 탁발승들의 삶을 그렇게 중요한 하나의 (사회적, 필자 주) 운동으로 만들었는지 이해하기 힘들다. 기원전 600년경, 다신교적 공희(供犧)종교가 주류인 농업 중심의 북(北)인도에서, 편협한 제식(祭式)구조와 차별적 사회구조로부터 벗어나려는 하나의 (사회적, 필자 주) 운동이 일어나고 있다는 사실을 깨닫지 않으면 안 된다. 해탈을 추구하고 앎을 추구하는 복합적인 심리작용이, 정신적 성숙을 추구하려는 강력한 충동력으로 사람들을 사로잡았고, 모든 카스트의 수많은 사람들이 이 힘에 이끌려서 직장을 포기하고 그들의 배우자와 아이들을 사회 전체의 보호에 맡기고, 해탈의 지혜를 얻기를 염원하면서 금욕적인 독신생활의 유행(遊行)을 선택하였다."[39]

③ 사마나들은 전통에 구애됨이 없이 자유분방하게 사색하고 주장하였다. 사마나들은 또 학파·분파를 만들어서 상호 비판하며 자유롭게 경쟁하였다. 수많은 경쟁적 학파·분파들 사이의 격렬한 충돌이 정신적 탐구의 불꽃에 에너지를 공급하며 뜨겁게 달구었다. 사마나 운동은 실로 거대한 정신적 활력의 분출과정이라고 할 수 있을 것이다.[40]

이들 다양한 학파·부파들의 견해들을 불교문헌에서는 '62견(見)' '63견(見)'으로, 자이나교에서는 '363견(見)'으로 각각 기록하고 있다.[41] 이들 가운데서 불교가 특히 중요하게 문제 삼았던 것은 초기불전에서 '육사외도(六師外道)'로 규정하고 있는 6개 학파이다. '외도(外道, bāhiraka, Skt. tirthaka)'는 불교적 정견(正見)·정도(正道)에서 벗어나는 비(非)진리적 사견(邪見)·사도(邪道)라는 폄하이지만, 실로는 브라만교의 정통사상을 비판하며 다양한 교의를 발전시킨 혁신적 자유사사상가 그룹−, 곧 사마나 운동의 주역들이다. 붓다의 길도 이러한 혁신 그룹의 하나이고, 니간타 나따뿟따(Nigaṅtha Nātaputta,

---

39) H. W. Schumann, The Historical Buddha pp,42-43.

40) G. C. Pande, *Studies in the Origin of Buddhism* p.328.

41) P. L. Vaidya p.12.

Mahāvīra)의 자이나교(Jaina敎)는 당시 불교와 쌍벽을 이루면서 강력한 경쟁자로 등장한다.[42]

2. '붓다의 길'—,
진보적 '사마나(samaṅa, 沙門) 운동'으로서

① 붓다 시대—, 기원전 7~5세기—,

북동 인도사회의 사상계는 정통의 보수적 바라문파와 비(非)정통의 혁신적 사마나파— 양대 조류의 극단적인 대립 갈등의 혼란 속에 빠져 있었다. 불교는 기본적으로 사마나 운동의 한 부파로서 비정통의 혁신적 진보성을 공유하고 있다. 붓다 자신이 출가 후 '사문 고따마(samaṅa Gotama, 沙門 瞿曇 / 구담)'라 불리고, 그의 제자들이 '석가의 제자 사문들(沙門釋子, Sakyaputtiya-samaṅa)'로 일컬어지고 있는 사실에서도 입증되고 있다.

그러나 이것이 불교가 자유사상가들의 다양한 견해를 그대로 인정하고 있다는 사실을 의미하는 것은 아니다. 붓다는 스스로 깨달은 스승으로서 정통파와 비정통파의 견해를 동시에 비판하고 그들의 해탈법을 지양(止揚)하고 있다.[43] 이렇게 함으로써 붓다는 정통의 브라만들과 비정통의 사마나 그룹들을 넘어서는 새로운 중도해탈(中道解脫)

---

42) 육사외도의 내용 ; 디가니까야 2 「사문과경(沙門果經)」 ; 각묵 스님 역, 『디가니까야』 1 pp.197-216. ; 『초기불교개척사』 pp.174-188.

43) 육사외도들에 대한 비판은 『사문과경(沙門果經)』에서 아자따삿뚜 왕의 입을 통하여 기술되고 있다.

의 길-, '붓다의 길'을 분명히 표방하고 있다.

② 붓다는 이 세계와 인간들이 궁극적 실체인 브라만의 전변(轉變)이며 전개(展開)라는 정통 바라문들의 전변설(轉變說, *parināma-vāda*)을 신비적 관념론으로 비판하고, 범아일여의 우빠니사드적 구원을 거부하였다.

붓다는 동시에 이 세계와 인간을 독립적인 여러 요소들의 집합으로 보는 사마나 그룹들의 집적설(集積說, *Ārambha-vāda*)을[44] 유물론적 도덕부정론(道德否定論)으로 비판하고, 이들의 정신-신체 억제적(抑制的)인 명상(yoga)-선정(禪定, *dhyana*)주의와 고행(苦行, *tapas*)주의의 해탈론을 극복하고, 새로운 '붓다의 길'을 개척하고 있다. 이 '붓다의 길'은 '사마나 운동'으로 출발하고 있지만, 이 사마나 운동을 비판하면서, 이 사마나 운동을 넘어서, 새로운 영역을 개척해가고 있다.

③ '붓다의 길'은 무엇보다 경험적 현실적 관찰을 중시한다.

붓다는 우주와 인생의 문제에 대하여 감각적인, 감각기관을 통한 체험의 영역을 존중하고, 이것을 넘어서는 초월적 관념적인 탐닉을 지양한다. 붓다는 인간과 사회의 고통을 '지금 여기서' '눈앞에서' '눈앞의 현장에서'-, 이렇게 보다 현실적으로 있는 그대로 이성적으로 관찰하기를 추구한다.

이것은 붓다가 진취적 캇띠야 출신으로서 *Ātman*과 같은 영원불멸의 초월적 자아 보다는 카스트적 차별과 궁핍 속에서 허덕이는 '많은

---

44) 전변설과 집적설 참고 ; 平川 彰/이호근 역, 『印度佛敎의 歷史』 상 pp.30-35.

사람들의 이익과 행복'에 더 깊은 관심을 갖고 있다는 붓다의 내면적 동기와 관련된다. 붓다가 이러한 경험적 일상적인 관찰을 통하여, 정통과 비정통, 좌와 우, 자타의 죽음의 양극단(兩極端, two dwad ends)을 넘어서, 보다 현실적이며 중도 실용적인 구세구민운동(救世救民運動)-'재가운동(在家運動, a lay movement)'을 개척하고 있다는 것은 의심의 여지가 없는 역사적 사실로 보인다.

3. '사마나(samaña, 沙門) 운동'-, 이것은 시민적 진보적 재가운동(a lay movement)이다

① 기원전 7~5세기, 붓다의 시대-

인도대륙은 급속한 경제적 발전, 도시화, 사회적 계층적 분화와 갈등의 증대 등 급격한 경제사회적 전환기에 있었고, 인도 민중들은 엄혹한 사회적 구속과 차별로 인하여 생존의 극한상황으로 내몰리면서, 새로운 사회적 구원을 대망(待望)하고 있었다. 이런 상황에서 캇티야(khattiya, 戰士, 政治人그룹)·바라문(brāhmāna, 知識人그룹)·가하빠띠(gahapati, 居士長者, 商人 企業家그룹)·사마나(samaña, 沙門, 出家遊行者그룹) 등 진보적 시민 그룹들-, 재가(在家)그룹들이 시대의 주도권을 장악하면서, 종교 사상의 영역에서도 새로운 변화를 추구하는 혁신운동의 물결이 일어난다.

② '사마나 운동'이 그 대표적인 흐름이다.

'사마나 운동'은 '사마나'라고 불리는 당시의 자유사상가 그룹-, 출가유행자들이 주도하는 새로운 사상적 혁신운동이다. 이 '사마나 운동'은 거사·장자 등 진보적 시민그룹-, 재가 그룹들의 경제적 사회적 협력에 의하여 자유분방한 재가적(在家的) 탐구와 해탈운동으로 전개된 것이다.

리스 데이빗스(Rhys Davids)가 '사마나 운동'을 '재가운동(在家運動, a lay movement)'이라고 규정하는 것도 이런 이유 때문이다.

"불교가 일어나기 전의 지적 운동(知的運動, samaña운동, 필자 주)은 크게 보아서 재가운동이었다."

(The Intellectual movement before the rise of Buddhism was in large measure a lay movement)[45]

③ 여기서 '재가(在家, lay)'는 '출가(出家)'와 대립되는 개념이 아니다.

불교의 출가·재가는 본질적으로 차별적·우열적(優劣的) 개념이 아니라 동반자 관계다.

사마나(samaña, 沙門)들도 정치인 그룹(khattiya, 戰士)·지식인 그룹(brāhmāna, 바라문)·상인 기업가 그룹(gahapati, 居士長者)들과 더불어 어깨를 나란히 하는 동반자적 신진 그룹으로서, 시민적 사회적 세속적인 혁신을 추구하고 있다는 의미로 '재가(在家, lay)' '재가운동(在家運動, a lay movement)'이라고 규정하는 것이다. 초기불전에서 이 네 그룹들이 '팔중(八衆, aṭṭha-parisā / 앗타빠리사)'의 선두그룹으로서 항상 나란히 함께 등장하고 있는 것도 이런 시민적 재가적 동질성

---

45) Rhys Davids, *Buddhist India.* p.159.

때문이다.[46)]

사마나(*samaña*, 沙門)들을 비롯한 이들 시민그룹들은 숲속 명상가들의 고행 요가 명상 등 초월적 신비적 사유(思惟)방식-, 출가적 초세간적 행태를 비판하면서, 눈앞의 사회적 변화와 민중적 고통의 현실을 직접 관찰하고 그 구원을 추구한다는 의미에서 '재가적(在家的)'이고, 그들의 혁신운동은 '재가운동(在家運動, *a lay movement*)'으로서 규정되는 것이다. '재가적(在家的)'은 곧 '사회적' '민중적'인 것이다. *Sati*가 '눈앞의 관찰'을 중시하는 것도 이런 시민적 재가적 사유방식을 반영하고 것으로, '숲속의 명상-선정(禪定)'과는 궤(軌)를 달리하는 것이다.

4. 사마나(*samaña*, 沙門)는 '승려(僧侶)'가 아니다, 비구·비구니는 '사제(司祭)'가 아니다

① 사마나(*samaña*, 沙門)들-,

사문들은 본질적으로 '승려'가 아니다.

'승려'는 바라문이나 신부(神父)들 같이 제사의식을 주관하는 '사제(司祭, *a priest*)'를 뜻한다. 그러나 사문들은 사제가 아니다. 역사적으로 사문들은 제식(祭式)과 초월적 명상에 집중하는 전통적인 브라만교를 비판하면서, 현실적 관찰과 많은 사람들의 사회적 구원을 추구하는 시민적 진보적 세력으로 출현한 것이다.

---

46) 각묵 스님 역, 『디가니까야』 2권 pp.222-223. 『초기불교의 사회적 실천』 pp.103-105.

② 이미 관찰한 바와 같이, '붓다의 불교'도 '사문(沙門, samaña)'으로서, '사마나(samaña, 沙門) 운동'으로서 출현한 것이다. 따라서 비구·비구니의 출가수행자들을 '승려(僧侶)'로 규정하고 '승려'라고 부르는 지금 우리들의 행태는 본질적 오류를 범하는 것이다. 우리 불교의 비구·비구니들은 '승려(僧侶)'에서 벗어나, '사제(司祭, a priest)'에서 벗어나, 시급히 본래자리로, 출가유행자로–, 시민적 민중적 해탈구원자로 돌아가야 것이다. 사제의 신비적 우월적 권위를 탈피하고, '스님'이라는 고귀한 본래자리로 돌아가야 할 것이다. '시민적 스승(師)'으로, '민중적 동반자'로 돌아가야 할 것이다. 이것이 불교혁신–, 불교중흥의 중심과제의 하나로서 제기되고 있다.

제2장

'초월적 선정(禪定) – 명상(冥想)주의' 넘어서 '눈앞 관찰 *Sati*'로

'선정(禪定)-명상주의' 버리고, 붓다가 보살의 길을 찾아 떠나다

•

"악기웻사나여,
그런 나는 그 법(선정-명상주의)에 만족하지 않고
그 법을 혐오하면서 떠나갔습니다."

– 맛지마니까야 36 「마하삿짜까경」 / *Mahāsaccaka-sutta* – 1)

[붓다의 현장]

〔실참실수(實參實修)〕

[**입체낭독 ; '사문 고따마**(samaṇa Gotama)
초월적 선정(禪定) **버리고 떠나가다**]

위의(威儀)를 단정히 하고,

---

1) M Ⅰ p.241 ; 대림 스님 역, 『맛지마니까야』 2권 p.166. ; M Ⅰ p.166 ; 맛지마니까야
26 「성스러운 탐구의 경」 / *Ariyapariyesana-sutta* 16 ; 대림 스님 역, 『맛지마니까야』
1권 p.621.

허리 곧게 펴고, 들숨 날숨 헤아리며

먼저 '사띠 일구' 외운다.

(죽비 / 목탁 3타-)

[무상 *Sati* 일구]

「예비호흡」

들숨- 날숨- 하나

들숨- 날숨- 둘- … 다섯

「들숨 날숨- 숨이 감촉되는 그 자리에 '하나'-

들숨 날숨- 숨이 감촉되는 그 자리에

'제행무상(諸行無常) 제행무상(諸行無常)'-

들숨 날숨- 숨이 감촉되는 그 자리에

'마음이 허공처럼 텅- 비어간다.」- (三念)」

대중들이 돌아가며 외운다.

외우면서 눈앞에 보듯 관찰한다.

그리고 그 뜻을 가슴 깊이 새기고 새긴다.

고행주의(苦行主義)를 버리고

「① 기원전 595년경, 29세 사문 고따마(沙門 Gotama, samaṇa Gotama)-.

출가 후 고따마는 마가다국 쪽으로 남행하여 뚜벅뚜벅 걷고 있다. 걸식하며 뙤약볕 길 뚜벅뚜벅 걸어 남쪽으로 가고 있다.

사문 고따마는 여러 외도(外道) 스승들을 찾아 가르침을 받는다.

그는 먼저 위데히족(Vṛdehi族)의 도시 미틸라(Mithilā)로 고행주의자 박가와 선인(Bhaggava 仙人)을 찾아가 고행을 체험한다. 그러나 육체적 고통 속에서 출구를 찾지 못하자 선인에게 물었다.

② "선인(仙人)이시여, 이 격렬한 고통은 무엇을 위한 것입니까?"

"사문이여, 이것은 천상에 태어나기 위한 것입니다. 인간의 육신은 덧없습니다. 이러한 고행을 통해서 우리는 천상에 가서 즐거움을 누릴 수 있습니다."

"선인이시여, 천상의 즐거움도 덧없는 것인데, 그 즐거움이 다하면 또 어찌합니까?"

" … "

사문 고따마는 고행주의를 버리고 떠난다.

초월적 선정(禪定, 冥想)주의를 버리고

③ 사문 고따마는 웨살리(Vesāli)로 간다.

고따마는 거기서 위대한 선정(禪定)주의자 알라라 깔라마 선인(Ālāra-kālama 仙人)을 찾아가 무소유처정(無所有處定)[2]이라는 선정을 체험한다. 스승의 지도 아래 가장 높은 경지에 도달한 것이다. 그러나 마음의 고요함 뿐, 해탈의 길을 찾을 수 없었다.

사문 고따마는 이렇게 물었다.

---

2) '무소유처정(無所有處定)'은 사무색정(四無色定)이라는 선정체계의 3단계로서 '우리 생각이 본래 존재하지 않는다'라고 관찰하는 선정이다. ; 『붓다의 일생 우리들의 일생』 p.106 각주-5).

"스승이시여, 이 이상은 없습니까?"

"사문이여, 그 이상은 나도 모릅니다."

④ 붓다는 이렇게 회고하고 있다.

"수행자들이여, 나의 스승이었던 알라라 깔라마는 제자인 나를 스승의 위치에 올려놓고 나를 크게 공경하였다.

악기웻사나여, 그런 내게 이런 생각이 들었다.

'이 법(선정주의자 알라라 깔라마의 선정법)은

탐욕의 싫어함(厭惡)으로 인도하지 못하고

탐욕의 떠남(離慾)으로 인도하지 못하고

탐욕의 소멸로 인도하지 못하고

고요함으로 인도하지 못하고

위없는 지혜로 인도하지 못하고

바른 깨달음으로 인도하지 못하고

열반으로 인도하지 못한다.

그것은 단지 무소유처(無所有處)에 다시 태어나게 할 뿐이다.'

악기웻사나여, 그런 나는 그 법에 만족하지 않고

그 법을 혐오하면서 떠나갔다."

– 맛지마니까야 36 「마하삿짜까경」/ *Mahāsaccaka*-sutta 14 – [3)]

---

3) M Ⅰ p.241 ; 대림 스님 역, 『맛지마니까야』 2권 p.166. ; M Ⅰ p.166 ; 맛지마니까야 26 「성스러운 탐구의 경」/ *Ariyapariyesana-sutta* 16 ; 대림 스님 역, 『맛지마니까야』 1권 p.621.

⑤ 사문 고따마는 강가강(Ganga江, Ganges江)을 건넌다.

사문 고따마는 마가다국의 수도 라자가하로 가서 이 일대에서 가장 명망 높은 선정(禪定)주의자 웃다까 라마뿟따 선인(Uddakṅ-Ramaputta 仙人)을 찾았다. 거기서 그는 라마뿟따 선인의 지도 아래 최고의 선정경 지인 비상비비상처정(非想非非想處定)을[4] 체험한다.

그러나 사문 고따마는 해탈의 길을 찾을 수 없었다.

⑥ 붓다는 이렇게 회고하고 있다.

"수행자들이여, 나의 동료였던 웃다까 라마뿟따는 나를 스승의 위치에 올려놓고 나를 크게 공경하였다.

악기웻사나여, 그런 내게 이런 생각이 들었다.

'이 법(선정주의자 라마뿟따의 가르침)은

탐욕의 싫어함(厭惡)으로 인도하지 못하고

…

그것은 단지 비상비비상처에 다시 태어나게 할 뿐이다.'

악기웻사나여, 그런 나는 그 법에 만족하지 않고 그 법을 혐오하면서 떠나갔다."

— 맛지마니까야 36 「마하삿짜까경」/ *Mahāsaccaka-sutta* 15 —[5]

---

4) '비상비비상처정(非想非非想處定)'은 사무색정의 최고 단계로서 '광대무변한 생각이 있다고 보는 생각(有想)과 '생각이 본래 존재하지 않는다'고 보는 생각(非想)을 모두 비워버리는 무념무상(無念無想)을 닦는 경지이다. ;『붓다의 일생 우리들의 일생』 p.107. 각주7).

5) M I p.241 ; 대림 스님 역,『맛지마니까야』2권 pp.169-170. ; M I p.166 ; 맛지마니 까야 26 「성스러운 탐구의 경」/ *Ariyapariyesana-sutta* 16 ; 대림 스님 역,『맛지마니까 야』1권 p.621. ;『

가야산 고행림에서

⑦ 사문 고따마는 마침내 선정주의를 버리고 떠나간다.

새로운 깨달음의 길을 찾아 네란자라강(Nerañjarā江) 기슭 우루웰라(Uruvela)의 가야산(Gayā山, 伽倻山)[6] 고행림(苦行林)으로 들어가 6년 동안 뼈를 깎는 고행을 계속하였다. 고행 마지막 단계에는 극도의 단식을 단행하여 사문 고따마는 생사기로에 이르렀다.

⑧ 붓다는 이렇게 회고하고 있다.

"악기웻사나여, 그때 나는 음식을 완전히 끊고 수행하기로 결심하였다. 나는 아주 적은 양의 음식만 먹었다. 나는 한줌의 죽을 먹었다.

악기웻사나여, 그렇게 적은 음식 때문에 나의 사지는 아씨띠끼풀의 마디나 깔라풀의 마디처럼 되었다. … 나의 갈비뼈는 오래된 지붕 없는 헛간의 흔들리는 서까래가 허물어지고 부서지듯이 허물어지고 부서졌다. 나의 뱃가죽은 등뼈에 달라붙어 내가 뱃가죽을 만지면 등뼈가 잡혔고, 등뼈를 만지려 하면 뱃가죽이 잡혔다. …"(3강에서 계속)

– 맛지마니까야 36 「마하삿짜까경」 / Mahāsaccaka-sutta 15 –[7]

1. "선정(禪定, 冥想)은 깨달음의 길 아니다,
나는 선정(禪定)주의 버리고 떠난다"

"악기웻사나여, 나는 그 법에 만족하지 않고

---

6) 김해 함안 지방의 육가야국(六伽倻國)은 이 Gayā에서 나온 것이다. Gayā는 사문 고따마가 고행하고 성도한 지역 명칭이다.

7) M I, pp.244-247. ; 대림 스님 역, 『맛지마니까야』 2권 p.178..

그 법을 혐오하면서 떠나갔다."

- 맛지마니까야 36 「마하삿짜까경」/ *Mahāsaccaka-sutta* 15 -

선정주의에 대한 붓다의 태도는 이렇게 단호하다.

사문 고따마는 당대의 주류(主流) 수행법인 여러 형태의 선정(禪定, *dhyana* / 禪那·禪·冥想)을 이렇게 스스로 체험하고, 그리고 마침내 이 선정주의를 혐오하면서, 혐오하면서까지 버리고 떠나간다.

무엇 때문일까? 왜 사문 고따마는 당대 최고의 선정주의자들을 이렇게 단호하게 차례로 버리고 떠나가는가?

붓다 스스로 이렇게 고백하신다.

[합송 ; 붓다의 직언직설(直言直說)
'선정은 깨달음의 길 아니다']

'이 법(선정주의자들의 禪定法)은

탐욕의 싫어함(厭惡)으로 인도하지 못하고

탐욕의 떠남(離慾)으로 인도하지 못하고

탐욕의 소멸로 인도하지 못하고

고요함으로 인도하지 못하고

위없는 지혜로 인도하지 못하고

바른 깨달음으로 인도하지 못하고

열반으로 인도하지 못한다.

그것은 단지 비상비비상처(非想非非想處)에 다시 태어나게 할 뿐
이다.'

- 맛지마니까야 36 「마하삿짜까경」/ *Mahāsaccaka-sutta* 15 -

놀랍다. 참으로 놀라운 일이다.

사문 고따마가 선정주의를 버리고 떠나는 이유가 이렇게 명백하다.

의문과 주저함의 여지가 없다.

위빳사나-, 왜 하는가?

참선-, 왜 하는가?

선정(禪定), 명상(冥想)-, 왜 하는가?

신명을 바쳐 이 어려운 수행-, 왜 하는가?

바른 깨달음(正覺, *Sambodhi* / 삼보리)을 위해서다.

바른 깨달음을 얻어서 뿌리 깊은 탐욕과 애착으로부터 벗어나 걸림 없는 해탈 열반을 실현하기 위해서다. 이 숨 막히는 절박한 현실의 고통, 죽음으로부터 벗어나 훨훨 자유롭기 위해서다. 이 어둔 이기적 자아(自我)를 극복하고 이 세상-, 많은 사람들-, 동포들-, 중생들 구제하는 보살의 삶을 살기 위해서다.

그러나 선정은 깨달음의 길 아니다.

초월적 경지를 추구하는 선정-명상은 깨달음의 길 아니다.

숲속 명상가들의 선정-명상은 보살구원의 길 아니다.

이제 사문 고따마는 이 선정-명상주의 버리고 떠나간다.

사문 고따마-, 단호히 선언하고 있다.

[합송]

허리 곧게 펴고

큰 소리로 외치며 마음 깊이 새긴다.

(목탁 / 죽비-)

"악기웻사나여, 나는 그 법에 만족하지 않고
그 법을 혐오하면서 떠나갔다."

– 맛지마니까야 36 「마하삿짜까경」 / Mahāsaccaka-sutta 15 –

2. '탐욕의 극복(離貪, virāga / 위라가)'–, 이것이 '깨달음의 전제조건'이다

"이 법(선정, 삼매)은
탐욕의 싫어함(厭惡)으로 인도하지 못하고
탐욕의 떠남(離慾)으로 인도하지 못하고
탐욕의 소멸로 인도하지 못하고– "

– 맛지마니까야 36 「마하삿짜까경」 / Mahāsaccaka-sutta 15 –

붓다께서 참으로 분명하시다.
명료하게 '바른 깨달음의 전제'를 열어 보이고 계신다.
명심불망(銘心不忘)–, 공부하는 불자들–,
제발 이 분명한 '바른 깨달음의 전제' 망각하지 말고,
'깨닫는다' –, 앉아서 헛고생 하지 말 것이다.

무엇일까?
'바른 깨달음의 전제'–, 무엇일까?

곧 거친 탐욕의 극복이다.
감각적 쾌락을 탐하는 거친 탐욕의 극복이다.

함께 큰 소리로 외운다.
(목탁/죽비 내린다)

[합송 ; '깨달음의 전제조건']

「이탐(離貪, *virāga* / 위라가)

거친 탐욕을 싫어하고 버리고 떠나는 것,

곧 감각적 쾌락을 탐하는 거친 탐욕을 극복하는 것,

더 쉽게ㅡ, 욕심 벗어나는 것,

지나친 욕심 집착 벗어나 마음 비우는 것,

바로 이것이 바른 깨달음의 전제 조건이다.」

(2번~3번 외우면서 옮겨쓴다.)

'이탐(離貪, *virāga* / 위라가),

욕심 집착 극복하는 것'ㅡ,

이것이 전제다.

이렇게 거친 탐욕(貪慾, *rāga* / 라가) 극복하는 것이 전제다.

이것이 되지 않으면 수행이 되지 않고 바른 깨달음 얻을 수 없고 보살구원의 길도 걸을 수 없다. 아니ㅡ, 이것이 되지 않으면 우리가 바른 인생 살아갈 수가 없다. 사람 노릇 할 수 없다. 어디 가서도 천덕 꾸러기 면치 못한다.

눈(眼)으로 온갖 색(色)을 탐하고

귀로 온갖 소리(聲)를 탐하고

입으로 온갖 맛(味)을 탐하고 …
생각(意)으로 온갖 삿된 견해들,
흑 / 백, 노 / 사, 남 / 녀, 노 / 소 – 분열 차별하고
America First / Asian Hate 폭력 휘두르고
좌파 / 우파 진영논리에 탐닉(耽溺)해서 편 가르고
걸핏하면 화내고 미워하고 고집부리고 남들 해치고–,

이렇게 거친 욕망의 바람으로 흔들리는데, 이렇게 끊임없이 번뇌의
바람으로 흔들리는데, 어떻게 바른 수행으로 들 수 있겠는가? 어떻게
고요함에 들 수 있겠는가? 눈감고 눈뜨고 앉았다고 고요함에 들 수
있겠는가? 십 년, 이십 년 앉았다고 고요함에 들 수 있겠는가? 고요함
에 든다 해도 그것은 억지일 뿐이다. 억지 삼매일 뿐이다. 한소식 하고
뭘 본다 해도 헛것을 보는 것이다.

'이탐(離貪, *virāga* / 위라가),
욕심 집착 극복하는 것'–,

이것이 안 되면 위빳사나 안 된다.
이것이 안 되면 참선 안 된다.
이것이 안 되면 화두참구 안 된다.
무조건 틀고 앉아서 눈감고 눈뜨고 수행하면 멸진정(滅盡定)에 들
고 삼매에 들어서 온갖 번뇌 다 사라진다고 장담하지만 헛소리다. 수
행자체가 안 된다. 무의식(無意識) 깊이, 세포 속의 유전인자로 스며
있는 욕심 바이러스가, 눈감고 눈뜨고 앉아서 참선하고 명상한다고

소멸하는 것이라고 생각하면 큰 착각이다. 도리어 고집만 키울 뿐이다. 우리 주변을 둘러봐도 다 안다. 참선 외치는 집안에서 세속보다 더 싸운다.

3. '먼저 나누고 섬겨라 -, 이것이 보살대승의 길이다'

'이탐(離貪, *virāga* / 위라가)
욕심 집착 극복하는 것'-,

이것이 전제다.
이것이 수행의 전제, 깨달음의 전제다.
아니-, 이것이 우리 인생의 대전제다.
사람답게 서로 사랑하며 살아가는 우리 인생의 대전제다.
욕심 집착 때문에 다 망한다.
가정도 직장도 마을도 나라도 이 욕심 집착 때문에 다 망한다.
욕심 집착 때문에 고집 부리고 분노하고-, 그래서 가정이 깨어지고 죄 없는 원영이 정인이들이 버림받아 죽어가고, 노사(勞使)가 패를 만들어 싸우다가 직장이 무너지고, 그래서 '좌파 우파' '남북동서' '흑백' '남녀'-, 이렇게 편을 가르고 서로 증오하고 싸우고 해치고 죽인다.
이것이 유사 이래 불행한 우리 인생사(人生事)고 역사다.
그래서 붓다께서는 모든 법문 첫 머리에서 이렇게 설하신다.

"수행자들이여,

먼저 나누고 섬겨라. [나눔(布施, *danā* / 다나)]

오계 지켜서 산목숨 해치거나 차별하지 말라. [지계(持戒, *sīla* / 실라)]

과도하게 욕심 부리지 말라.

그것은 추하고 고통이 따르는 법이다.[이욕(離貪, *virāga* / 위라가)"

– 초기율장 「대품」 I. 8. 3 뜻으로 옮김 – 8)

'먼저 나누고 섬겨라.

따뜻한 미소로 먼저 다가가 인사하고

작은 것 하나라도 나누고 섬겨라.'

– 우리들의 팔정도 –

이것이 '팔정도' '우리들의 팔정도'다.

팔정도–, 이 한 마디로 족하다. 더 벌리면 헛소리 된다.

이것이 '만인견성(萬人見性)–만사해탈(萬事解脫)의 차례법문'이다.

이렇게만 하고 살아가면, 만인이 눈뜬다. 모든 일이 해탈의 길이 된다. 바로 이것이 '대각(大覺, *Mahā-bodhi*)'이다. '만인경성–만사해탈의 큰 깨달음'이다. '깨달음' '깨달음'–, 바로 이것이다. 이것 하나로 족하다. '깨달음' '견성' '한소식'–, 바로 이것을 보는 것이다. 뭐 거창한 것 아니다.

사슴동산 초전법륜에서 청년 야사스(Yasas)에게 이 '차례법문'을 설하신 이래, 붓다께서는 생애를 통하여 이 법문을 설하신다. 이 법문이

---

8) Vin Ⅰ. pp.15. ; *The Book of The Discipline* Ⅳ / Viayapitaka-Mahāvagga pp.21-28. ; 『붓다의 일생 우리들의 일생』 pp.232-237.

모든 법문의 모체가 되고 원형(原形)이 되고 있다. 이 법문이 곧 '팔정
도(八正道)'고, 이 법문이 곧 '보살도'다. 우리가 '팔정도'를 '보살도'로
규정하고, '불교는 처음부터 보살대승의 길이다'−, 이렇게 주장하는 것
도 여기에 근거하고 있는 것이다. 그리고 이 법문이 대승불교의 수행
법인 '육바라밀'에 그대로 이어지고 있다.

[합송]

「먼저 나누고 섬겨라.
따뜻한 미소로 먼저 다가가 인사하고
작은 것 하나라도 나누고 섬겨라.'

− 우리들의 팔정도 −

이것이 보살대승의 길이다.
이것이 부처님 그 자체다. 불교 그 자체다.
이것이 깨달음 그 자체, 견성성불 그 자체다.
이것이 사람답게 사는 유일한 길이다.
아무리 머리 싸매고 앉아도 이것 이상 없다.
위빳사나 참선 한소식−, 깨달음 해탈 열반−,
모두 나누고 섬기자는 것이다.
이것 아니면 불교 아니다.
그리고 이것을 가능하게 하는 출발점이 Sati다.
다른 것 없다. 다른 것 찾으면 외도(外道)로 간다.
이것은 추상(秋霜)같은 법문이다.」

4. '보살구원의 길'−, 처음부터 목표를 분명히 확립하라

1) 불교는 '깨달음' 아니다, 단지 보살구원의 길이다

'깨달음'−, 왜 '깨달음'인가?

왜 '깨달음'−, '바른 깨달음(正覺, *Sambodhi*)' 얻으려 하는가?

'열반'−, 왜 '열반'인가?

왜 목숨 걸고 '열반' '해탈열반(解脫涅槃, *Vimutti-Nibbāna*)' 구하려 하는가?

보살구원의 길 찾기 위해서다.

바른 보살구원의 길 찾기 위해서다.

사랑하는 부모님, 아내 남편, 아들 딸들,

사랑하는 사람들, 많은 사람들, 이 땅의 동포들,

고통과 죽음 속에서 헤매는 이 땅의 동포들 살려내는 바른 보살구원의 길 찾아서 걷고, 걷기 위해서 목숨 걸고 수행하는 것이다.

불교는 '깨달음'이 목적 아니다.

불교는 '한소식'이 목적 아니다.

불교는 도통하는 것이 목적 아니다.

불교는 '해탈 열반'이 목적 아니다.

불교는 '수행'이 목적 아니다.

불교는 '위빳사나' '참선'이 목적 아니다.

불교는 '삼매'가 목적 아니다.

불교는 단지 보살구원의 길 걷고 걷는 것이다.
불교는 단지 사회적 구원의 길 걷고 걷는 것이다.

단지 동포들 살려내는 사회적 구원의 길 – 보살구원의 길 걷고 걷는
것이 불교의 *Identity*고, 불교도가 추구하는 거의 유일한 최고의 가치
다. 이것이 불교 하는 동기(動機)며 동력(動力)이다.

'깨달음' '한소식' '도통' '해탈 열반'–,
이것은 하나의 과정일 뿐이다.
'위빳사나' '참선' '삼매'–,
이것은 보살구원의 길을 찾기 위한 하나의 과정일 뿐이다.
　탐욕을 여의고 탐욕 집착을 벗어나 보살의 열정을 일으켜 애쓰고
애쓰면서 보살구원의 길 걷고 걷기 위한 하나의 과정일 뿐이다. 정확
하게 말하면, 열정을 일으켜 애쓰고 애쓰면서 탐욕 집착을 벗어나 보
살구원의 길 걷고 걷는 그 자체가, 그 순간순간이 곧 깨달음이고 한소
식이고 해탈 열반이다. 애쓰고 애쓰면서 탐욕 집착을 벗어나 보살구원
의 길 걷고 걸을 때, 비로소 위빳사나가 위빳사나 되고, 참선이 참선
되고, 삼매가 삼매 되고, 반야가 반야 된다. 따로 구하면 외도(外道)가
되고 만다.

2) '처음부터 목표를 분명히 확립하라'
〔명심불망(銘心不忘)〕
[합송 ; '처음부터 목표를 분명히 확립하라']
「따뜻한 미소로 먼저 다가가 인사하고

작은 것 하나라도 나누고 섬기면서
보살구원의 길 걷고 걷는 것
열정을 일으켜 애쓰고 애쓰면서
목말라 하며 보살구원의 길 걷고 걷는 것
많은 사람들—동포들 살려내는 사회적 구원의 길 걷고 걷는 것—,
이것이 불교다, 불교의 *Identity*—, 정체성(正體性)이다.
이것이 불교 하는 동기(動機)며 동력(動力)이다.

깨달음 해탈 열반은 과정이다.
위빳사나 참선은 하나의 과정이다.
보살구원의 길 열심히 걷고 걸을 때
깨달음이 깨달음 되고 수행이 수행 된다.
깨닫고 한소식 해서 보살행 하는 것 아니다.
애쓰고 애쓰면서 보살의 길 걷고 걸으면서 깨닫고 견성하는 것이다.
아니—, 보살의 길 걷고 걷는 그 자체가 깨달음 견성이다.
깨달음 견성—, 명상하면서 따로 구하면, 외도다.
보살행 없는 깨달음 견성 한소식—, 외도다.
이것이 붓다께서 확립하신 불교도의 목표다.
4아승지 10만겁 전, 진흙바닥에 몸을 던지며
붓다께서 맹세한 인생의 목표—, 만인의 서원(誓願)이다.

'나는 보살대승(菩薩大乘)이다.
나는 보살행으로써 대승의 길을 삼는다.
나는 보살구원의 삶으로써 깨달음 해탈을 삼는다'

첫 출발부터 목표를 분명히 하라.
'깨달음이다' '수행이다' '실천이다'—,
다시는 다시는 헤매지 말라.」

"*Sati*-, *Maggo-Bodhāya*, *Sati*가 깨달음의 길이다"

•
•

"*Maggo-Bodhāya* / 막고보다야

(*Sati*)-, 이것이 깨달음의 길(*Maggo-Bodhāya*)이다.' "」

– 맛지마니까야 36 「삿짜까 큰 경」/ *Mahāsaccaka-sutta* 31 – [9]

[붓다의 현장]

〔실참실수(實參實修)〕

[입체낭독 ; 사문 고따마 *Sati* 를 찾았다]

위의(威儀)를 단정히 하고

허리 곧게 펴고, 들숨 날숨 헤아리며,

고요히 돌아가며 독송 외운다.

---

9) M Ⅰ p.246 ; 대림 스님 역, 『맛지마니까야』 2권 pp.179-180. ; *The Life of Buddha* p.66.

외우면서 눈앞에 보듯 관찰한다.

그리고 그 뜻을 가슴 깊이 새기고 새긴다.

[열두 살 농경제(農耕祭)의 회상]

⑨ "악기웻사나여, 그러나 나는 이런 극심한 고행으로도 인간의 법을 초월한 성자들에게 적합한 지(知)와 견(見)의 특별함을 증득하지 못했습니다.

이런 생각을 하였습니다.

'깨달음을 얻을 다른 길은 없을까?' "

⑩ "악기웻사나여, 그런 내게 이런 생각이 떠올랐습니다.

'아버지의 석가족 농경제에 갔을 때,

나는 시원한 잠부수 나무 그늘에 앉아서

감각적 욕망과 불선(不善)한 법들을 완전히 떨쳐버리고,

생각하고 고찰하면서

떨쳐버림에서 생겨난 기쁨과 행복을 갖춘 초선(初禪)에 든 적이 있었는데,

혹시 그것이 깨달음의 길이 되지 않을까?' "

⑪ "악기웻사나여, 그런 내게 그러한 *Sati*를 따라서

나는 알아차렸습니다.

'*Maggo-Bodhāya* / 막고보다야

이것이 깨달음의 길(*Maggo-Bodhāya*)이다.'"」

– 맛지마니까야 36 「삿짜까 큰 경」/ *Mahāsaccaka-sutta* 31 – [10]

1. '깨달음의 길'– , 이제 찾았다

"'아버지의 석가족 농경제에 갔을 때,

나는 시원한 잠부수 나무 그늘에 앉아서

감각적 욕망과 불선(不善)한 법들을 완전히 떨쳐버리고,

생각(思惟)하고 숙고(熟考)하면서

떨쳐버림에서 생겨난 기쁨과 행복을 갖춘 <u>초선(初禪)에 든 적이 있</u>었는데,

혹시 그것이 깨달음의 길이 되지 않을까?'"

– 맛지마니까야 36 「삿짜까 큰 경」 31 / *Mahāsaccaka-sutta* –

'초선(初禪)에 든 적이 있었는데– '

지금 열두 살 어린 왕자 고따마는 잠부수(*Jambu-tree*, 閻浮樹 / 염부수) 아래서 초선에 들어있는데, 이 부분을 주석서에서는 이렇게 기록하고 있다.

---

10) M Ⅰ p.246 ; 대림 스님 역, 『맛지마니까야』 2권 pp.179-180. ; *The Life of Buddha* p.66.

'가부좌를 하고 들숨 날숨을 챙겨[11] 초선(初禪)에 들었다' – '[12]

'초선(初禪),

들숨 날숨– '

이것은 곧 Sati다.

이것은 곧 '들숨 날숨 Sati(ānāpāna-sati / 아나빠나 사띠)'다.

'Sati / 사띠,

들숨날숨(ānāpāna) 사띠(ānāpāna-sati / 아나빠나사띠 / 數息觀 / 수식
관),

들숨날숨 헤아리는 마음관찰(數息觀)'–,

이것이 '깨달음의 길'이다.

붓다 스스로 찾아낸 '깨달음의 길'이다.

이렇게 Sati는 붓다께서 스스로 찾아내고 확립하신 '깨달음의 길'이다.

이렇게 Sati는 붓다께서 스스로 목숨 걸고 고행주의와 선정주의를
극복하고 마침내 죽음의 벼랑 끝에서 찾아낸 '깨달음의 길'이다.

---

11) '들숨 날숨을 챙겨(ānāpānepariggahetvā) MA Ⅱ. 290-291. ; 대림 스님 역, 『맛지마니
까야』 2권 pp.179-180 각주-132)
12) '들숨 날숨 헤아리며 초선에 들다', 이것이 바로 sati / 사띠다. 이 sati가 곧 '깨달음의
길'이다. ; 대림 스님 역, 『맛지마니까야』 2권 p.180 각주-133)

2. "*Sati* −, *Maggo-Bodhāya*,
Sati 가 깨달음의 길이다"

'*Maggo-Bodhāya* / 막고보다야 −,
'깨달음의 길' −, 무엇일까?
사문 고따마가 죽음의 벼랑끝에서 찾아낸 '*Maggo-Bodhāya*' −,
'깨달음의 길' −, 과연 무엇일까?
오매불망−, 우리가 그렇게 찾아 헤매던 길,
'깨달음의 길' −, 과연 무엇일까?

〔실참실수(實參實修)〕

[합송 ; '*Maggo* − *Bodhāya* / 막고보다야 −,
**   *Sati* 가 깨달음의 길이다]**

모두 무릎 꿇고 합장하고 경청한다.
천길 어둠 속에서 구원의 빛을 찾듯,
간절한 마음으로 귀 기울여 경청한다.
좌장이 한 줄 한 줄 먼저 읽고
대중들이 우렁차게 합송한다.
(목탁 / 죽비 내린다−)

「기원전 589년, 가야산(Gayā山) 고행림(苦行林)
6년 고행 끝에 마침내
붓다 석가모니께서 선포하신다.

"악기웻사나여,

그런 내게 그러한 *Sati*를 따라서 나는 알아차렸다.

'이것이 깨달음의 길이다.

*Sati*다.

들숨 날숨 *Sati*(*ānāpāna-sati* / 아나빠나사띠)다.

*Sati*가 바로 깨달음의 길이다.

*Sati*가 바로 바른 깨달음(正覺, *Sambodhi* / 삽보리)의 길이다.'"

― 맛지마니까야 36「삿짜까 큰 경」―

[소리질러]

「야호― 이제 찾았다.

깨달음의 길 이제 찾았다.

해탈구원의 길 이제 찾았다.

보살구원의 길 이제 찾았다.

(두 손 번쩍 들고 외친다)

만세― 우리 모두 살았다.

만세― 우리 모두 벗어났다.

만세― 우리 모두 불사(不死)다.」

(박수치며 서로 손잡고 축복한다)

자― 이제 *Sati*할 차례다.

'Sati 일구(一句)' 외울 차례다.

위의 단정히 하고, 허리 곧게 펴고,

두 눈 코끝에 집중하고,

들숨 날숨 할 때 숨, 곧 호흡이 감촉되는 그 자리에 집중하고,

자연스럽게 호흡하면서, '하나- 둘-', 헤아리면서,

들숨 날숨이 코끝을 스치고 지나가는 그 자리에 마음 집중한다.

(목탁 / 죽비 내린다-)

[무상(無常) *Sati* 일구]

「**예비호흡**」

들숨- 날숨- 하나

들숨- 날숨- 둘- … 다섯

「들숨 날숨- 하나-,

'제행무상(諸行無常) 제행무상(諸行無常)'-

'마음이 허공처럼 텅- 비어간다.」- (三念)」

3. '고싱가 사라 숲'으로부터
'금강경 첫머리'까지 -

[붓다의 현장]

[독송 ; '고싱가 사라 숲(Gosinga Sāla Tree)에서']

① 붓다께서 고싱가 사라 숲(Gosinga Sāla tree)에 계실 때, 사리뿟
　 따(Sariputta) 존자, 마하목갈라라(Mahāmoggallana) 존자, 아난
　 다(Ananda) 존자 등 널리 알려진 상수제자들이 붓다 곁에서 함

께 수행하고 있다.

② 이때 고싱가 숲이 큰 광명으로 환하게 빛나고 있다.

이것을 보고 제자들이 고싱가 숲을 빛내는 수행에 관하여 저마다 선호하는 수행법을 놓고 토론하다가 마침내 붓다를 찾아갔다. 그들은 자기들의 토론내용을 고하고 붓다께 여쭈었다.

③ [사리뿟따] "세존이시여, 고싱가 숲을 빛낸 수행에 관하여 누가 잘 말하였습 니까?"

④ [붓다] "사리뿟따여, 훌륭합니다, 훌륭합니다.

사리뿟따여, 그대들은 나의 말을 잘 들으시오.

이와 같은 수행자가 이 고싱가 숲을 빛낼 것입니다.

⑤ 사리뿟따여,

여기 수행자는 공양을 마치고 탁발에서 돌아와

결가부좌 하고 몸을 곧게 세우고

얼굴 전면에 대면(對面)사띠를 확립하여 앉는다.

이 수행자는 결심한다―,

⑥ '내 마음이 번뇌로부터 벗어날 때까지

나는 이 가부좌를 풀지 않을 것이다.'

사리뿟따여, 이런 수행자가 이 고싱가 숲을 빛나게 합니다."

　　　　　　　 – 맛지마니까야 32 「고싱가살라 큰 경」/ *Mahāgosingasāla-sutta* – [13]

『금강경(金剛經)』 첫머리(序分)는 이렇게 시작하고 있다.

---

13) M Ⅰ. pp.212-219. ; 대림 스님 역, 『맛지마니까야』 2건 pp.99-114. 간추림.

[합송 ; 『금강경』 첫 머리]

「이와 같이 나는 들었다. …

그때 참으로 세존께서는 옷매무새를 가지런히 하시고 가사와 발우를 수하시고 사왓티 큰 도시로 탁발하려 들어가셨다. 탁발을 마치신 후 공양을 드셨다.

공양 후에는 탁발로부터 돌아와 발우와 가사를 제 자리에 내려놓으시고, 두 발 씻으시고, 미리 준비된 자리에 앉으셨다.

가부좌 하시고 몸을 곧게 세우고, <u>전면에 사띠(對面念, 對面 사띠)를 확립하여 머무셨다.</u> …」

- 『금강경』 서분(序分) - [14]

'가부좌 하고 몸을 곧게 세우고
얼굴 전면에 *Sati*를 확립하여 앉는다.'

-「고싱가살라 큰 경」/ *Mahāgosingasāla-sutta* -

'가부좌 하고 몸을 곧게 세우고,
전면에 *Sati*를 확립하여 머무셨다.'

- 『금강경』 서분(序分) -

---

14) 현장(玄奘)역, 금강경 1분 ; 각묵, 『금강경역해』 pp.23-24.. 구마라집의 번역본에는 이 부분이 빠져있다. 그러나 이 사띠 부분은 빠져서는 안 될 중요한 가르침이다. ; 각묵, 『금강경역해』 42-43. 금강경 설법은 기본적으로 이 사띠의 통찰과정이다. 해설하고 강의할 것이 아니라 그대로 담담하게 지켜보고 통찰할 것이다. 무엇이든 해설하고 강의하려고 나서는 것이 큰 병폐다. 불교의 모든 가르침은 기본적으로 사띠 과정이다. 통찰과정이다. 지켜보고 잘 알고(正念正知) 판단하고 실천하는 과정이다. 머리 굴려 해석 해설하면 생명을 잃는다.

이것이 *Sati*다.

'고싱가 사라 숲'으로부터 『금강경』 '첫머리' 까지-,

이것이 '대면 *Sati*' '대면념(對面念)'이다.

이렇게 *Sati*는 모두 '대면' '대면념'이다.

일상적으로는 그냥 '*Sati*' '*Sati*' 하지만, 정확하게 말하면, 붓다께서 말씀하신 대로, '전면(前面)에 *Sati*', 곧 '대면 *Sati*' '대면념'이다. 여기서 '염(念)'이란 곧 '정념(正念)'이다. '*Sati*'를 중국에서 '염'으로 옮긴 것이다. 팔정도의 '*Sammā-Sati*'를 '정념'으로 옮긴 것이 바로 이것이다. '잊지 않고 맘속에 분명하게 기억한다' '딴 데 정신 팔지 않고 한 대상에 집중한다'-, 이런 뜻이다.

'대면 *Sati*' '대면념'-,

이것은 '*parimukhaṃ-sati* / 빠리무캉 사띠'를 옮긴 말이다.

'*parimukhaṃ* / 빠이무캉'은 '얼굴(*mukhaṃ* / 무캉, 面, face) 전면(*pari* / 빠리, 前面, *around*)에'-, '*parimukhaṃ-Sati* / 빠리무캉 사띠'는 '얼굴 전면에 관찰 대상을 올려놓고 대면(對面, *face to face*)하듯 집중하며 지켜본다, 관찰한다'-, 이런 뜻이다. 그래서 '대면*Sati*' '대면념'이라고 옮긴 것이다.[15]

'대면 *Sati*' '대면념'-,

'얼굴 전면에, 정확하게는 들숨 날숨이 들고 날 때 스치는 코끝 그 자리에 관찰대상을 올려놓고, 몸이면 몸(身), 느낌이면 느낌(受), 생각

---

15) 대림 스님 역, 『맛지마니까야』 1권 p.662 각주-889 참조. ; 『화엄코리아』 358-361.

이면 생각(心), 안팎의 어떤 현상이나 사건이면 사건(法)을 올려놓고, 얼굴로 마주 대하듯, 대면하듯, 집중해서 그 움직임을 꿰뚫어 지켜보고(正念) 알아차리고(正知) 숙고하며 관찰하는 것이다.

'대면 *Sati*'
'대면념'-,
이것은 '눈앞의 관찰'이다.
지금 여기서 눈앞에서 얼굴 맞대고 보듯 들숨 날숨 헤아리며 관찰 대상을 눈·귀·코 … 생각 등 감각기관으로 직접 집중해서 있는 그대로 알아차리고 관찰하는 '대면관찰' '눈앞의 관찰'이다.

4. '대면(對面) *Sati*'−, '눈앞 관찰'−, 이것이 2천7백 년 불교의 전통이다

'*Sati*
대면관찰−눈앞의 관찰−
지금 여기서 마주 대하듯 눈앞의 사실들
있는 그대로 꿰뚫어 관찰하기'−,

이것이 붓다께서 목숨 걸고 찾으신 '*Sati*'다.
이것이 붓다께서 생애를 걸고 확립하신 '깨달음의 길 *Sati*'다.
고싱가 살라 숲(Gosingasāla tree)으로부터 금강경 첫 머리(序分)까지−,
붓다께서 몸소 하시는 '붓다의 관찰법'이다. '붓다의 불교'로부터 부파불교-대승불교까지, 이 '*Sati*' '대면*Sati*(*parimukhaṃ-Sati*)'가 2천7백 년 불교사를 끊임없이 흘러온 붓다의 정통 관찰법-수행법이다. 불교의 정통 관찰법-수행법이다. 중국 선종의 직지견성(直指見性)도 본래 이러한 '눈앞의 관찰' 위에 서있는 것이다. 이것을 벗어나면 외도(外道)로 가는 것이다.

눈감고 눈뜨고 앉아서
마음으로, 마음속으로 무엇인가를 찾는 것-,
'마음' 찾고 '나(自我)' 찾고 '이 뭣고' 찾고-,

이런 방식은 '대면 *Sati*'의 오랜 전통에서 벗어나는 것이다.
지금 여기서 마주 대하듯 눈앞의 사실들-대상을 있는 그대로 꿰뚫어 지켜보는 '눈앞의 관찰'-, *Sati*의 본질과 크게 어긋나는 것이다. 직지(直指)를 일탈하는 것이다. 직지는 초월적 관념적 직관이 아니라, 바로 '대면념' '눈앞의 관찰'이다. 눈앞의 사실-대상과의 직접 부딪침이다. 눈앞의 관찰을 넘어선다는 것은 관념(觀念)에 빠지는 것이다. '마음으로 본다'는 것은 곧 관념에 빠진다는 것이다. '눈앞의 관찰'은-, '직지'는 마음도 끼어들 여지가 없다. 관념에 빠지면 그것은 직지가 아니라 왜곡이다.

눈감고 눈뜨고 앉아서
마음으로, 마음속으로 무엇인가를 찾는 것-,
'마음' 찾고 '나(自我)' 찾고 '이 뭣고' 찾고-,

이런 방식은 붓다가 버리고 떠난 신비적 선정주의로 회귀하는 것으로 보인다. 감각적 체험을 벗어나 마음속으로 초월적인 무엇인가를 찾는 이런 선정주의-삼매주의는 숲속의 은둔적 명상가들이나 고행자들이 정신적 육체적 억제와 집중을 통해서 초월적 Brahman과의 합일을 추구하는 신비적 수행법이다. 이들은 이러한 합일-, 곧 범아일여를 통하여 *Ātman*, 또는 대아(大我)·진아(眞我)·진실생명·영원생명을 실현하는 것을 궁극적 구원으로, 해탈로 인식하고 있다.

'대아(大我)'
'진아(眞我)'
'진실생명' '영원생명'-,

불교계 일부에서도 이런 주장들 많이 하고 있다.

그들은 'Brahman'이라는 말 대신에 '마음' '한마음' '자성(自性)' '한물건(一物)'이란 용어를 쓰고 있다. 그러면서 '마음' '자성' '한물건'을 안이비설신의 감각작용이 닿을 수 없는 초월적인 것으로 주장하고 있다. 신성불가침의 무엇인 것처럼 절대화하고 있다. 이것만 보면 광명찬란-, 만사형통이라고 주장하고 있다. '할 일 다 했다'고 한다. 이것은 Brahman과 하나 되면 일체의 고통과 죽음에서 해탈한다는 범아일여를 그대로 연상시킨다. 또는 천지자연과 하나 되는 노장사상(老莊思想)-도교의 '무위자연(無爲自然)'을 연상시킨다.

*Sati*를 통하여, 눈앞의 대면관찰을 통하여, 대상을 있는 그대로 보고 숙고하고 합리적으로 판단할 뿐, 어떤 절대적 전제도 내세우지 않는-, 어떤 자아도 내세우지 않는 것이 확고부동한 '붓다의 길'이고, '*Maggo-Bodhāya* / 막고보다야'-, 이것이 '깨달음의 길'이라는 오랜 붓다적 전

통─, 불교적 정통성으로 비춰볼 때, 이런 수행─사유방식은 경계하지 않으면 안 될 것이다.

　'마음' '자성' '한물건'
　'대아' '진아' '진실생명' '영원생명'─,

　그러나 우리는 이런 경지들을 일방적으로 부정하려고 하지 않는다.
　붓다적 전통에 입각한 신랄한 비판과 재해석을 통해서, 이런 경지들을 고결한 불교의 사상으로 다시 살려내려고 하는 것이 우리 빠리사들이 일관되게 추구하는 '붓다의 불교'의 진정한 의도이다. 비록 용어는 다르게 쓰고 있지만, 거기에 담긴 선대(先代)들의 뜻이 또한 붓다의 뜻과 다를 것이 없다고 믿기 때문이다.

*Sati*는 관찰(觀察)이다,
삼매(止)도 관찰(觀)도 모두 *Sati*하는 과정이다

　　•
　　•

"수행자들이여,

그러면 수행자는 어떻게 바르게 사띠하는가(正念, *sammā-sati*)?

수행자들이여,

여기 수행자는 몸에서 몸을 따라 관찰하며(身隨觀) 머문다.

(몸의 움직임을) 열심히 분명하게 알아차리고(正知),

마음 집중하여 관찰하면서(念, *Sati*),

세속에 대한 욕심과 근심을 버리고 머문다. …"

　　　　　　　　　　　　　 - 디가니까야 16 「대반열반경」 2, 11-13. - [16)]

---

16) D Ⅱ. pp.94-95. ; 각묵 스님 역, 『디가니까야』 2권 pp.196-197.

[붓다의 현장 – 붓다의 법문]

「① 기원전 545년경, 돌아가시기 몇 달 전

팔순의 노(老)붓다께서 마지막 유행길을 떠나 웨살리(*Vesāli*)에 이르러 암바빨리(*Ambapālī*) 숲에 머무신다,

붓다께서 수행자들을 위하여 매우 중요한 법을 설하신다.

② "수행자들이여, 수행자는 바르게 집중하고(正念) 바르게 알아차리면서(正知) 머물려야 한다.

이것이 그대들에게 주는 여래의 간곡한 당부다.

수행자들이여, 그러면 수행자는 어떻게 바르게 집중하는가(正念, *sammā-sati* / 삼마사띠)?

수행자들이여, 여기 수행자는 몸에서 몸을 따라 관찰하며(身隨觀) 머문다.

(몸의 움직임을) 열심히 분명하게 알아차리고(正知), 마음 집중하여 관찰하면서(念, *Sati*), 세속에 대한 욕심과 근심을 버리고 머문다.

느낌에서 느낌을 따라 관찰하며(受隨觀) 머문다. …

마음에서 마음을 따라 관찰하며(心隨觀) 머문다. …

사물(事物)에서 사물을 따라 관찰하며(法隨觀) 머문다. …

수행자들이여, 수행자는 이렇게 바르게 집중(Sati, 正念)한다.

③ 수행자들이여, 그러면 수행자는 어떻게 바르게 알아차리는가(正知, *sampajañña* / 삼빠자나) 하는가?

수행자들이여, 수행자들은 나아갈 때도 물러날 때도 (자신의 행동을)

분명하게 알아차리고(正知, *sampajañña*, *clearly awareness*) 움직인다. 앞을 볼 때도 돌아볼 때도 …. 구부릴 때도 펼 때도 …. 가사 발우 의복을 지닐 때도 …. 먹을 때도 마실 때도 씹을 때도 맛볼 때도 대소변을 볼 때도 …. 걸을 때도 설 때도 잠들 때도 말할 때도 침묵할 때도 분명하게 알아차리고(正知, *sampajañña*, *clearly awareness*) 움직인다.

④ 수행자들이여, 수행자는 이렇게 바르게 알아차린다(正知, *sampajañña* / 삼빠자나).

수행자들이여, 수행자는 바르게 사띠(正念)하고 바르게 알아차리면서(正知) 머물려야 한다.

이것이 그대들에게 주는 여래의 간곡한 당부다."」

― 디가니까야 16「대반열반경」2, 11-13. ― [17)]

1. 'anupassanā / 아누빳사나' ― ,
따라가며 관찰하고 숙고하다

"수행자들이여,
수행자는 바르게 집중하고(正念)
바르게 알아차리면서(正知) 머물려야 한다.
이것이 그대들에게 주는 여래의 간곡한 당부다."

― 디가니까야 16「대반열반경」2 , 12―

---

17) D Ⅱ. pp.94-95. ; 각묵 스님 역,『디가니까야』2권 pp.196-197.

*Sati*는 이렇게 정념 정지(正念正知)하는 것이다.

*Sati*는 이렇게 바르게 집중하고(正念) 바르게 알아차리는 것이다 (正知).

'정념 정지(正念正知)'가 무엇인가?

'바르게 집중하고(正念) 바르게 알아차리는 것'이 무엇인가?

곧 '관찰(觀察, *passanā* / 빳사나)'하는 것이다.

*Sati*는 곧 '관찰수행(觀察修行)'이다.

왜 '관찰(觀察)'이라 하는가?

왜 *Sati*를 '선정(禪定)'이라거나 '명상(冥想)'이라 하지 않고 '관찰' '관찰수행'이라 하는가?

붓다께서 웨살리(*Vesāli*) 암바빨리(*Ambapālī*) 숲에서 분명하게 말씀하신다.

"수행자들이여, 여기 수행자는 몸에서 몸을 따라가며 관찰하며(身隨觀) 머문다.

(몸의 움직임을) 열심히 분명하게 알아차리고(正知, *sampajañña*), 마음 집중하여 관찰하면서(念, *Sati*), 세속에 대한 욕심과 근심을 버리고 머문다.

느낌에서 느낌을 따라가며 관찰하며(受隨觀) 머문다. …

마음에서 마음을 따라가며 관찰하며(心隨觀) 머문다. …

사물(事物)에서 사물을 따라가며 관찰하며(法隨觀) 머문다. …

수행자들이여, 수행자는 이렇게 바르게 사띠(*Sati*, 正念)한다."

– 디가니까야 16 「대반열반경」 2, 12 –

'몸을 따라가며 관찰하며(身隨觀) 머문다'−,

여기서 Sati의 기능을 이렇게 '관찰(觀察, *passanā* / 빳사나)'이라고 분명히 밝히고 있다.

'(눈앞의 대상을)

열심히 분명하게 알아차리고(正知, *sampajañña*)

마음 집중하여(*Sati*) 따라가며 관찰하면서(隨觀 *anupassanā*)

세속적 욕심과 근심에서 벗어난다.

이렇게 바르게 *Sati* 한다(正念, *sammā-sati*)'−,

'수관(隨觀)하다' '*anupassanā* / 아누빳사나'란 용어는 다음과 같은 뜻을 지니고 있다.[18]

 − 보다, 관찰하다(*looking at, viewing, contemplating*)

 − 생각하다, 숙고하다(*consideration*)

 − 이해하다(*realization*)

'따라가며 관찰하다'−, 곧 '수관(隨觀 *anupassanā* / 아누빳사나)'이란, '따라가며(*anu, alomg, with*, 隨)[19] 관찰하다(*passanā, look, view*, 觀)' '따라가며 보다'−,[20] 이런 뜻이다. '몸(身受心法)이 움직이는 지금 여기서, 그 현장(現場)에서, 몸이 움직인다는 눈앞의 사실(事實)을 있는 그대

---

18) PED p.39.

19) PED p.33,

20) 각묵 스님과 전재성 박사는 이 용어를 '관찰하다'라고 옮기고, 마성 스님(이수창)은 '보다'라고 옮기고 있다 ; 전재성, 『쌍윳따니까야』 8권 p.41 ; 이수창, 『사캬무니 붓다』 p.301.

로 따라가며 관찰한다'-, 이런 뜻이다. '자신이 행동한다는 그 사실(事實)을 지금 여기 눈앞에서 현장(現場)에서 정신 집중해서(正念, sammā-sati) 분명하게 알아차리고(正知, sampajañña, clearly awareness) 관찰하면서(passanā) 움직인다'-, 이런 뜻이다.

'바르게 알아차린다(正知, sampajañña)'는 것은, 붓다의 말씀처럼, '나아갈 때도 물러날 때도 (자신의 행동을, 事實을) 눈앞에서, 현장에서 분명하게 알아차리고 움직이고, 걸을 때도 설 때도 잠들 때도 말할 때도 침묵할 때도 분명하게 알아차리고 움직이는 것'이다. 요컨대 Sati는 정신 바짝 차리고 눈앞의 현장을 변화하는 그대로, 있는 그대로 지켜보고 움직이는 관찰수행이다. 순간순간 깨어있는 수행이다.

   Sati는 이렇게 관찰(觀察, passanā/빳사나)이다.
   Sati는 눈앞의 관찰, 눈앞의 현장관찰(現場觀察)이다.
   Sati는 눈앞의 현장관찰(現場觀察)이며 현실관찰(現實觀察)이다.
   Sati는 '눈앞의 fact 관찰' '눈앞의 사실관찰(事實觀察)'이다.
   Sati는 지금 여기서 눈앞에서 전개되는 현장상황을 있는 그대로 지켜보며 생각하고(思惟) 숙고(熟考)하는 관찰이다.

2. 위빳사나(vipassanā, 觀)도 사마타(samatha, 止)도, 선정(禪定)도 지혜(知慧)도 모두 Sati하는 과정이다

'정념(正念, sammā-sati) 정지(正知, sampajañña),
대상에 대하여 바르게 집중하고 바르게 알아차리며 관찰하다'-,

이것이 *Sati*다. 이것이 '깨달음의 길 *Sati*'다.

그래서 붓다께서는 *Sati*를 설하실 때 거의 빠짐없이, '정념정지 하라'-, 이렇게 말씀하신다. '정념(正念) 정지(正知)'라고 했지만, 이 둘은 다른 것이 아니다. 정념(正念) 따로 하고 정지(正知) 따로 하는 것 아니다. 연속되는 하나의 흐름, 하나의 수행-, 곧 *Sati*다.

이렇게 *Sati*는 물이 흘러가듯 한 흐름이고 한 수행이다.
집중과 관찰과 고요함과 지혜-, 해탈이 한 흐름, 한 수행이다.
자동차 엔진이 어떤 상황에서도 차를 이끌어가듯, *Sati*는 이 모든 과정을 일관되게 이끌어가는 하나의 수행, 곧 '하나의 관찰수행'이다. 팔정도에서는 대상에 집중하는 '정념(正念, *sammā-sati*)'의 내용을 '사념처(四念處)'라 하고, 마음 고요하게(心一境性) 관찰하는 '정정(正定, *sammā-samādhi*)-선정(禪定)'의 내용을 '사선정(四禪定, 四禪)'으로, '4단계의 선정(禪定)'으로 구분하고 있지만, 이것은 수행의 단계를 이론적으로 구분한 것이고, 실제로는 이 모든 변화가 *Sati* 한 작용, 한 수행이다. 사념처를 있는 그대로 관찰하면 이것이 사선(四禪)으로 그대로 이어져 흘러가는 것이다.

몸의 움직임에 마음 집중하여 있는 그대로 관찰하면 점차 마음이 고요해지고-, 마음이 고요해지면 몸의 움직임이 더욱더 분명하게 드러나 보이고-, 이렇게 해서 마침내 어떤 상황에서도 흔들림 없이 대상을 있는 그대로 관찰하게 되고-, 여기서 밝은 지혜가 솟아나고-, 욕심 집작 근심 걱정 벗어나고-, 마침내 일체의 번뇌 고통에서 벗어나 해탈 열반을 실현한다.

이 과정을 구분해서 굳이 '집중이다' '고요함이다' '관찰이다' '지혜다' 할 것 없다. '지(止, *samathaSati*)다' '정(定, 禪定, 三昧, *samadhi* / 사마디)이다' '관(觀, 觀察, *vipassana* / 위빳사나)이다' '혜(慧, 般若, *paññā* / 빤냐)' 할 것 없다. 구분해놓고 새삼스럽게 '지관겸수(止觀兼修)다' '정혜쌍수(定慧雙修)다' 하며 부산 떨 것 없다. '사념처다' '사선정이다'하고 벽을 선을 칠 것 없다. '정념이다' '정지다' 하고 담을 쌓을 것 없다. 이 모든 것이 Sati 한 과정이다. '들숨 날숨 하나- 제행무상(諸行無常) 제행무상(諸行無常)'-, 이렇게 '*Sati* 일구' 열심히 하면 물 흐르듯 자연스럽게 한 흐름으로 흘러가는 것이다.

〔실참실수(實參實修)〕

[무상 *Sati* 일구]

지금 당장 둘러앉는다.
허리 곧게 펴고 「무상 *Sati* 일구」 실참실수 한다.

「예비호흡」

들숨- 날숨- 하나
들숨- 날숨- 둘- … 다섯

「들숨 날숨- 숨이 감촉되는 그 자리에 '하나'-
들숨 날숨- 숨이 감촉되는 그 자리에
'제행무상(諸行無常) 제행무상(諸行無常)'-
들숨 날숨- 숨이 감촉되는 그 자리에
'마음이 허공처럼 텅- 비어간다.」- (三念)」

3. '대면 *Sati* – 눈앞 관찰' –,
이것은 *Copernicus*적 대전환이다

'*Sati*
대면관찰(對面觀察) – 눈앞 관찰 –
지금 여기서 마주 대하듯 눈앞 사실(事實)들
있는 그대로 꿰뚫어 관찰하기' –,

'들숨 날숨 헤아리며
지금 여기서 눈앞에서 얼굴 맞대고 보듯
눈앞의 사실(事實)들, 관찰 대상을 눈 귀 코 … 생각 등 감각기관으로 직접 집중해서 있는 그대로 알아차리고 관찰한다' –,

이것은 실로 인류정신사의 일대전환이다.
*Copernicus*적 대전환이다.
천동설(天動說)에서 지동설(地動說)로 대전환한 것이다.
천지개벽(天地開闢) –,
하늘에서 땅으로 대전환한 것이다.
인간의 삶이, 우리들의 삶이 먼 하늘로부터 눈앞의 이 지상으로 전환한 것이다.
신비(神秘)의 영역으로부터 감각적 체험(體驗)의 영역으로, 신(神)의 영역으로부터 인간(人間)의 영역으로, 천상(天上) 천국(天國)의 꿈으로부터 세속(世俗)의 현실로 전환한 것이다. 무위자연(無爲自然)의 초월(超越)로부터 애쓰고 애쓰는 유위(有爲)의 열정으로, 아라한(阿羅漢)·

도인(道人)의 이상(理想)으로부터 보살구원의 시민적 헌신으로 전환한 것이다.

'대면 *Sati*'
'대면관찰(對面觀察)'
'눈앞 관찰−
지금 여기서 눈앞에서 마주대하듯 꿰뚫어 관찰하기'−,

이것은 단순히 관찰방법의 변화가 아니다.
불교라는 한 종교의 관찰방법−, 수행방법이 바뀐 것이 아니다.
이것은 우리들의 세계관−, 인생관이 크게 바뀐 것을 의미한다.
이것은 우리 인간의 정체성(正體性, *Identity*)−, 나의 존재가치−, 우리들의 존재의 의미가 크게 바뀐 것을 의미한다. 지금까지 인간은 종속자(從屬者)·추종자(追從者)에 지나지 않았다. 기원전 7〜5세기, 붓다의 시대−, 인도 민중들은 자기존재의 의미를 생각하는 철학적 사상적 영역에 접근하는 것이 거의 불가능하였다. 철학적 명상적 탐구는 고도로 신비화된 전문영역으로서, 바라문(司祭)들이나 숲속 소수의 수행자들의 전유물이었다.

바라문(司祭)들이나 숲속 소수의 수행자들이 고행(苦行, *tapas*)이나 요가(*yoga*)·선정(禪定, 冥想, *dhyana*) 등 초월적 지적(知的) 영역에 종사하는 동안, 절대다수의 민중들−, '많은 사람들(*bahujana* / 바후자나'은 철저하게 조직된 사회적 신분제도−*Caste*의 질곡(桎梏)에 발이 묶이고(桎 / 질, 차고) 손이 묶여서(梏 / 곡, 수갑) 수행이나 깨달음 해탈 같은 고귀한 가치들에 접근할 수 없었다. 그들은 Veda를 읽을 수도 없었고 Upaniṣad에 가까이(Upa) 가서 앉을 수도(ṣad) 수도 없었다. 그들은 오로지 바라문(司祭)들이 전횡하는 공희제식(供犧祭式)에 비싼 공물(供物)을 바치고 신(神)의 은총을 빌거나, 윤회의 틀 속에 갇혀 내생에 하늘나라에 재생(再生)하기를 기구할 뿐이었다.

4. '대면 *Sati* – 눈앞 관찰' –, 미증유(未曾有) –, 이것은 전혀 새로운 길이다

'대면 *Sati*
대면관찰(對面觀察)–눈앞의 관찰–
지금 여기서 마주 대면하듯
눈앞의 사실(事實)들 있는 그대로 꿰뚫어 관찰하기'–,

미증유(未曾有)
이것은 전혀 새로운 길이다.
이것은 전혀 새로운 변혁의 길이다.
인간정신과 사회 변혁의 전혀 새로운 길이다.
이것은 만인 앞에 활짝 열려있는 전혀 새로운 길이다.
누구든지 지금 여기서 즉시 눈으로 볼 수 있는 만인의 길이다.
누구든지 지금 여기서 삶의 현장에서 눈앞의 사물(事物)–, 눈앞의 사실(事實)을 있는 그대로 보고 생각(熟考)함으로써 그 고통에서 벗어날 수 있는 '만인견성–만사해탈의 길'로 활짝 열린 것이다. 시장바닥의 한센병 환자나 시장잡배들도 눈앞에서 볼 수 있고, 밤새 방아를

찢는 천한 노비여인도 볼 수 있고, 거리를 방황하는 청년들도 볼 수
있고, 상인 기업가들도 볼 수 있고, 마가다국의 12만 명의 시민들도
볼 수 있고-.

[합송 ; 명상에서 *Sati*로- ,
천지개벽(天地開闢)-, *Copernicus*적 대전환이다]

「명상에서 *Sati*로
숲속의 명상-선정(禪定)에서 시장바닥의 *Sati*로
눈감고 눈뜨고 앉아서 초월적인 경지 찾는 데서 눈앞의 관찰로
마음 찾고 자성(自性)자리 찾는 데서 눈앞의 동포들의 삶의 현실로
대아(大我) 찾고 진아(眞我) 찾는 데서 눈앞의 무상(無常)관찰로-,

이것은 실로 천지개벽(天地開闢)-,
인류정신사의 일대전환-,
*Copernicus*적 대전환이다.
하늘에서 땅으로 대전환한 것이다.
이제 우리는 사람 사는 세상으로 돌아왔다.
이제 우리는 나 자신의 삶으로-,
나누고 섬기는 보살의 삶으로 돌아왔다.
눈앞의 가족들 이웃들 동포들과 눈 맞추며
따뜻한 미소로 교감하는 사람 사는 세상으로 돌아왔다.
이것이 *Sati*다.
이것이 위빳사나다, 사마타다, 참선이다, 명상이다,
이것이 깨달음의 길-, 만인견성-만사해탈의 길이다」

'*Sati* – 눈앞의 관찰' –, 이것은 사회적 해탈구원의 길이다

●

"수행자들이여, 내가 이와 같이 사성제(四聖諦)를
있는 그대로 청정하게 알고 보았기 때문에,
나는 위없는 바른 깨달음을 성취하였다고 선포한다.
나의 해탈은 확고부동하다."

— 상윳따니까야 56, 11 「전법륜경」14 간추림 – [21]

1. '*Sati* – 눈앞의 관찰' –, 이것은 시대적 민중적 변화의 산물이다

1) 붓다의 길은 처음부터 사회적 구원의 길이다

'*Sati*

대면관찰 – 눈앞의 관찰

---

21) S Ⅴ p.423. ; 각묵 스님 역, 『상윳따니까야』 6권 p.390.

지금 여기서 마주대하듯
눈앞의 사실들 있는 그대로 꿰뚫어 관찰하기'-,

이것은 단순히 수행의 길-, 깨달음의 길이 아니다.
*Sati*는 이 사회를 변화시킬 수 있는 사회적 변혁-, 사회적 해탈구원
의 길이다. 구국구세(救國救世)의 길이다.

비폭력-평화-,
무차별-평등-,
여성주체의 시대-,

우리가 추구하는 이 고귀한 사회적 가치들도 바로 이 '대면 *Sati*'
'눈앞의 관찰'로부터 시작되는 것이다. 이 세상을-, 눈앞의 사실-, 현
실을 있는 그대로 관찰하고 판단하는 *Sati*로부터 시작되는 것이다.

우리 자신을 포함해서 불교도들은 대개 불교의 깨달음 해탈을 '천지
자연-, 우주적 진리와 하나 되는, 유유자적하는', 다분히 초월적 신비
적인 것으로 받아들이는 경향을 지니고 있다. 힌두적인 범아일여와
도교적인 무위자연의 향수에서 아직도 벗어나지 못하는 것이다. 무위
자연-, 좋은 것이다. 물처럼 바람처럼 유유자적하게-, 신선(神仙)처
럼-, 좋은 것이다, 나쁠 것이 없다.
그러나 불교는-, '붓다의 길'은 태생적(胎生的)으로 '사회적 해탈구
원의 길'-, '보살구원의 길'이다. 우주진리도, 무위자연도 많은 사람들
(*bahujana*) 중생들 동포들의 사회적 해탈을 통하여 실현하는 것이다.
사회적 평화 없이 무슨 우주법계의 평화인가? 많은 경우 이 분명한

불교의 사회적 특성을 착각하고 있는 것으로 보인다. 이러한 불교의 사회적 특성은, 이미 관찰한 바와 같이, 시대적 민중적 상황과 관련 깊은 것이다.

기원전 7~5세기-, 붓다의 시대-,

인도대륙은 급속한 경제적 발전, 도시화, 사회적 계층적 분화와 갈등의 증대 등 급격한 경제사회적 전환기에 있었고, 인도 민중들은 엄혹한 사회적 구속과 차별로 인하여 생존의 극한상황으로 내몰리면서, 새로운 사회적 구원을 대망(待望)하고 있었다. 이런 상황에서 캇티야(khattiya, 戰士, 政治人그룹)·바라문(brāhmāna, 知識人그룹)·가하빠띠(gahapati, 居士長者, 商人 企業家그룹)·사마나(samaña, 沙門, 出家遊行者그룹) 등 진보적 시민그룹들-, 재가(在家)그룹들이 시대의 주도권을 장악하면서, 종교 사상의 영역에서도 새로운 변화를 추구하는 혁신운동의 물결이 일어난다. '사마나(samaña, 沙門) 운동'이 그 대표적인 흐름이다.

2) '이 작고 비참한 흙벽집 마을 사람들' -, 붓다는 이 사람들 찾아서 걷고 있다

'붓다의 불교운동'은 '사마나 운동'의 한 주류다.

'붓다의 불교운동'은 이러한 진보적 시민적 '재가운동(在家運動, a lay movement)'의 한 전형적인 주류로서 전개되고 있다. 이것은 '붓다의 길' '붓다의 불교'가 역사적으로 '재가운동'으로서 전개되고 있다는 사실을 의미하는 것이다.

불교의 이러한 사회적 특성은 그 어떤 이론이나 사상 보다, 붓다의 삶이-, 붓다의 일생이 역력하게 증거하고 있다. 붓다 자신도 석가족의 캇티야 출신으로서 급격한 시대적 변화 속에서 고통과 죽음으로 내몰리는 민중들 동포들의 현장을 목격하고 고뇌하면서 성장하였고, 한 순간도 유유자적하게 하늘 보며 구름 보며 살지 않는다. 마음의 평화로 자족하며 생사에 무애자재(無涯自在)하며 신선처럼, 물외한인(物外閑人)처럼 살지 않는다. 동포들의 생사를 끌어안고 그 출구를 찾으며 온몸으로 부딪치며 고뇌하며 살아간다.

붓다
붓다 석가모니
민중들 동포들의 동반자-,

돌아가시는 마지막 날에도, 붓다는 중병에 걸려 피를 쏟으면서도, *Sati*를 확립하고-, 정념정지(正念正知)로-, 바르게 Sati(正念, *samma-sati*)를 확립하고 바르게 알아차리면서(正知, *sampajañña* / 삼빠잔냐)-, 많은 사람들(*bahujana*) 민중들 중생들-, 작고 외로운 말라족(Mallas 族) 사람들을 찾아 목말라 하며 걷고 걷는다. *Sati*는 바로 이 사람들 찾아가 보는 것이다. 작고 외로운 많은 사람들 찾아가 눈앞에서 보는 것이다. 이 사람들의 현실-, 고통의 현장을 있는 그대로 보고 생각하는 사회적 관찰이다.

기원전 544년경, 웨사까 달력 2월 보름,
열반의 땅 구시나가라(Kusinagara)-,
팔순 노(老)붓다께서 목말라 하며 뙤약볕 길 걷고 걸으시고 아난다 비구가 눈물을 쏟으며 이렇게 호소하고 있다.

[합송 ; '이 작고 비참한 흙벽집 마을 사람들']

위의를 단정히 하고, 허리 곧게 펴고,
대중을 A, B 두 팀으로 나눠 합송하며
저 고단한 부처님 지켜보며 가슴 깊이 새긴다.
(목탁/죽비-)

A [아난다 비구]

"세존이시여, 이 작고 비참한 흙벽집 마을-,
후미진 숲속에서 열반에 들지 마옵소서.
세존이시여,
짬빠 · 라자가하 · 사왓티 · 사케다 · 꼬삼비 · 와라나시 같은
크고 세존을 환대하는 도시들이 있지 않습니까?"

B [붓다]

"아난다여, 그렇게 말하지 말라.
아난다여, 이 구시나가라를 '작고 비참한 흙벽집 마을'이라고 말
하지 말라.
아난다여, 이 구시나가라는 한때 전륜성왕 마하수닷사나
(Mahāsudassana)가 살았던 번창한 수도였느니라. … "

– 디가니까야 16 『대반열반경』 5, 17-18 뜻으로 간추림– 22)

---

22) D Ⅱ pp.146-147. ; 각묵 스님 역, 『디가니까야』 2권 pp.275-276. ; 『붓다의 일생
    우리들의 일생』 p.452.

2. '*Sati* -, 눈앞의 관찰' -,
이것은 바로 동포들의 고통을 보는 것이다

1) 우리는 얼마나 철저하게 붓다를 망각하고 있는가?

"세존이시여, 이 작고 비참한 흙벽집 마을-,
후미진 숲속에서 열반에 들지 마옵소서. - "

"아난다여,
그렇게 말하지 말라. - "

눈물이 난다.
제자와 스승 사이의 이 간절한 대화를 들으면서, 눈물이 난다.
아파서-, 부끄러워서-

지금 우리는 얼마나 망각하고 있는가?
지금 우리는 얼마나 철저하게 붓다를 망각하고 있는가?
저 간절한 붓다의 삶을 까맣게 망각하고, 그래도 '수행한다' '깨닫는
다' '한소식 한다' 하고 앉아있는가?
'붓다의 길'이 우주진리와의 합일을 추구하는 숲속 명상가들의 초월
적 신비적 사유를 버리고, 사회적 구원을 갈망하는 시민적 진보적인
민중들의 대망(待望) 속에서 눈앞의 현장-, 고통과 죽음의 현장을 대
면하는 '눈앞의 관찰'을 추구하고 있는 이 엄연한 역사적 사실을 망각
하고, 그래도 '마음 본다' '본성자리 본다' 하고 앉아있는가? 무엇을 보
고, '마음 본다' '본성자리 본다' 하는 것인가?

'나는 이 선정 명상주의(禪定冥想主義) 혐오하며 버리고 떠나간다,
이 선정-명상들은 많은 사람들을 고통으로 내모는 과도한 욕심-사
회적 이기주의 극복하지 못한다'-

　　　　－ 맛지마니까야 36「마하삿짜까경」15 뜻으로 옮김 / *Mahāsaccaka-sutta* －

이 추상같은 붓다의 대전환 망각하고,
그래도 '마음의 평화' 찾는다고 앉아있는가?
'마음의 평화'를 찾고 '우주진리'를 찾고 '무위자연'을 찾고- .
대체 무엇이 '마음의 평화'인가?

2) 깨달음은 고통의 출구를 보는 것-,
　　　　사회적 구원의 길을 여는 것

'이 작고 비참한 흙벽집 마을'-,
This miserable little town of wattle-and-daub.

　　　　　　　　－ 디가니까야 16 『대반열반경』 5, 17 － [23)]

이 작고 비참한 사람들-많은 사람들(*bahujana*)-,
이 사람들, 중생들, 민중들, 동포들 버려두고,
지금도 여전히 비참하게 살아가는 이 땅의 많은 작고 외로운 사람들,
병들어서 가난해서 불화하고 반목해서 패를 갈라 싸우면서
평화를 잃고 희망을 잃고 죽어가는 중생들, 동포들 버려두고,
'마음의 평화'-, 무엇일까?

────────────

23) D Ⅱ p.146. ; Maurice Walshe tr., *The Long Discourse of The Buddha* p.266.

'우주진리'-, 무엇일까?

'수행' '깨달음'-, 무엇일까?

지금 이 세상에서

우리 주변에서, 우리 이웃에서

괴로워하지 않는 사람들이 몇이나 된다고

나 자신부터-, 우리 가족들부터-

'Sati-, Maggo-Bodhāya,

Sati가 깨달음의 길이다'

- 맛지마니까야 36 「삿짜까 큰 경」/ Mahāsaccaka-sutta 31 -

'Sati'가 무엇일까?

곧 이 고통의 사실(事實)을 보는 것이다.

많은 사람들의 이 비참한 고통의 현실들 눈앞에서 있는 그대로 관찰하고 숙고하는 사회적 관찰이다.

'Maggo-Bodhāya- 깨달음의 길'-,

'깨달음'이 무엇일까?

이 고통의 출구를 보는 것이다.

곧 이 고통과 절망의 출구를 보는 것이다.

이 지상의 평화-, 그 출구를 보는 것이다.

Sati를 통하여-, '눈앞의 관찰'을 통하여 많은 사람들의 이 비참한 고통의 현실들-, 지금 여기서 있는 그대로 관찰하고 그 출구를 있는 그대로 보는 것-, 이것이 바로 깨달음이다. 과도한 욕심 집착 이기주의 버리고 빈 마음으로 나누고 섬기면서 보살구원의 길 걷고 걷는 것이 문제해결의 거의 유일한 길이라는 이 단순명료한 사실(事實)을 보고, 문제해결의 법(法, dhamma)을 바르게 보고, 이 길 걷고 걷는 것−, 이것이 깨달음 견성이다. 이것이 '마음의 평화' '이 세상의 평화'를 찾는 길이다. 이것이 '우주적 평화' '화엄법계의 평화'를 찾는 것이다.

3. '고집멸도(苦集滅道)'−, 이것이 '깨달음'이다,
다시는 다시는 찾아서 헤매지 말라

'*Sati*−, *Maggo-Bodhāya*,
*Sati*가 깨달음의 길이다'

'깨달음의 길'−, 무엇일까?
'깨달음'−, 무엇일까?
'깨달음' '깨달음'−, 구체적으로 무엇일까?

이것은 곧 '고집멸도(苦集滅道)'다.
'고집멸도'가 곧 '깨달음'이다.
'고집멸도'가 곧 '깨달음의 길'이다.
'고집멸도'를 청정하게 보는 것이 곧 '깨달음'이다.
*Sati*는 '고집멸도'를 눈앞에서 청정하게 보는 길이다.
그래서 '*Sati*−, *Maggo-Bodhāya*'−,
*Sati*가 '깨달음의 길'이다.

*Sati*를 통하여, '사성제(四聖諦)'를 보는 것-, 지금 여기서, 이 세상 많은 사람들의 현실 속에서, '고집멸도 네 가지 거룩한 사실(事實)'을 보고-, 많은 사람들의 고통과 죽음의 현실-, 그 원인-, 그 소멸과 자유의 희망-, 그 소멸에 이르는 팔정도의 길을 있는 그대로 알고 보는 것-, 팔정도의 길 걷고 걷는 것-, 열정을 일으켜 애쓰고 애쓰면서 보살구원의 길 걷고 걷는 것-, 작은 것 하나라도 나누고 섬기면서 보살구원의 길 걷고 걷는 것-, 이것이 '깨달음' '견성' '성불'이다.

'고집멸도(苦集滅道)
사제팔정도(四諦八正道)'-,

이것이 '붓다의 정각(正覺, *Sanbodhi* / 삼보리)'이다.
이것이 만인이 함께 걷고 걷는 '붓다의 대각(大覺, *Mahābodhi*)'이다.
붓다는 생애를 바쳐 이 길 걷고 걸으신다.
붓다 석가모니는 마지막 죽음의 순간까지 '고집멸도'-, 이 길 걷고 걸으신다.
작고 비참한 사람들 찾아가서 그 고통의 현실 눈앞에서 보고 몸으로 피땀 흘리며 법을 설하여 마지막 한 사람까지 구하신다. 그러다 그길로 가신다.
우리 선대(先代)들도 이 길 따라 걷고 걸으신다.
수많은 스님들, 재가(在家)들, 보살들이 헌 누더기 한 벌로, 피땀 흘려 번 재산으로 학교 짓고 방송국 짓고 무료급식소 열고 자비봉사 하면서 이 길 따라 걷고 걷는다.
지금 우리도 이 길 따라 걷고 있다.

많이들 흔들리고 왔다 갔다 하면서도, 그래도 다시 돌아와 이 길 따라 걷고 있다. 빠리사학교를 만들어 밤늦도록 발표하고 토론하고, 도처에 빠리사들 개척하면서 열심히 걷고 있다. 이 길밖에 다른 길 없기 때문이다. 이 길이 만인이 함께 만나고 함께 갈 수 있는 큰 강물-, 무한으로 굽이치는 바다이기 때문이다. 냇물이 바다에서 서로 만나듯, 우리도 저마다의 수행에 충실하면서, 자기 우물에 머물지 아니 하고, 이 큰 강으로 달려 나와, 함께 어우러져 이 굽이치는 바다로 함께 간다.

기원전 589년, 와라나시(*Vārāṇasī*) 사슴동산
붓다께서 다섯 수행자들을 향하여 이렇게 선포하신다.
붓다 석가모니께서 이 세상을 향하여, 우리들을 향하여 이렇게 선포하신다.

〔실참실수(實參實修)〕

[합송 ; 붓다의 직언직설(直言直說)
  '고집멸도-, 눈이 생겨나다, 반야가 생겨나다']

허리 곧게 펴고
합장하고 부처님 향하여 삼배 올리고
우렁차게 사자후 하며 깊이깊이 새긴다.
다시는 다시는 헤매지 아니한다.
(목탁/죽비-)

"수행자들이여, 나에게는 '이것이 고집멸도다'라는

전에 들어보지 못한 법들에 대한 눈이 생겨났다.

지혜가 생겨났다. 반야가 생겨났다.

밝은 지혜(明智)가 생겨났다. 광명이 생겨났다."

– 상윳따니까야 56, 11 「전법륜경」5-12 간추림 – [24]

(2번–, 3번 외운다.

삼매에 들어 깊이 숙고한다.)

4. 미증유(未曾有) –, 대전환이다,
다시는 다시는 헤매지 말라.

'깨달음'

'견성' '한소식'–,

이것은 신비한 무엇이 아니다.

신비한 무엇을 보는 것 아니다.

무슨 엄청난 우주진리 보는 것 아니다. 신통한 무슨 소식 듣고 도통
하는 것 아니다. 도통해서 신선(神仙) 되는 것 아니다. 눈이 번쩍하는
신비체험을 하는 것도 아니다. 초월적 선정(禪定) 명상(冥想)에 빠지는
것도 아니다. 그런 신비체험은 불교 아니라도 누구든지 흔히 경함할
수 있는 한때의 정신적 각성현상일 뿐이다. 이런 것 찾고 매달리면
사도(邪道)에 빠지는 것–, 우리 선대(先代)들이 경계하고 경계하신다.

---

24) S V pp.421-422. ; 각묵 스님 역, 『상윳따니까야』 6권 pp.385-389.

'깨달음'

'견성' '한소식'-,

이것은 눈앞의 현실 보는 것이다.

눈앞의 사실들 보는 것이다.

고집멸도의 현실-, 고집멸도의 사실들 보는 것이다.

*Sati*를 통하여-, 눈 바로 뜨고 정신 차려서 많은 사람들 동포들의 고통의 현실-, 고통과 죽음의 사실들 있는 그대로 보고 알아차리고, 그 해탈구원의 출구를 여는 것이다. 나누고 섬기는 보살대승의 길을 보고 걷고 걷는 것이다. 생애를 걸고 많은 사람들 동포들-, 작고 비참한 사람들 찾아서 사회적 해탈구원의 길 걷고 걷는 것이다.

[고요히 *Sati* 하기 ;
'이것은 미증유(未曾有) 대전환이다']

(좌장이 청정하게 외우고

대중들은 고요히 지켜본다.

목탁 / 죽비-)

「미증유(未曾有), 대전환(大轉換)-,

이제 우리는 돌아왔다. *Sati*로 돌아왔다.

요가 · 선정 · 명상 벗어나 *Sati*로 돌아왔다.

아니-, *Sati*로 요가하고 선정하고 명상한다.

이제 우리는 돌아왔다. '눈앞의 관찰'로 돌아왔다. 신비적 체험에서 벗어나, 초월적 합일에서 벗어나, 우주진리 하나 됨에서 벗어나 '눈앞의 관찰'로 돌아왔다. 아니-, '눈앞의 관찰'로 신비를 체험하고 우주진리와 하나 된다.

이제 우리는 돌아왔다. '고집멸도-사제팔정도'로 돌아왔다. '깨달음' '한소식' '견성성불'에서 벗어나 작고 비참한 사람들의 고통으로 돌아왔다. 애쓰고 애쓰는 보살구원의 삶으로 돌아왔다.

아니-, '고집멸도'로 '깨달음' '한소식'을 삼고, 작은 것 하나라도 나누고 섬기는 팔정도의 삶으로-, 보살구원의 삶으로 '견성성불'을 삼는다.」

잠시 멈춰 서서 묻고 있다. 나 자신을 향하여 묻고 있다.
'나는 참으로 Sati로 돌아왔는가?
우리는 참으로 '눈앞의 관찰'로 돌아왔는가?
우리는 참으로 '고집멸도'로 돌아왔는가?
우리는 참으로 눈앞의 현장으로, 많은 사람들의 현장으로 돌아왔는가?
우리는 참으로 'Sati'로 깨달음의 길로 삼고 '고집멸도'로 깨달음 정각 견성으로 삼고 있는가? 나누고 섬기는 작은 보살의 삶으로, 해탈구원으로 삼고 있는가?
'깨달음' 찾아서, '수행' 찾아서, '마음' 찾아서, '우주진리' 찾아서
다시는 다시는 헤매지 아니 하는가?'

제3장

Sati 실참실수(實參實修)

[역사의 현장]

〔실참실수(實參實修)〕

[입체낭독 ; 사띠하는 꾸루(Kuru)의 주부들]

(목탁 / 죽비−)

「① 더욱이 그 지방(Kuru / 꾸루지방) 사부대중들에게 사띠를 확
   립하는 수행은 자연스런 일이었다. 남의 일을 시중드는 하인
   들 또한 사띠의 확립과 관계된 이야기를 했다.
   물 긷는 곳에서도 쓸 데 없는 얘기들은 하지 않았다. 부인들
   이 서로 이렇게 문답하였다.

② [부인 A] "아주머니, 아주머니는 어떤 것에 마음을 집중하면
   서 사띠 공부를 하세요?"

③ [부인 B] "나는 아무 공부도 하지 않아요."

④ [부인 A] "너무나 안타까운 삶을 사시는 군요. 그렇게 살면,
   살아 있지만 죽은 것과 같아요. 지금부터라도 그렇게 살지
   마세요."

⑤ 그 부인은 이렇게 경책하면서 또 다른 부인에게 어떤 것이
   든 사띠를 확립하고 익히도록 도와준다. 다른 부인이 대답
   하였다.

⑥ [부인 C] "나는 몸의 변화에 마음 집중하면서 사띠 하는 공
부를 하고 있지요,"

⑦ [부인 A] "좋은 일입니다. 참으로 장하십니다. 정말 가치 있
는 삶을 사시는 군요. 아주머니는 진정 인간으로 태어난
보람이 있습니다. 아주머니 같은 분들을 위해 부처님께서
이 세상에 오신 것입니다."」

– 대념처경주석서 – [1]

---

1) DA Ⅲ p.741 ; 붓다고사, 대념처경주석서 ; 각묵 스님역,『네 가지 마음 챙기는 공부』
   (개정판 1쇄) p.77. 원문을 필자가 대화체로 재구성한 것임. 역자의 '마음챙김'이란
   번역어를 '사띠' 원어 그대로 옮김.

[*Sati* 실참실수] (1)

「무상(無常) *Sati* 일구」–,
이 놀라운 변화 –, 마음의 평화 –

[무상 *Sati* 일구]

「예비호흡」

들숨– 날숨– 하나

들숨– 날숨– 둘– … 다섯

「들숨 날숨– 숨이 감촉되는 그 자리에 '하나'–

들숨 날숨– 숨이 감촉되는 그 자리에

'제행무상(諸行無常) 제행무상(諸行無常)' –

들숨 날숨– 숨이 감촉되는 그 자리에

'마음이 허공처럼 텅– 비어간다.」 – (三念)」

1. *Sati* –, 단순명료하다,
이렇게 눈에 보인다.

살림하는 주부들, 꾸루(Kuru)의 주부들–,

빨래터에서 빨래하면서,

사띠를 화제 삼아 대화하는 꾸루의 주부들–,

사띠는 이렇게 하는 것이다. 사띠는 이렇게 일상(日常)으로 하는 것이다.

"나는 몸의 변화에 마음 집중하면서

사띠 하는 공부를 하고 있지요,"

사띠는 이렇게 일상으로 단순명료하게 하는 것이다.

한 가지 관찰 대상을 정해서 코끝에, 들숨 날숨 스치는 그 자리에 올려놓고, 그 대상에 마음 집중해서[正念][2] 그 변화를 알아차리고, '제행무상(諸行無常) 제행무상(諸行無常)'이라고 알아차리고 숙고하면서 [正知], 있는 그대로, 변화하는 그대로 관찰하는 것이다.[正念正知]

「*Sati* –, 눈앞의 관찰–,

지금 여기서 눈앞에서

정신 집중하여 안팎의 대상에 집중하고

고집멸도로 있는 그대로 관찰하고 해탈구원의 출구를 연다.」

---

2) 이렇게 하는 것을 '마음으로 대상을 꽉 챙긴다'라고 하고 사띠 수행을 흔히 '마음챙김' 이라고 옮기지만, 이렇게 대상에 집중하는 것은 사띠 수행의 한 부분이고 보다 더 중요한 것은 있는 그대로 관찰하는 것이다. 그래서 우리는 사띠 수행을 '사띠'라고 그대로 일컫고, 또는 '관찰' '관찰수행'이라고 옮긴다.

불교-, 수행법-, *Sati* -,

이렇게 단순명료하다. 눈앞에 보인다, 볼 수 있다.

지금 당장 해본다.

우리도 저 꾸루(Kuru)의 주부들에게 야단맞지 않게

「무상사띠(無常 Sati) 일구」 지금 당장 해본다.

2. '제행무상 제행무상' -,
지금 당장 허리 펴고 앉는다

〔실참실수(實參實修)〕

위의(威儀)를 단정히 하고,

허리 곧게 펴고, 들숨 날숨 헤아리며

'무상사띠 일구' 외운다.

(죽비 / 목탁 3타-)

[무상 *Sati* 일구]

「예비호흡」

들숨- 날숨- 하나

들숨- 날숨- 둘- … 다섯

「들숨 날숨- 숨이 감촉되는 그 자리에 '하나'-

들숨 날숨- 숨이 감촉되는 그 자리에

'제행무상(諸行無常) 제행무상(諸行無常)' -

들숨 날숨- 숨이 감촉되는 그 자리에
'마음이 허공처럼 텅- 비어간다.」- (三念)」

금새 마음이 고요해진다.
호흡이 순조로워지고, 기분이 밝아진다.
눈·귀·코 … 생각(眼耳鼻舌身意)-,
어지럽던 감각기관이 고요히 평정(平靜)해진다.
욕심·고집·분노-, 자취 없이 소멸해간다.
화내고 미워했던 일-, 부끄럽다.
근심 걱정-, 흘러간다.
옆 사람들의 얼굴 말소리 … 삶의 고뇌들(色聲香味觸法)-,
제대로 보이고 들린다.
고집멸도-, 눈에 보인다.
우리 앞에 펼쳐지는 삶의 현장, 고통의 현실, 문제 상황들-,
많은 사람들의 외로움 아픔 고뇌-, 마음에 와 닿고,
해탈구원의 출구-, 눈에 보인다.
보살의 열정-보살의 지혜-, 고요히 솟아난다.
어둠 속에 한 줄기 빛이 솟아난다.
가족들 친구들 이웃들 모습이 정답게 다가오고
따뜻한 미소로 먼저 다가가 인사하고
따끈한 커피 한잔-, 함께 나누며 둘러앉아 귀 기울인다.

이 놀라운 변화-,
마음의 평화-, 이것으로 족하지 아니 한가?

'해탈 열반'-, 이것으로 족하지 아니 한가?

'나라다운 나라' '인류평화'-, 이것으로 족하지 아니 한가?

'우주진리-, 이것으로 족하지 아니 한가?

3. '제행무상 제행무상' –
세상이 날 외면할 때-, 우울할 때, 죽고 싶을 때-

[무상 *Sati* 일구]

「예비호흡」

들숨- 날숨- 하나

들숨- 날숨- 둘- … 다섯

「들숨 날숨- 하나-,

'제행무상(諸行無常) 제행무상(諸行無常)' –

'마음이 허공처럼 텅- 비어간다.」- (三念)」

나는 시도 때도 없이 이렇게 외친다.

순간순간 큰 소리로 이렇게 외친다.

하늘 보고 땅 보고 이렇게 외친다.

기쁠 때도 슬플 때도 이렇게 외친다.

우울할 때도 죽고 싶을 때도 이렇게 외친다.

친구에게서-, 가족에게서 배신당했을 때도 이렇게 외친다.

사업에 실패했을 때-, 직장 잃고 길거리 방황할 때도 이렇게 외친다.

세상으로부터 외면당했을 때도 이렇게 외친다.

'당신 암입니다, 6개월 남았습니다.'
하늘이 노랗게 무너져 내릴 때도 이렇게 외친다.

이 순간- 부처님께서 우리 앞에 오신다.
우리 손 꼭 잡으신다.

"친구야-, 힘내시게-,
한 때 지나가는 어둠일 뿐이라네.
내가 그대 곁에 함께 간다네."

제행무상 제행무상
그래 이 어둠도 곧 사라지는 것-,
어둠 사라지면 찬란한 광명 다시 밝아오는 것-,
출구가 보인다. 찬란한 출구가 환-하게 열려온다.

제2강

[*Sati* 실참실수] (2)

「광명진언」「광명 *Sati* 일구」-,
우리 인생-우리 가족들 운명이 바뀐다

「광명진언(光明眞言)」

「광명찬란 광명찬란-,

불성광명이 눈앞에 찬란하다.

보살원력이 온몸 가득 솟아난다.

보살열정이 온몸 가득 솟아난다.

(합장하고)

모든 생명들이여-, 부디 행복하소서.

사랑하는 이들이여-, 부디 행복하소서.

우리 빛나는 보살 몸으로 다시 만나요.

나무석가모니불 우리도 부처님같이- 」

1. '광명찬란 광명찬란' -,
　「광명진언(光明眞言)」으로 빛나는 하루를 연다

새벽 4세 반-, 산사의 어둠은 아직 깊은데
알람 소리에 깨어난다.
잠시 자리에서 다리운동 팔운동 하며 몸에 기상신호를 보낸다.
서서히 일어나며 전등을 켜면서 가족사진 보고 손을 흔들며
「광명진언(光明眞言)」 우렁차게 외친다.

「광명진언」

「광명찬란 광명찬란-,
불성광명이 눈앞에 찬란하다.
보살원력이 온몸 가득 솟아난다.
보살열정이 온몸 가득 솟아난다.
(합장하고)
모든 생명들이여-, 부디 행복하소서.
사랑하는 이들이여-, 부디 행복하소서.
우리 빛나는 보살 몸으로 다시 만나요.
나무석가모니불 우리도 부처님같이- 」

(계속 외운다)
'희망찬 하루가 밝았습니다.
2021년 신축년-, 3월 11일, 목요일-,
White Cow Gold / 화이트 카우 골드

백우황금출(白牛黃金出, 올해 白牛의 해)-,

황금이 쏟아진다, 하하하- '

(掃地黃金出 / 소지황금출 -,

'아침에 마당을 쓰니 황금이 쏟아진다'

우리 선대들의 오랜 지혜를 생각하며-)

순간 천지가 환- 하게 밝아온다.

지난밤 어둠이 빛으로 밝아온다.

마음이 상쾌하다. 힘이 솟아오른다.

하늘 땅 도처에 무한에너지(無限energy)가 솟아오른다.

오늘 하루가 이렇게 빛과 사랑-,

창조의 열정으로 힘차게 열려온다.

2. 「광명진언」 -,
가족들 수호하는 '나의 기도', 동포들 걱정하는 '나의 축원'

「광명진언」

「광명찬란 광명찬란-,

불성광명이 눈앞에 찬란하다.

보살원력이 온몸 가득 솟아난다.

보살열정이 온몸 가득 솟아난다.

(합장하고)

모든 생명들이여-, 부디 행복하소서.

사랑하는 이들이여-, 부디 행복하소서.
우리 빛나는 보살 몸으로 다시 만나요.
나무석가모니불 우리도 부처님같이- 」

순간순간 나는 이「광명진언」외운다.
아침 수행일과 때도 외우고
밤에 잠자리 들 때도 가족사진 보고 외우고
집을 나설 때도 외우고
집에 돌아와서도 외우고
전철 타고 자리에 앉아서도 외우고
친구들 제자들 보고 싶을 때도 외우고
태평양 넘어 호주 제자 생각날 때도 외우고
먼저 간 사람들-, 사랑하는 사람들 생각날 때도 외우고
우리 청보리들-, 빠리사 도반들 그리울 때도 외우고
법회나 *Buddha-study* 마칠 때도 외우고
이 땅의 동포들 생각할 때도 외우고
이 나라 자유민주주의 근심될 때도 외우고
미얀마(Myanma) 불교도들 안타까울 때도 외우고
축복의 땅 캐나다(Canada)-,
문명(文明)빛 찬란한 20세기 초,
가톨릭 교회의 원주민 기숙사,
인종청소(人種淸掃)로 버려지고 짓밟히고
불쌍하게 무더기로 죽어간 수천 명 어린이들 앞에
아프고 부끄러울 때도 외우고-

「광명진언(光明眞言)」
이것은 가족들 수호하는 내 기도이고
사랑하는 사람들 그리워하는 내 마음이고
이 땅의 동포들 걱정하는 내 축원이고
우리 부처님 앞에 올리는 내 소구소망(所求所望)이고-.

3. '광명찬란 광명찬란'-,
「광명 *Sati* 일구」로 운명을 바꾸고 세상을 바꾼다

「광명 *Sati* 일구」
「광명찬란 광명찬란-,
불성광명이 눈앞에 찬란하다.
나무석가모니불 우리도 부처님같이- 」

나는 시도 때도 없이 이렇게 외친다.
순간순간 큰 소리로 이렇게 외친다.
하늘 보고 땅 보고 이렇게 외친다.
거리에서 사람들 속을 걸을 때도 이렇게 외친다.
의기소침해질 때, 위축될 때도 이렇게 외친다.
힘이 달릴 때, 의욕이 없어질 때도 이렇게 외친다.
미래가 불투명하고 세상에 대한 자신이 무너질 때도 이렇게 외친다.

'광명찬란 광명찬란'-,

「광명진언(光明眞言)」

「광명*Sati* 일구」두루 구분 없이 외운다.

입만 열면 저절로 흘러나온다.

아니-, 입 열기 전에 '광명찬란'이 먼저 흘러나온다.

덕암 거사(박종린)가 전화 걸면

나는 '마하반야바라밀' 하고

덕암 거사는 '광명찬란' 한다.

끝날 때는 서로 바꿔 한다.

'광명찬란 광명찬란'-,

순간 천지가 환-하게 밝아온다.

우울한 어둠이 빛으로 밝아온다.

마음이 상쾌하다. 힘이 솟아오른다.

하늘 땅 도처에 무한에너지(無限 *energy*)가 솟아오른다.

가슴 속에서 약동하는 도전과 개척의 열정이 솟아오른다.

죽는 것 가운데서도 죽지 아니 하는 보살불멸의 에너지가 솟아오른다.

하늘 향하여 두 팔 높이 들고 소리쳐 외친다.

[소리질러]

'야호 야호-

세상은 넓고 할 일은 많구나,

한번 붙어보자.

부처님이 나를 수호하신다,

불보살님들이 우리 가족 수호하신다- '

내 인생이 바뀐다.

내 운명이 광명으로 바뀐다.

우리 가족들이 광명으로 바뀐다.

우리 직장-, 우리 마을이 광명으로 바뀐다.

우리나라-, 이 세상이 광명으로 바뀐다.

우주법계-, 하늘 땅이 광명불국토로 바뀐다.

4. '광명찬란 광명찬란'-,
모두모두 친구다, 사랑하는 벗들이다

「광명찬란 광명찬란-,

불성광명이 눈앞에 찬란하다.

나무석가모니불 우리도 부처님같이-

야 이 친순(親順)이(암나무들), 친식(親植)이들아(숫나무들)

야 이 짜식들- 함께 놀자-, 하하하-」

나는 절에서 공양 마치고 포행길 나서며

첫 길에서 만나는 숲들 나무들 보고

두 팔 번쩍 들고 이렇게 「광명 *Sati* 일구」 외친다.

「광명찬란 광명찬란-,

거곡마을 친구들 힘차게 일어나세요.

새 인생을 개척해갑시다.」

거곡마을 입구에서 마을쪽 바라보며
두 팔 번쩍 들고 이렇게 외친다.

「광명찬란 광명찬란-,
한우 아버지 한우 어머니 힘내세요.
여기서나 저기서나 새 인생 개척해가요.
우리는 부처님 은혜 속에 함께 있습니다- 」

(작년에 돌아가신) 한우 아버지,
(홀로 계시는) 한우 어머니 멀리서 바라보고
바른 손 높이 들고 이렇게 외친다.

「광명찬란 광명찬란-,
애들아-, 우리 함께 놀자.
푸른 하늘로 쭉쭉 뻗어나가거라, 하하하- 」

들판 가득 피어있는 꽃들
개망초 안개초 천인국 접시꽃 인삼꽃
금계국 패랭이꽃 페튜니아-, 가까이 다가가 이렇게 외친다.

「광명찬란 광명찬란-,
야- 노익장 친구들아,
힘 내거라-, 아직도 할 일이 많지 않으냐-,
우리 인생은 지금부터다-, 하하하- 」

냇가 언덕에 겨우 서있는 늙은 아카시아나무들
동포애를 느끼며 손 흔들며 이렇게 외친다.

[소리질러]

「광명찬란 광명찬란'-,
도처에 빛이다, 광명 *energy*가 넘친다.
모두모두 친구다, 사랑하는 벗들이다」

제3강

[*Sati* 실참실수] (3)

'*Ekā-yāna* / 유일한 길'−,
「사념처−눈앞 *Sati*」로 마음 찾고 본성 밝힌다

•

"이 길(道)은 유일한 길(*Ekā-yāna*)이니,[3]

중생의 청정을 위하고, 근심과 탄식을 건너기 위한 것이며,

육체적 정신적 고통을 사라지게 하고,

옳은 방법을 터득하고 열반을 실현하기 위한 것이니,

그것은 곧 '네 가지 마음 지켜보기(四念處)'[4]이다."

− 디가니까야 22 「대념처경」 1 / *Mahā-satipaṭṭhāna-sutta*−

---

3) '유일한 길'은 '*Ekā-yana* / 에까 야나'를 번역한 말이다. *Ekā*는 유일한(*The only*), *yana*는 수레, 길이란 뜻이다. 한역으로는 '일승도(一乘道)'라 한다. '유일하다'는 것은 '다만 이것뿐이다', 이런 말이 아니라, '모든 가르침의 기본이다, 모든 가르침이 이 사띠를 근거하고 있다', 이런 뜻이다.

4) 사념처(四念處)는 사띠하는 구체적인 방법이다. 몸·느낌·마음·현상(身受心法), 이 네 가지를 대상으로 있는 그대로 통찰하는 것이 곧 사념처다. 사띠는 곧 사념처다.

1. '*Ekā-yāna* / 유일한 길'-,
「사념처(四念處)」가 수행의 기본

아침에 일어나 '광명찬란 광명찬란'
「광명진언」으로 빛나는 하루를 열고
세수하고 들어와 부처님(眞影) 우러러 합장하고
'빠리사 수행 아침일과'를 시작한다.
Sati 수행-, 30분 정도 걸린다.
아침 30분의 *Sati* 수행은 우리 빠리사들의 필수다.

허리 곧게 펴고
반가부좌로 앉아서 들숨 날숨 헤아리며
먼저 「무상 *Sati* 일구」 외우며 관찰하고
다음 「사념처」로 본(本)수행에 들어간다.
「사념처」로 찬란한 오늘 아침을 열어간다.

「사념처」가 수행의 기본이다.
「사념처」가 '*Ekā-yāna* / 에까야나-, 유일한 길'이다.
「사념처」가 '*The Only Way* -, 유일한 길(一乘道)'이다.
붓다께서 우리를 향하여 직언직설 하신다.

[합송 ; '*Ekā - yāna* -, 유일한 길']

"이 길(道)은 유일한 길(*Ekā-yāna*)이니,
중생의 청정을 위하고, 근심과 탄식을 건너기 위한 것이며,
육체적 정신적 고통을 사라지게 하고,

옳은 방법을 터득하고 열반을 실현하기 위한 것이니,

그것은 곧 '네 가지 마음 지켜보기(四念處)'이다."

– 디가니까야 22 「대념처경」 1 / Mahā-satipaṭṭhāna-sutta – [5]

「사념처」

신(身) · 수(受) · 심(心) · 법(法)

몸(부딪침) · 느낌 · 마음 · 눈앞의 사실(事實)들–,

이 네 가지가 Sati의 기본적 대상이다.

신수심법–, 이 사념처를 확립하는 것이 Sati의 기본이다.

붓다의 깨달음은 Sati가 길이고, 「사념처」를 확립하는 것이 Sati의 기본이고 핵심이다. 따라서 '사념처의 확립'은[6] 깨달음을 추구하는 불교수행의 기본이며 핵심이다. 깨달음을 이루고 이 세상 많은 사람들 중생들 동포들을 청정하게 하고 해탈구원으로 이끄는 기본이며 핵심이다. 'Ekā-yāna'–, 거의 '유일한 길'이다.

2. '신수심법(身受心法)'–,
여기가 마음의 현장–, 고집멸도의 현장이다

'Sati –

---

5) D Ⅱ p.290 ; 각묵 스님 역, 『디가니까야』 2권 p.491. ; 김재영, 앞의 책 pp.235-288. ; 『화엄코리아』 327-337.

6) 정확하게 말하면, 「사념처(四念處)」는 'Sati 하는 네 가지 대상'–, 곧 '신수심법(身受心法)'이다. 앞으로 우리는 「사념처」를 '사념처의 확립'으로, '신수심법에 대한 Sati의 확립'이란 뜻으로 쓸 것이다.

눈앞의 관찰-사념처'-,

'신수심법'-,

사념처는 이 네 가지 대상을 눈앞에서 관찰한다.

이 신수심법은 우리들의 '생각의 현장' '마음의 현장'이고, 곧 '우리들의 삶의 현장'이기 때문이다. '모든 고통과 고뇌, 죽음의 현장'이고, 동시에 그 소멸의 현장이기 때문이다. 신수심법-, 이 네 곳이 곧 고집멸도(苦集滅道)의 현장이기 때문이다.

신수심법-,

몸으로 부딪치고 몸에 매달리면서- [身, *kāya* / 까야]

좋아하고 싫어하고 사랑하고 미워하고 즐거워하고 괴로워하고 외로워하고 우울해하면서- 느끼면서 [受, *vedanā* / 웨다나]

과도하게 욕심 부리고 집착하고 화내고 미워하고 어리석고 남들 무시하고 의심하고 원망하고 비난하면서- 마음 쓰면서 [心, *citta* / 찟따]

오고가고 만나고 헤어지고 성공하고 실패하고 싸우고 화해하고 진영논리에 빠져 서로 해치고 싸우면서- 이런저런 상황들 사건들 사실(事實)들 일으키고 겪으면서 [法, *dhamma*]-,

신수심법은 이렇게 마음의 현장이다.

마음작용이 일어나고 소멸하는 현장, 장(場, *field*)이다.

우리사회 많은 사람들이 복합적으로 이 네 가지 조건들에 서로 얽혀서, 이런 과정을 통해서, 많은 사람들의 욕심 집착 등 어둔 무의식, 곧 갈애(渴愛, *taṅha* / 땅하)가 생겨나고, 이 어둔 무의식(無意識, 無明識)들로 인하여 온갖 고통과 죽음이 생겨난다. 따라서 *Sati*를 통하여 이 네 가지 대상-, 네 가지 어둔 심신(心身)작용들을 있는 그대로 관찰함으로써 그 원인을 알고, 이것을 극복하고 벗어날 수 있는 해탈의 출구를 열 수 있고, 그 방법을 깨달을 수 있는 것이다. 이것이 고집멸도이고, 이 고집멸도를 보는 것이 곧 깨달음이고 해탈 열반이다.

3. 'Sati- 신수심법'-,
이것을 떠나서 '마음' '자성(自性)' 없다

'Sati-,
눈앞의 관찰
무상(無常) Sati 일구
광명 Sati 일구-광명진언'-,

이것이 마음보는 것이다.
이것이 마음 찾는 것이다.
이것이 마음 청정히 하는 것이다.
이렇게 분명하고 단순명료하다.

'Sati-,
눈앞의 관찰-신수심법(身受心法)'-,

이것이 마음보는 것이다.
이것이 마음 찾는 것이다.
이것이 마음 청정히 하는 것이다.

이렇게 분명하고 단순명료하다.

이것은 붓다 석가모니께서 정각(正覺)을 통하여 찾으신 길이고,

생애를 걸고 확립하신 길-,

Ekā-yāna / 에까야나-, 유일한 길'이다.

미증유(未曾有), 천지개벽(天地開闢)-,

인류정신사의 대전환, 코페르니쿠스*Copernicus*적 대전환이다,

'마음 본다.' '마음 찾는다.'

'심청정(心淸淨)-, 마음을 청정히 한다.'

'견성한다.' '한소식 한다.'-,.

이것은 하늘의 뜬 구름 잡는 것 아니다.

눈감고 눈뜨고 앉아서 '마음' '마음' '이뭣고' 해서 되는 것 아니다.

'마음' '한마음' '본성' '자성'-,

이것이 사념처를 떠나서 따로 있는 것이 아니다.

몸으로 부딪치고-, 느끼고-, 마음 쓰고-,

이런저런 상황들 사실(事實)들 일으키고 겪고-,

신수심법-,

이 현장을 떠나서 무슨 신비한 실체가 따로 있는 것 아니다.

행주좌와 어묵동정(行住坐臥 語默動靜)-,

이 현장을 떠나서 무슨 초월적 실체가 따로 있는 것 아니다. 무슨
'마음' '한마음' '자성(自性)' '본성(本性)' '진여(眞如)' '불성(佛性)' '부처'
가 따로 있는 것 아니다. 이런 것 찾는 것은 아직도 범아일여(梵我一

如)·신선(神仙)의 추억에서 벗어나지 못하고 있는 것이다. 이 점에서 많은 불교도들이 착각하고 방황하고 있는 것 같다. 순간순간 우리 눈앞에서 드러나는 우리들의 생각-, 행위가 곧 '마음'이고 '본성'이다. 따라서 신수심법-, 이 네 가지 대상을 지금 여기서 눈앞에서 있는 그대로 관찰하는 사념처의 확립이-, *Sati*가 마음 보고 마음 찾는 유일한 길이다.

4. 안으로 밖으로 안팎으로 -, 많은 사람들 -, 동포들의 청정을 위하여

'*Sati*-,
눈앞의 관찰-신수심법(身受心法)'-,

안으로 밖으로 안팎으로-,
안으로 나 자신의 마음을-,
밖으로 많은 사람들의 마음을-,
이렇게 마음을 보고 마음을 청정히 하는 것-,
이렇게 많은 사람들의 마음을-, 의식(意識)을 관찰하고 정화시켜가는 것-,
지금 여기서 눈앞의 현장에서 동포들의 정신을 바르게 확립시켜 가는 것-,

이것이 곧 사회적 해탈 구원의 실현이다.
많은 사람들 중생들 동포들 살려내는 것이다.

바로 이것이 '붓다적 구원의 본질'이다. 바로 이것이 불교가 해야 할 사회적 과업이다. 우리 불교도가 발 벗고 나서서 해야 할 민족사적 과업이다. 눈감고 눈뜨고 앉아서 십 년 이십 년-, 자기 마음 찾는다고-, 이것은 붓다의 길이 전혀 아니다. 외도들-, 숲속 명상가들의 일이다.

*Sati*의 사회적 확산을 통하여 많은 사람들-, 동포들의 마음을-, 의식을 청정히 하기 위하여 애쓰고 애쓸 때, 그 장(場, field)에서-, 그 현장에서 내 마음도 함께 청정해지는 것이다. 이런 의미에서 '붓다의 길'은 철저하게 '마음의 길' '의식(意識)의 길'이다. '만인견성-만사해탈의 길'이다. 붓다의 사회적 메시지가 세속적인 사회운동과 본질적으로 구분되는 경계가 바로 이 *Sati*-, 사념처다.

붓다께서 다시 우리 앞에 오셔서 직언직설 하신다.
합장 경배 올리고, 부처님 따라 함께 외우며 깊이 새긴다.
다시는 다시는 흔들리지 아니 한다.

[합송 ; 붓다의 직언직설(直言直說)
'*Ekā - yāna* -, 유일한 길']

"이 길(道)은 유일한 길(*Ekā-yāna*)이니,
중생의 청정을 위하고, 근심과 탄식을 건너기 위한 것이며,
육체적 정신적 고통을 사라지게 하고,
옳은 방법을 터득하고 열반을 실현하기 위한 것이니,
그것은 곧 '네 가지 마음 지켜보기(四念處)'이다."

– 디가니까야 22 「대념처경」 1 / *Mahā-satipaṭṭhāna-sutta* –

제4강

[*Sati* 실참실수] (4)

「사념처−신수심법」
이것이 우리 운명을 개척하는 동력이다

•
•

[사념처 사띠 사구게]

「이 몸은 한때 생겨났다 소멸해가는 것.

조건 따라 새롭게 새롭게 변화해가는 것,

'내 잘났다'−, 고집할 것이 없고

'이것이 진리다'−, 고집할 것이 없고

(두 번씩 외운다)

물처럼 바람처럼 담담하게 지켜본다.

마음이 허공처럼 텅− 비어간다. … 」

1. 「사념처의 확립」(1)
−「신수심법」

「사념처(*Sati*)」

「사념처(*Sati*)의 확립」-,

오늘 아침 이 시간-, 이 수행이 나의 오늘을 창조해 간다.

오늘 아침 이 시간-, 이 수행이 나의 일생을 창조해 간다.

오늘 아침 이 시간-, 이 수행이 나의 운명을 창조해 간다.

아니-, 뭣보다 이 수행이 우리 가정을 구하고 우리 동포들 살려내
는 거의 유일한 길이다.

거룩하고 경건한 창조와 구원의 수행시간이다.

지금 시작한다.

〔실참실수(實參實修)〕

[사념처(四念處)의 확립] (1)

[예비호흡]

허리 곧게 펴고 정신 집중하여

좌장이나 법사가 청정하게 외우면

대중들은 고요히 마음속으로 지켜보며 관찰한다.

(목탁/죽비-)

'들숨 날숨 하나-,

들숨 날숨 둘-,

들숨 날숨 셋-,

들숨 날숨 넷-,

들숨 날숨 다섯- '

[무상(無常) *Sati* 일구]

「들숨 날숨- 하나-,

'제행무상(諸行無常) 제행무상(諸行無常)'-

'마음이 허공처럼 텅- 비어간다.」- (三念)」

〔신수심법(身受心法)〕

「① 「이것은 몸이다 [신(身)].

이것은 몸이다.

이 몸은 끊임없이 늙고 병들고 허물어져가고

머지않아 한 덩어리 송장(백골)으로

한줌 재로 흙으로 사라져가고-

지금 이 순간 영안실 냉동고에

누워 있는 내 시신(屍身)을 지켜본다.

허옇게 얼음 뒤집어쓰고 있는 저 모습을 보고

'저것이 나의 것이다'-, 할 수 있겠는가?

'내 잘났다'-, 할 수 있겠는가?

'나의 영원한 자아(自我)다'-, 할 수 있겠는가?

- 사띠 사구게

'이 몸은 한때 생겨났다 소멸해가는 것.

조건 따라 새롭게 새롭게 변화해가는 것,

'내 잘났다'-, 고집할 것이 없고

'이것이 진리다'-, 고집할 것이 없고

(두 번씩 외운다)

물처럼 바람처럼 담담하게 지켜본다.
마음이 허공처럼 텅- 비어간다.'

② <u>이것은 느낌이다</u> [수(受)].
이것은 느낌이다, 기분이다.
좋아하고 싫어하고 사랑하고 미워하고
즐거워하고 괴로워하고 외로워하고 우울해하고
- 사띠 사구게
'이 느낌은 한때 생겨났다 소멸해가는 것.
조건 따라 새롭게 새롭게 변화해가는 것,
'내 잘났다'-, 고집할 것이 없고
'이것이 진리다'-, 고집할 것이 없고
(두 번씩 외운다)
물처럼 바람처럼 담담하게 지켜본다.
마음이 허공처럼 텅- 비어간다.'

③ <u>이것은 마음이다</u> [심(心)].
마음이다, 생각이다.
욕심 부리고 집착하고 화내고 미워하고 어리석고
남 무시하고 의심하고 원망하고 비난하고
근심 걱정하고 게으르고
- 사띠 사구게
'이 마음은 한때 생겨났다 소멸해가는 것.
조건 따라 새롭게 새롭게 변화해가는 것,

'내 잘났다'-, 고집할 것이 없고
'이것이 진리다'-, 고집할 것이 없고
(두 번씩 외운다)
물처럼 바람처럼 담담하게 지켜본다.
마음이 허공처럼 텅- 비어간다.'

④ 이것은 안팎의 상황들이다 [법(法)].
안팎의 상황들 사건들이다.
가고 오고 만나고 헤어지고
성공하고 실패하고 싸우고 화해하고
허망한 진영논리에 빠져 끝없이 끝없이 허덕이고
– 사띠 사구게
'이 상황들은 한때 생겨났다 소멸해가는 것.
조건 따라 새롭게 새롭게 변화해가는 것,
'내 잘났다'-, 고집할 것이 없고
'이것이 진리다'-, 고집할 것이 없고
(두 번씩 외운다)
물처럼 바람처럼 담담하게 지켜본다.
마음이 허공처럼 텅- 비어간다.'

⑤ (고요히 마음의 눈으로 지켜보며 외운다)
하나- 둘- 셋-
구시나가라 사라쌍수 언덕
열반의 땅 구시나가라 사라쌍수 언덕

팔순 노(老)부처님께서 걷고 있다.

죽음의 고통 참고 견디면서

뙤약볕 아래 목말라 하며 걷고 있다.

부처님께서 우리 앞에 오신다. (마음으로 영접한다)

우리 손잡으신다. (부처님의 체온을 느낀다)

죽음을 목전에 바라보며

이 중생 불쌍히 여겨

마지막 말씀하신다.

마지막 말씀하신다.

(이 장면에서 아침마다 눈물을 쏟는다)

〔붓다의 마지막 말씀(最後遺教)〕

(모두 무릎 꿇고 합장한다)

⑥ "이제 그대들에게 이르노니

제행(諸行)은 무상한 것이다.

생겨난 것은 반드시 소멸하는 것이다.

게으르지 말고 사띠 하라.

안팎으로 있는 그대로 관찰하라.

이것이 여래의 마지막 말이다.

이것이 여래의 마지막 말이다."

— D Ⅱ p.156 ;『대반열반경』6, 7 —

⑦ (대중이 간절한 맘으로 함께 외운다)

'부처님 부처님

감사합니다 감사합니다.

생명의 길 열어주셔서 감사합니다.

명심불망 명심불망

잊지 않겠습니다. 잊지 않겠습니다.

부처님 부처님 부처님─ ' 」

(목탁 / 죽비 3타─,

'사념처의 확립' 끝)

2. 사념처의 확립 (2)
─「무아 자비(無我慈悲) *Sati*」

「신수심법」에 이어

「무아자비(無我慈悲) *Sati*」까지 계속 수행한다.

도반들은 「신수심법」을 완전히 닦아서 익힌 다음에

「무아자비 Sati」까지 이어서 닦는 것이 좋을 것이다.

필자는 아침마다 「신수심법」에 이어 「무아자비 Sati」까지 계속 외운다. 이것으로 아침 수행일과를 삼는다. 또 전철을 탈 때는 허리 곧게 펴고 앉아서 「사념처의 확립」(1) (2)를 수행한다. 세상이 환─ 하게 빛난다. 법회 할 때, 빠리사 공부할 때도 「사념처의 확립」(1) (2)를 먼저 하고 시작한다. 이 사념처의 확립이 붓다께서 확립하신 수행 관찰법의 기본이며 핵심이다. 이것만 충실히 해도 눈뜬 성중(聖衆)이 된다.

(「신수심법」에 이어서)

「무아 자비 *Sati*」

「⑧ '제행무상(諸行無常) 제행무상(諸行無常)

생겨난 것은 반드시 소멸하고 사라져가는 것,

조건따라 새롭게 새롭게 변화해가는 것,

고집할 어떤 실체도 없는 것,

아하-, 이것은 나의 것이 아니로구나.

이 몸도 이 느낌도 이 마음도 이 상황들도

나의 것이 아니로구나.

이 세상의 그 무엇도, 그 누구도

나의 것이 아니로구나.

나를 위해 존재하는 것이 아니로구나.

내 뜻대로 되는 것이 아니로구나.

⑨ 물처럼 바람처럼 담담하게 지켜본다.

끊임없이 흘러가고 사라져간다.

근심 걱정도 사라져가고

고통도 분노도 사라져가고

공포도 절망도 사라져가고-,

⑩ 텅-빈 자리, 텅-빈 자리,

푸르른 가을하늘처럼 텅- 빈 자리

텅- 빈 그 자리 본래생명자리

텅- 빈 그 자리 본래 부처님자리

⑪ 텅- 비우면 편안하고 고요하고,

텅– 비우면 생명 에너지가 샘물처럼 솟아오르고
텅– 비우면 보살원력이 온몸 가득 솟아오르고
텅– 비우면 희망이 연꽃처럼 살포시 피어나고

⑫ 이제 우리도 부처님같이
따뜻한 미소로 먼저 다가가 인사하고
작은 것 하나라도 나누고 섬기고
오계 굳게 지켜 산목숨 해치지 아니 하고
적게 먹고 검소하게 절제하며 살아가고
부처님 법 열심히 열심히 전파하고 개척하고
불의(不義) 앞에 물러서지 아니 하고– 」

〔광명진언(光明眞言)〕

(두 주먹 불끈 쥐고
함께 큰 소리로 외운다)

⑬「광명찬란 광명찬란
불성광명이 눈앞에 찬란하다.
보살원력이 온몸 가득 솟아난다.
보살열정이 온몸 가득 솟아난다.
(합장하고)
모든 생명들이여 부디 행복하소서.
사랑하는 사람들이여 부디 행복하소서.
우리 빛나는 보살 몸으로 다시 만나요.

[축원 기도의 시간]

가족들 친구들 동료들-
내가 사랑하는 사람들
하나하나 이름 부르면서 얼굴 보면서
간절한 기도로 축원한다.
또 이땅의 동포들 위하여 축원한다.
다음에 먼저 가신 분들-
하나하나 이름 부르면서
얼굴 떠 올리면서 가득한 그리움으로
정토의 행복을 빌고
새 몸으로 다시 만나기를 기약한다.

나무석가모니불 나무석가모니불
나무시아본사석가모니불-
(큰 소리로 우렁차게-)」

나무석가모니불 우리도 부처님같이- 만세- 」
(박수 환호하며 서로 축복을 나눈다)
(「무아자비 사띠」 끝)
(목탁 / 죽비 한번 딱-)
(20~30분 정도 걸린다.)

3. *Sati*―, 이것이 개척의 동력이다,
우리 운명을 개척하는 동력이다

이렇게 빠리사 아침일과 수행을 마친다.
하루가 찬란한 빛으로 힘차게 열려온다.
이렇게 불자들은 하루 하루를 수행의 힘으로 개척해간다.
이렇게 불자들은 운명을 수행의 힘으로 개척해간다.
이렇게 불자들은 이 세상―, 이 나라를 *Sati* 수행의 힘으로 개척해간다.

「무상 *Sati* 일구」가 빛나는 개척의 동력이다.
「광명 *Sati* 일구」가 빛나는 개척의 동력이다.
「광명진언」이 빛나는 개척의 동력이다.
「사념처」가 빛나는 개척의 동력이다.

수행―, 이것 하나로 족하다.
아침마다 이 *Sati* 수행 한 번씩 하면,
순간순간 빛을 발한다.
오늘 하루가 광명으로 빛난다.
이 *Sati* 수행이 쌓이고 쌓이면 경이로운 힘을 발휘한다.
이 수행의 순간순간
우리는 부처님과 하나 되고
우리 가족들 친구들과 하나 되고
이 땅의 동포들과 하나 되고
하늘땅과 하나 되고
우주적 생명과 하나 된다.

제4장

[대전환 2 ; *diṭṭha dhamma* / 딧타담마]

'마음 – 관념(觀念)주의' 넘어서
'눈앞의 사실(事實, *diṭṭha dhamma*)'
에서 닦고 깨달아라

[역사의 현장]

〔실참실수(實參實修)〕

[합송 ; 붓다의 직언직설(直言直說)
"현재 일어나는 법을 지금 바로 여기서 관찰하라"]

위의(威儀)를 단정히 하고,

허리 곧게 펴고, 들숨 날숨 헤아리며

'무상사띠 일구' 외운다.

(죽비 / 목탁 3타-)

[무상(無常) *Sati* 일구]

「들숨 날숨- 하나-,

'제행무상(諸行無常) 제행무상(諸行無常)'-

'마음이 허공처럼 텅- 비어간다.'- (三念)」

[합송 ; 붓다의 직언직설(直言直說)
' *diṭṭha dhamma* -, 지금 바로 여기서 관찰하라']

우리도 제따와나(기원정사) 법석(法席)에 둘러앉아

부처님 우러러 친견(親見)하며

큰 소리로 함께 외우며 가슴 깊이 새긴다.

「어느 때 세존께서 사왓티의 제따와나(祇園精舍)에 계실 때

수행자들에게 설하신다.

"과거를 되새기지 말고
미래를 바라지도 말라.
과거는 이미 사라졌고
미래는 아직 오지 않았다.

현재 일어나는 법(*diṭṭha dhamma*, 現法)을
지금 바로 여기서 관찰하라.
정복되지 않고 흔들리지 않고
그 법을 알고 수행하라.

오늘 해야 할 일에 열중하라.
내일 죽음이 올지 어찌 아는가?
대군(大軍)을 거느린 죽음의 신(神)
그에게 결코 굴복하지 말라.

이와 같이 열심히 밤낮으로
피곤함을 모르고 수행하는 자를
여래는 칭찬한다네.
'한밤의 탁월한 해탈자'라고."」

— 맛지마니까야 131 「한 밤의 탁월한 해탈자의 경」 4
/ *Bhaddekaratta-sutta* / 밧데까랏따 숫따」— 1)

---

1) M Ⅲ, p.187 ;

diṭṭha dhamma / 현금법(現今法)−,
법(法)은 '눈앞의 fact−,
눈앞의 사실(事實, 現今法)들'이다

●

"현재 일어나는 법(*diṭṭha dhamma*, 現法)을
지금 바로 여기서 관찰하라.
정복되지 않고 흔들리지 않고
그 법을 알고 수행하라."

− 맛지마니까야 131「한 밤의 탁월한 해탈자의 경」4
/ *Bhaddekaratta-sutta* / 밧데까랏따 숫따」−[2]

1. *diṭṭha dhamma*−, '눈앞의 *fact*'−,
불교사에 빛나는 역사적인 직언직설

[고요한 *Sati* ; 깊이 생각하기]

허리 곧게 펴고

---

2) M Ⅲ, p.187 ;

마음 속으로 외우고 외우면서

깊이 생각하고 새긴다.

(목탁 / 죽비-)

「 "과거를 되새기지 말고

미래를 바라지도 말라.

과거는 이미 사라졌고

미래는 아직 오지 않았다.

현재 일어나는 법(*diṭṭha dhamma*, 現今法)을

지금 바로 여기서 관찰하라.

정복되지 않고 흔들리지 않고

그 법을 알고 수행하라. … "

— 맛지마니까야 131「한 밤의 탁월한 해탈자의 경」—

사왓티(Savatthi)의 제따와나(Jetavana), 제따 숲

아나타삔디까라마(Anāthapiṅḍikārāma)—기수급고독원(祈樹給孤獨園)

고독한 사람들 구호하는 -, 그 빛나는 불교의 요람 기원정사(祇園精舍)-,

지금 붓다께서 이렇게 직언직설하신다.

눈 푸른 수행자들의 대회중(大會衆, *Mahā-parisā*) 앞에서 이렇게 설하고 계신다. 우리도 그 빠리사에 둘러앉아 부처님 우러러 친견하며 귀 기울여 경청하고 있다.

'*diṭṭha dhamma* / 딧타 담마
지금 여기서 눈앞의 사실(事實)을
관찰하고 수행하고 깨달아라'-,

이것은 참 역사적인 붓다의 직언직설(直言直說)이다.
이 '제따 숲 *diṭṭha dhamma* / 딧타 담마 법문'은 2천7백 년 불교사
에서 가장 탁월한 '붓다의 법문' 가운데 하나다. 이 '제따 숲 *diṭṭha
dhamma* / 딧타담마(現今法) 법문'은 불교사의 방향을 결정짓는 실로
역사적인 대법문(大法門)이다.

이 역사적인 법문
우리 인생과 이 세상의 운명을 바꿔놓을 이 고결한 법문-,
어쩌다 우리는 이제야 듣게 되는 것일까.
어쩌다 우리는 수많은 시행착오와 어둔 방황 끝에, 이제야 만나게
되는 것일까.
아직도 헤매는 친구들-,
교리공부 한다고 매달려서-, 경전공부 한다고 매달려서-, 명상한
다고 매달려서-,
눈앞의 이 절박한 사실(事實)들-, 현실(現實)들-, 현장(現場)들-,
현재상황들 외면하고 눈감고 눈뜨고 앉아서 찾고 있는 친구들-, 여기
이 제따와나 빠리사로 돌아와서 함께 듣고 공부하면 얼마나 좋을까.
이 기원정사 거룩한 빠리사로 돌아와 둘러앉아 함께 듣고 새 출발하면
얼마나 좋을까.

2. 'ditṭha dhamma / 딧타담마'-,
법은-, dhamma는 '눈앞에 보이는 사실(事實)들'

'ditṭha dhamma / 딧타담마'-

우리는 여기서 이 긴요한 담마를 다시 만난다.

우리는 이 용어의 의미를 사전적으로 다시 한 번 검토해 본다.

'ditṭha / 딧타'는 '본, 보여진(seen)' '볼 수 있는(visible)'-, 이런 뜻이다.

'ditṭha / 딧타'는 '지금 여기서(now and here)' '눈앞에서'-, 이런 뜻이다.

'지금 여기서 볼 수 있는(visible at present)'-, 이런 뜻이다.

'현세(現世)에서' '현생(現生, this birth)에서' '이 세상(this world)에서'-, 이런 뜻이다.[3]

'dhamma / 담마'는 '사실(事實, fact)들'-,이런 뜻이다.

'여러 가지 조건들이 얽혀서 지금 전개되고 있는 '사실들', '현실', '현재상황' 이런 뜻이다.

'ditṭha dhamma / 딧타담마

눈앞의 fact-, 눈앞의 사실들, 현실들, 현재상황들

지금 여기서 눈앞에서 보이고 우리가 볼 수 있는 사실, 현실, 현장들'-, 이렇게 'ditṭha dhamma / 딧타담마'는 우리가 지금 여기서, 이 현세에서, 눈앞에서 보는, 볼 수 있는 사실(事實) 현실(現實)들이다.

---

3) PED(1986) p.329, 'ditṭha'

'現法 / 현법'

'現今法 / 현금법'-,

중국 역경가들은 이렇게 옮기고 있다.[4]

'현재의 사실들' '지금 여기서 즉시 볼 수 있는 사실들'-, 이런 뜻이다.

'*Now and Here*'-,

영어로는 흔히 이렇게 옮기고 있다.

글자 그대로 '지금 여기서'다.

'지금 여기서 눈에 보이는-, 볼 수 있는 사실(事實, *fact*)'이다.

3. '법(法)-, 눈앞의 사실(事實)들', '*dhamma*는 눈앞의 경험적 사실들'이다

'법(法)

dhamma / 담마

diṭṭha dhamma / 딧타담마

현법(現法)-, 현금법(現今法)-,

눈앞의 *fact*-, 눈앞에 보이는 사실(事實)들

눈앞의 경험적 사실들'-,

---

4) 각묵 스님 역, 『디가니까야』 1권 p.159, 각주-153).

'법(法)'은 이렇게 '사실(事實)들'이다..

'dhamma / 담마'는 이렇게 'diṭṭha dhamma / 딧타담마'−,

'눈앞에 보이는 사실들−, 눈앞의 경험적 사실들'이다.

'법(法)'을 이렇게 '현금법(現今法)'으로, '눈앞의 경험적 사실(事實)들'로 규정하는 것은 불교의 내용−, 불교의 방향을 가늠하는 매우 중요한 의미가 있다. 법은 불교를 형성하는 기초이기 때문이다. dhamma는 불교의 가치관을 형성하는 초석이기 때문이다. 지금까지 '법'의 개념−, 'dhamma / 담마'의 의미와 그 분류를 놓고 수많은 이론들 학설들 주장들이 전개되어 왔다. 아비담마(abhi-dhamma, 阿比達磨, 부파불교의 敎學)에서는 법을 82가지−, 75가지−, 혹은 그 이상의 항목으로 분류하고, 법의 개념에 대해서도 갖가지 추상적 문구들을 나열하고 있다. 요컨대 무슨 말인지 알아들을 수 없고, 결국 법이 무엇인지 알 수 없는 정체불명의 혼란에 빠지고 만다.

이것도 법−, 저것도 법−, 보이는 것도 법−, 보이지 않는 것도 법−, 귀에 걸면 귀걸이−, 코에 걸면 코걸이−, 법 아닌 것이 없다. 그만큼 우리들의 가치관과 문제의식도 혼란스럽고 추상적이고 애매모호하고 무책임한 것이다. 따라서 눈앞의 상황에 대한 분명한 현실인식이 결여되고, 사회적 모순과 불의(不義) 앞에서도 분명한 의식(意識)이 없고, 단호하게 행동하지 못한다. '모든 것이 다 인연이지 뭐'−, 이런 식이다. 무엇을 보고 '깨닫는다' 하고 무엇을 보고 '견성성불이다' 하는지 뜬구름 잡는 것처럼 명료하지 못하다. 오늘날 우리 불교가 이렇게 지리멸렬하게 된 것도 법의 개념에 대한 혼란에서 비롯된 원인이 크다. 법질서가 확립되지 못하면 우리 사회전체가 혼란과 무질서에 빠지는 것과 같은 이치다.

법에 대한 온갖 이론과 주장들—,

dhamma에 대한 아비담마(abhi-dhamma)와 대승 종파들의 개념과 분류들—,

몰록 다 버려라. 아예 가까이 가지 말라. 거기에 빠져들면 헤어나지 못한다. 그렇게 불교 하면 큰일 난다. 바른 인생 살아가는 데 도리어 큰 장애가 된다. 식자우환(識字憂患)이다. 법을 '유위법(有爲法)' '무위법(無爲法)'—, '유루법(有漏法)' '무루법(無漏法)' 하고 나누는 것도 삶의 현실—, 눈앞의 사실(事實)들을 떠난 알음알이다. 애쓰고 애쓰지 아니하는 '무위(無爲)'가 무슨 법인가? 고뇌하지 않는 '무루(無漏)'가 무슨 의미가 있는가? 머리 굴리는 꾼들의 허망한 관념놀이일 뿐이다.

미련 없이 버리고 이 현실로 돌아오라.

법에 대한 이런 개념들—, 분류들 미련 없이 버리고, 우리 삶의 현실로—, 이 치열한 눈앞의 삶의 현장으로 돌아오라. 그리고 붓다의 삶을 지켜보고, 붓다의 가르침에 귀 기울여라. 붓다의 고결한 직언직설(直言直說)에 귀 기울여라.

명심불망(銘心不忘)—,

붓다의 삶과 직언직설 가슴 깊이 새겨라.

우리가 믿고 의지할 곳은 오직 이것뿐이다.

오직 이것만이 영원한 빛을 발하는 해탈구원의 등불이다.

그래서 '귀의불(歸依佛)' 아닌가.

4. '눈앞에서 볼 수 있는 사실'-,
이것이 법의 대전제(大前提)이다

'법(法)

dhamma / 담마

diṭṭha dhamma / 딧타담마

현법(現法)-, 현금법(現今法)-,

눈앞의 *fact*-, 눈앞에 보이는 사실(事實)들

눈앞의 경험적 사실들'-,

이것이 법(法)이다.

이것이 법의 대전제(大前提)다.

이것이 *dhamm*의 대전제(大前提)다.

이것이 불교가 문제 삼는 법의 대전제다.

이것이 불교가 문제 삼는 *dhamm*의 대전제다.

법은 이렇게 우리들 눈앞에서 보이는 것-, 볼 수 있는 것-, 경함할 수 있는 경험적 사실(事實)들이다.

붓다가 문제 삼는 법(法)-*dhamma*는, 원력(願力)·Sati 같은 선법(善法)이든, 욕심·분노 같은 불선법(不善法)이든, 이렇게 '지금 눈앞에서 볼 수 있는 사실-, 경험적 사실들'이다.[5] 지금 여기서, 현재, 현실에서 일어나는 것-, 눈앞의 상황(狀況)들-, 사실(事實)들이다.

---

5) 임승택, 『초기불교』 p.337.

그러나 '선법'과 '불선법'은 엄연히 구분해서 관찰하지 않으면 안 된다. '선법도 법, 불선법도 법'하는 식으로 나가면 자칫 두루뭉수리 혼란에 빠질 위험이 크다. '선법'은 붓다의 가르침으로, 청정한 마음의 작용으로서 해탈 열반으로-, 자유와 행복으로 이끈다. 불선법은 어둔 마음-, 번뇌로 생겨난 것으로 해탈 열반에 장애가 되고 고통을 초래한다.

'제법(諸法)' '일체법(一切法, sabbe dhamma / 삽베담마)'이 이것이다. '제행(諸行, sabbe saṅkhārā / 삽베 상카라)'도 이 범주에 속한다. '제법' '제행'은 눈앞의 불선법-, 고통과 갈등의 사실 현실을 관찰할 때 쓰는 용어다. '제법'은 공간적으로 관찰하는 용어이고, '제행'은 공간적으로 관찰하는 용어다.

'무상(無常)' '고(苦)' '무아(無我)'-,

이것은 불선법이 드러내는 세 가지 눈에 보이는 독특한 모습(特相)이다.

이것을 흔히 '삼법인(三法印)'이라고 일컫지만, 무슨 주(主)가 있어서 결재하는 것도 아닌데, 눈앞에서 자연스럽게 드러나는 현상인데, '도장'이라고 할 것까지는 없고, '독특한 모습(特相)'-, 이 정도가 적절한 표현일 것이다.

'끊임없이 변화하고(無常)'
'여기에 집착하면 고통을 겪고(苦)'
'나의 자아라고 할 수 없고(無我)'-,

불선법(不善法)은 이런 사실-, 이런 모습을 눈앞에서 경함한다.

눈으로 보고-, 느끼고-, 상처받고-, 괴로워하고-, 이런 것이 바로 '눈앞에서 본다' '볼 수 있다'는 의미이다. '경험한다'는 것이 바로 이런 것이다. 이것은 우리가 욕심·집착으로 살아가는 일상의 현실에서 보는 불선법의 현실이다. 선법(善法)은 여기에 해당되지 아니 한다. 선법(善法)은 '제법(諸法)' '제행(諸行)'에 속하지 아니 한다. 무턱대고 '모든 것은 무상하다, 덧없다'-, 하면 착각이다. 보살이 붓다의 가르침 따라 선법으로 살아갈 때는 전혀 다른 고결한 현실을 경험한다. 이 부분은 2강에서 조명할 것이다. 따라서 선법과 불선법은 다같이 '눈앞의 사실'로 규정되지만, 같은 수준에서 분류하고 논하는 방법은 옳지 않다. 엄연히 구분해서 관찰해야 할 것이다.

'눈에 보이고 즉시 고통을 없애고'−, 이것이 '붓다의 법 제1 조건'이다

•
•

"붓다께서는 저에게 설하셨습니다.

눈에 보이고,

즉시(卽時)로 애착(愛着, taṅha / 땅하)을 소멸하고,

고통 없는(없애는) 법을−,

붓다께 견줄 자는 어디에도 없습니다."

− 숫따니빠따 5, 18「도피안품」/ Pārāyana-sutta 빠라야나 숫따− [6]

1. '눈에 보이고, 즉시 고통을 없애고'−,
'노(老)수행자 삥기야(Piṅgiya)의 고백'

[합송 ; 붓다의 직언직설
'바라문 삥기야(Piṅgiya)의 고백']

우리는 다시 '노(老)수행자 삥기야(Piṅgiya)의 고백'으로 돌아간다.

---

6) Sn 1137 ; 일아 스님 역,『숫따니빠따』p.398.

노(老)수행자 뼁기야(Piṅgiya)는 열여섯 구도자들과 함께 데칸 고원 남부 고다와리 강을 출발하여 2,000km, 5천리 멀고도 험한 고행 끝에 붓다 석가모니를 친견하고, 다시 고다와리 강변으로 돌아와, 부처님을 그리워하며, 자기 스승 바와린에게 역사적인 신앙고백을 하고 있다.

모두 무릎 꿇고 합장하고
Sutta-nipāta / 숫따니빠따를 펼쳐들고
우리 스스로 저 노(老)수행자 뼁기야(Piṅgiya)의 간절함으로 돌아가
마지막 제5「*Pārā-yana* / 빠라야나 / 도피안품」1137 게송을 낭랑하게 합송한다.
(목탁/죽비-)

"붓다께서는 저에게 설하셨습니다.
눈에 보이고,
즉시(卽時)로 애착(愛着, taṅha/땅하)을 소멸하고,
고통 없는(없애는) 법을-,
붓다께 견줄 자는 어디에도 없습니다."
　　　　　　　- 숫따니빠따 5, 18「도피안품」/ *Pārāyana-sutta* 빠라야나 숫따- [7]

다시-, 두 번-, 세 번-,
큰 소리로 함께 외운다.
잠시 고요한 *Sati*로 들어간다.
그리고 편히 앉아서 공부 노트에 꼭꼭 새겨 써넣는다.

---

7) Sn 1137 ; 일아 스님 역,『숫따니빠따』p.398.

Sutta-nipāta / 숫따니빠따는 최고(最古)의 원음(原音)이다.

현존하는 경전 가운데서 붓다의 목소리를 전하는 가장 오래된 경전이다.

특히 이 「5 도피안품 / *Pārāyana-sutta* 빠라야나 숫따」은 기원전 544년 불멸(佛滅) 후 최초의 제1결집 때, 아난다 존자(Ānanda 尊者, āyasmā Ānanda)가 직접 암송한 것으로 분석되고 있다.[8] 따라서 '노(老)뺑기야(Piṅgiya)의 고백'은 붓다의 법에 관한 가장 오래되고 신뢰할만한 목소리를 전하고 있는 것으로 평가할 수 있을 것이다.

'눈에 보이고,
즉시(卽時)로 집착(執着)을 소멸하고,
고통 없는(없애는) 법,
고통 없는 자유와 평온의 법'– '

이것이 노 뺑기야(Piṅgiya)의 증언이다.

게송 1137에 이어 게송 1139, 게송 1141–,

노 뺑기야(Piṅgiya)는 숫따니빠따 「도피안품」에서 연속해서 3번이나 이렇게 증언하고 있다. 이렇게 3번이나 꼭 같은 증언을 하고 있다.[9]

이것은 붓다의 법에 대한 가장 오래되고 신뢰할만한 객관적 증언이다.

이렇게 붓다의 법은 처음부터, 하나 둘 셋 –, 눈에 보일만큼 단순하고 분명한 것이다. 이렇게 눈으로 볼 수 있기 때문에, 노 뺑기야(Piṅgiya)는 붓다에 대한 확고한 믿음을 가지고 돌아와서 잊지 못하고

---

8) 전재성 역, 『숫타니파타』 p.465, 각주) 2223.
9) Sn 1137, 1139, 1140 ; 일아 스님 역, 『숫따니빠따』 pp.398-399.

이렇게 그리워하고 있다. 잠 못 이루며 불퇴전(不退轉)의 신앙고백을
하고 있다.

2. '붓다의 법–, 붓다의 가르침' –,
이것은 우리들 살려내는 해탈구원의 빛이다

〔실참실수(實參實修)〕

[광명 *Sati* 일구]

「들숨 날숨 하나–, 둘–, 셋–,

광명찬란 광명찬란

불성광명이 눈앞에 찬란하다.

나무 석가모니불 우리도 부처님같이– 」

[합송 ; 붓다의 직언직설
'바라문 노(老) 삥기야(Piṅgiya)의 고백']

모두 일어나 합장하고

부처님 나라 서천축(西天竺) 향하여 삼배 올린다.

우리도 노 삥기야(Piṅgiya)의 믿음으로 돌아가

부처님 그리며 잠 못 이루는 불퇴전의 신앙으로 돌아가

'노 삥기야(Piṅgiya)의 고백' 함께 외우며 가슴 깊이 새긴다.

"붓다께서는 저에게 설하셨습니다.

눈에 보이고,

즉시(卽時)로 애착(愛着, taṅha / 땅하)을 소멸하고,

고통 없는(없애는) 법을-,

붓다께 견줄 자는 어디에도 없습니다."

- 숫따니빠따 5, 18「도피안품」/ Pārāyana-sutta 빠라야나 숫따-

[고요한 Sati]

「 '붓다의 법은

붓다의 가르침은

눈에 보이고

즉시로 집착을 소멸하고

즉시로 고통을 없애고

즉시고 고결한 자유와 평화,

아픈 보살의 연민으로 인도하고-,

붓다의 법은 이렇게

즉시로 내 어둔 생각들 소멸한다.

우리들의 어둔 애착, 집착, 갈애를 소멸한다.

    (외우면서 하나씩 하나씩

    소멸해가는 모습 지켜본다)

과도한 욕심-,

과도한 애착-,

과도한 갈애-,

과도한 집착-,

과도한 고집-,

자만-, 교만-,

분노-, 증오-, 원망-,

고통-, 불안-, 갈등-,

슬픔-, 좌절-, 절망-, 공포-,

이 어둔 번뇌들 즉시로 소멸한다.

붓다의 법은 이렇게 즉시로 고통을 없앤다.

우리 가족들의 불화 갈등 고통을 즉시로 없앤다.

우리 이웃들 동료들의 불화 갈등 고통을 즉시로 없앤다.

우리 동포들의 불화 갈등 고통을 즉시로 없앤다.

극단적인 좌파우파 진영논리, 패거리 의식, 집단분노 즉시로 없앤다.

어둔 육신의 고통, 장애 구원한다.

사회적 갈등과 불의(不義)로부터 구원한다.

붓다의 법은 이렇게 우리를 자유로 인도해 간다.

붓다의 법은 이렇게 우리를 평화로 인도해 간다.

붓다의 법은 이렇게 우리를 보살의 아픈 연민으로-, 연민의 눈물로 인도해 간다.

붓다의 법은 이렇게 우리를 나누고 섬기는 보살의 삶으로 인도해 간다.

붓다의 법은 이렇게 우리를 불사(不死)로 인도해 간다.

붓다의 법은 이렇게 불사불멸(不死不滅)로 인도해 간다.

죽는 것 가운데서도 죽지 아니 하는 불사(不死)로 인도해 간다.」

[소리질러]

'붓다의 법은 빛이다,

붓다의 법은 해탈구원의 빛이다,

붓다의 가르침은 우리 가족들 살려내는 빛이다,

붓다의 가르침은 우리 동포들 살려내는 구원의 빛이다,

붓다의 가르침은 나 살려내는 해탈구원의 빛이다.

만세-, 우리 부처님 만세- '

3. '눈에 보이고, 즉시 고통을 없애고' -,
이것이 '*Dhamma*-, 붓다의 법 제1 조건'이다

'*Dhamma*

붓다의 법(佛法)

붓다의 가르침'-,

'*Dhamma* / 담마'는 '붓다의 법(佛法)'이다.

'*Dhamma* / 담마'는 '붓다의 가르침(佛法)'이다.

따라서 (대문자) '*Dhamma* / 담마'와 (소문자) '*dhamma* / 담마'는 구분해서 관찰하지 않으면 안 된다. 흔히 양자를 섞어서 같이 분류하는 바람에 법(法)의 개념이 복잡 혼미해지고 불교도의 가치관도 뒤죽박죽 돼 버렸다.

① '*Dhamma* / 담마'는 '붓다의 법(佛法)'이다.

② 'dhamma / 담마'는 '일반적인, 세속적인 현상–, 사실(事實)들'이다.

앞으로 우리는 이 두 가지를 엄격히 구분해서 쓸 것이다.
'일반적인 사실들'의 경우, 'dhamma / 담마–, 또는 '법(法)'으로.
'붓다의 법(佛法)'인 경우, '붓다의 법' '붓다의 가르침'으로 쓸 것이다.
이 밖의 제3의 법, '규범(規範)' '법칙(法則)', 또는 '우주적 진리' 등은
우리들 관찰의 범주 밖에 있다. 문제 삼지 않을 것이다.

'Dhamma
붓다의 법
붓다의 가르침
불보(佛寶, Buddha-ratana / 붓다라따나)
동포들 살려내는 불멸의 빛'–,

이것은 불멸의 빛이다.
이것은 찬란한 '붓다의 빛(Buddha-ābhā / 붓다아바)'이다.
'불멸의 빛'–,
우리 가족 우리 동포들 나를 살려내는 사회적 해탈구원의 빛이다.
'불보(佛寶, Buddha-ratana / 붓다라따나)'가 바로 이것이다.
우리들의 영원한 귀의처–, 목숨 바쳐 돌아가 의지할 부처님 품이다.

'붓다의 법
붓다의 가르침'–,

이 '붓다의 법'에도 조건이 있다.

'붓다의 법'이 갖추어야 할 조건이 있다.

무턱대고 '붓다의 법'이 아니다.

상윳따니까야 「사밋디 경」에서는 이렇게 설해지고 있다.

[합송 ; 붓다의 가르침]

허리 곧게 펴고

함께 외우면서 깊이 새긴다.

(목탁 / 죽비–)

『이 법은 세존에 의하여 잘 설해졌고

지금 여기서 볼 수 있고

즉시 효과가 나타나고

'와서 보라'고 말할 수 있고

향상으로 이끌고

상식 있는 자들은 스스로 알 수 있는 것이다.”

– 상윳따니까야 1, 20 「사밋디 경」/ *Samiddhi-sutta*– [10]

Visible at present

지금 눈앞에서 볼 수 있는 것

눈앞의 *fact*–, 눈앞의 사실(事實)들

즉시 고통을 없애고'–,

---

10) S Ⅰ. p.9. ; 각묵 스님 역, 『상윳따니까야』 1권 p.167.

하아-, 놀랍다.

이것이 '붓다의 법'-, 제1 조건이다.

여기서는 '붓다의 법'도 예외가 아니다.

이렇게 해서 '붓다의 법'이 진리로서의 보편성(普遍性)을 확보하는 것이다.

'붓다의 법'이 만법(萬法) 만사(萬事) 위에 홀로 존엄한 '불멸의 빛' '구원의 빛'이지만, 이것은 부처님만의 법-, 천상의 법이 아니라, 만법(萬法) 만사(萬事)에 보편적인 법-, 만인(萬人)에게 보편적인 법-, 이 세상-, 이 세속에 보편적인 구원의 진리가 되는 것이다.

'붓다의 법'
'붓다의 가르침'-,

참으로 경이롭고 경이롭다.

4. *'Visible at present*-, 눈앞의 *fact'* -, 이것 아니면 '붓다의 법' 아니다

Visible at present
지금 눈앞에서 볼 수 있는 것
눈앞의 *fact*-, 눈앞의 사실(事實)들
즉시 고통을 없애고'-,

이것이 '*Dhamma*'다.

이것이 '붓다의 법'이다.

이것이 '붓다의 법-, 제1 조건'이다.

이것이 '불교의 제1 조건'이다.

이것이 '깨달음의 제1 조건'이다.

이것이 '해탈' '생사해탈의 제1 조건'이다.

아무리 근사해도 이것 아니면 '붓다의 법' 아니다.

우리가 직접 체험하고 확인할 수 있는 사실이 아니면, 지금 여기서 이 삶의 현장에서 볼 수 있는 것이 아니면 '붓다의 법' 아니다.

'하느님이 천지를 창조했다'-, 아무리 거룩해도, 아무리 주장해도, 우리가 눈으로 직접 볼 수 없으면 보편적 진리 아니다.

'본래 부처다, 모두 부처다'-, 아무리 거룩해도, 아무리 주장해도, 우리가 눈으로 직접 볼 수 없으면, 삶으로 행위로 볼 수 있게 사실로 드러내지 못하면, '붓다의 법' 아니다.

'나는 하느님의 존재를 순간순간 느낀다'-,

'두두물물(頭頭物物)이 다 부처다'-,

그럴 수 있다.

그러나 이것은 단지 감상이고 관념이다.

신념, 주장, 견해라고 해도 좋을 것이다.

그러나 이것은 사실(事實) 아니다.

'*Ehi-passika* / 에히 빳시까

와서 보라,

누구든지 와서 보라'—,

이런 보편적 사실 아니다.

과학적으로 증명해 낼 수 있는 객관적 사실 아니다.

사실 아닌 것은 '세상의 법(法, *dhamma*)'도 아니고, '붓다의 법'도 아니다. '눈앞의 사실(事實)' 아니면, 진실(眞實, *saccāni* / 삿짜니)도 아니고 진리(眞理)도 아니다. 그래서 불교에서는 사실(事實)도 '법(法, *dhamma*)'이라 하고, 진실─진리도 '법(法, *Dhamma*)'이라고 일컫는다. '붓다의 가르침'을 '진리' '진실'이라고 일컫는 것도 이런 이유다.

이렇게 진실─진리는 사실에 근거하고 있다. 이렇게 붓다의 법, 붓다의 가르침은 사실에 근거하고 있다. 그래서 '법(法)'이다.

'인과응보(因果應報)─, 이것은 사실 아닌가? 우리가 매일 매일 이 눈으로 보는 사실 아닌가? '고집멸도'─, 이것은 사실 아닌가? 우리가 매일 매일 이 눈으로 보는 사실 아닌가? 그래서 '인과법(因果法)' '사제법(四諦法)'─, 이렇게 '법(法)'이라고 일컫는 것이다.

'마음' '진여' '본래부처' –,
지금 우리는 허구적 관념주의에 빠져있다

•
•

> "이 법은 세존에 의하여 잘 설해졌고
> 지금 여기서 볼 수 있고
> 즉시 효과가 나타나고
> '와서 보라'고 말할 수 있고
> 향상으로 이끌고
> 상식 있는 자들은 스스로 알 수 있는 것이다."
>
> – 상윳따니까야 1, 20 「사밋디 경」/ *Samiddhi-sutta* – [11]

[붓다의 현장]

1. '마음' '마음' –,
눈감고 눈뜨고 끝없이 앉아있고

많은 사람들이 앉아있다.

---

11) S I. p.9. ; 각묵 스님 역, 『상윳따니까야』 1권 p.167.

눈감고 눈뜨고 앉아있다.

위빳사나 한다고 앉아있다.

사마타 한다고 앉아있다.

참선한다고 앉아있다.

교리공부 한다고 앉아있다.

끝없이 끝없이 앉아있다.

"도반이여,

왜 그렇게 앉아있습니까?"

"마음을 보아야지요.

마음 보고 마음 찾아야지요.

일체가 마음입니다."

"마음이 어디 있습니까?"

"아－, 마음은 눈에 보이지 않습니다.

무안이비설신의(無眼耳鼻舌身意)－,

눈으로는 볼 수 없는 것입니다."

"지금 우리가 이렇게 대화하고 주고받는 것도 마음인데,

이 마음 말고, 또 무슨 마음이 따로 있다는 것입니까?"

"아－, 이것은 본래마음이 아닙니다. 한때의 생멸하는 번뇌입니다.

보이지 않는 본래마음－, 본래청정한 마음－, 본성(本性)을 봐야 합

니다."

"지금 이 마음 말고 본래마음이 따로 있는 것이로군요.

본래마음－, 눈으로 볼 수 없는 것을 어떻게 보겠다고 합니까?"

"화두를 들고 참구해야 볼 수 있습니다."

"화두는 어디 있습니까?

화두가 마음입니까?

이 세상에 화두 본 사람 몇이나 됩니까?"

" … "

"마음 보고 마음 찾아서 어찌할 겁니까?"

"견성성불 해야지요. 부처 돼야지요."

"부처 돼서 뭐할 겁니까?"

"중생제도 해야지요."

"부처가 돼야 중생제도 할 수 있는 겁니까?

지금 이대로는 못하는 겁니까?

테레사 수녀는 부처 아니라도 중생제도 잘하고

만해 스님은 부처 아니라도 독립운동 잘 하던데요."

" … "

"언제 부처 될 겁니까?"

" … "

"중생들이 그때까지 기다리겠습니까?

중생들이 그때까지 살아남을 수 있겠습니까?"

" … "

"도반께서는 많이 닦으셨으니 마음 좀 보셨습니까?

보았으면, 그 마음-, 한번 내놔 보시지요- .

본래마음-, 지금 여기 눈앞에 한번 내놔 보시지요.

우리도 같이 좀 봅시다.

그래야 같이 살지요. 같이 성불하지요.- ."

" … "

2. '연기' '무아' '공' –,
머리 굴리며 끝없이 앉아있고

많은 사람들이 앉아있다.
불서(佛書)들 쌓아놓고
공부한다 수행한다 앉아있다.
절마다 법회마다 금강경을 독해하고
반야심경 강의하고
화엄법계를 찾느라
연기 무아 공 찾느라
머리 싸매고 앉아있다.
'마하반야바라밀' 외치며 앉아있다.

"도반이여, 왜 그렇게 앉아있습니까? 왜 그렇게 머리 싸매고 앉아있습니까?"

"지금 공(空)을 찾고 있습니다. 공 도리(空道理)를 궁구하고 있습니다."

"공 도리를 궁구하면 어찌됩니까?"

"우주진리를 터득하는 것입니다. 우주와 내 마음이 합일하는 경지를 보는 것이지요."

"우주진리와 내 마음이 합일하는 경지를 보면 어찌됩니까?"

"아 그래야 깨닫는 것입니다. 깨닫고 대아(大我) 진아(眞我)를 실현하는 것입니다. 진실생명을 실현하는 것이지요. 이것이 깨달음입니다. 불교는 깨달음 아닙니까?"

"'우주진리와 내 마음이 합일한다-, 이것이 깨달음이다-, 진실생명이다-' 이것은 힌두교의 범아일여(梵我一如) 흉내 내는 것 아닙니까? '우주적 진리, 우주적 본질인 브라만과 합일한다'-, 이것 그대로 모방하는 것 아닙니까? 기독교의 '하느님과 하나 된다'하고 다를 것이 무엇입니까?

불교는 무아(無我)가 근본 입각처인데, 대아(大我) 진아(眞我)하면 무아는 어디 갔습니까? 진실생명이라고 하면 지금 이 생명 말 또 무슨 생명이 따로 있는 것입니까? 초월적이고 영원한 것 또 하나 만드는 겁니까?

붓다께서 이미 폐기하신 것 또 하나 만드는 겁니까?"

"아-, 대아 진아라고 하는 것이 곧 무아를 말합니다. 이것이 공(空) 도리이지요. 진공묘유(眞空妙有)의 도리지요. 없는 가운데 있는 것입니다. 이 도리를 알아야 '산은 산이고 물은 물이로다'하는 소식 아는 겁니다."

"하아-, 공(空)이 그렇게 대단한 것이군요. 산이 산이 되고 물이 물이 되고-,

없다가 있고, 있다가 없고-, 요술방망이로군요. 도반께서는 공부 많이 하고 한소식 했으니 공(空) 보셨겠네요.

그 공(空)도리 어디 한번 내놔보시지요. 지금 여기 눈앞에 한번 내놔 보시지요.

우리도 같이 좀 봅시다. 그래야 같이 깨닫지 않겠습니까?"

"…"

"그 대단한 연기(緣起)-, 무아(無我)-, 어디 한번 내놔보시지요. 지금 여기 눈앞에 한번 내놔 보시지요. 언제까지 책 속에나 있고 머릿속에나 있어서 쓰겠습니까? 우리도 같이 좀 봅시다. 그래야 같이 깨닫지 않겠습니까?"

"..."

"그렇게 금강경 통달해서 공을 깨닫고 무아를 보고 해서 이 세상이 어떻게 변했습니까? 공(空)을 찾고 마하반야바라밀 찾고 해서 이 세상이 어떻게 변했습니까?"

"..."

"공(空) 도리를 몰라서 이 세상이 이 지경입니까?

진공묘유(眞空妙有) 들고나가면, 이 세상 사람들 다 살아나겠습니까? 진공묘유 들고나가면, 지금 눈앞에서 허덕이는 이 세상 사람들이 다 위로 받고 구원 받겠습니까?"

"..."

"그것이 불교입니까? 부처님께서 그리하셨습니까? '공이다' '공이다'─, 하셨습니까?"

"..."

"그렇게 머리 굴리지 말고 지금 당장 무료급식소 찾아가서 하루 자원봉사 하는 것이 이 세상 구하는 도리 아니겠습니까? 한 사람 붙들고 매달려서라도 부처님 법 전하는 것이 이 세상 구하는 도리 아니겠습니까?

그래야 이 세상 바뀌지 않겠습니까? 공을 몰라서 못하는 겁니까? 그것도 깨달아야 할 수 있는 겁니까?"

"..."

"'공 공─, 색즉시공 공즉시색'─, 언제부터 우리 불교가 공에 매달려 왔습니까?

이것은 불교가 아니지 않습니까?

차라리 '공교(空敎)' 하나 만드는 것이 좋지 않겠습니까?"

3. 이 절망적 동포적 위기상황 –,
지금 이 고귀한 법들 어디 있는가?

끝없는 분열과 대립, 갈등–.

남북이 분열하고 동서가 분열하고, 노사가 분열하고, 남녀가 분열하고, 노소가 분열하고, 이 모든 분열 갈등을 부추기는 좌파 우파의 극단적 진영논리와 폭력적 투쟁–,

이 뿌리 깊은 갈등과 증오 폭력 앞에 지금 우리 동포들은 고통 받고 있다. 많은 동포들이 일자리를 잃고 미래를 잃고 희망을 잃고 따뜻한 위로를 잃고 끝없이 방황하고 좌절하고 분노하고 증오하고–, 그러면서 자포자기하고 지쳐가고 있다. 끝없이 끝없이 몸을 던지고 스스로 생명을 포기하고 있다. 일가족 집단자살–, 청소년들 집단자살–, 불쌍한 어린 자식까지 죽이고–, 지금 우리는 솟아나기 어려운 구조적 절망 속으로 추락해가고 있다.

이 위기상황(危機狀況)

이 절망적 동포적 위기상황–,

'우리가 이러다가 제2의 아프간이 되지 않을까?'

안팎에서 들리는 이 절박한 우려–,

더 큰 고통과 불안으로 몰아가고 있는 이 동포적 위기상황–,

지금 우리 불교는 어디 있는가?

2천 년 민족사의 정신적 동력이 되어 온 우리 불교-,

지금 어디서 무엇하고 있는가?

이렇게 분열하고 싸우고 있는 동포들 앞에서 우리 불교-,

지금 어디서 무엇하고 있는가?

이렇게 자포자기하고 지쳐서 절망의 구렁텅이로 떨어져가는 우리 청년들, 우리 여성들, 우리 노년들, 우리 장애인들, 우리 아이들, 우리 탈락자들 앞에서 우리 불교-, 왜 한마디 따뜻한 위로의 말도 건네지 못하고 있는가?

왜 한줄기 희망의 빛도 비추지 못하고 있는가? 왜 그들의 의지처가 되지 못하고 있는가? 왜 그들의 손 잡아주지 못하고 있는가?

'마음' '진여(眞如)' '본래부처'-,

이 고귀한 법들 지금 어디 있는가?

'법신(法身)' '우주진리' '불멸의 도리'-,

이 고귀한 법들 지금 어디 있는가?

'연기' '중도' '반야' '공(空)'-,

이 고귀한 법들 지금 어디 있는가?

'본래청정이다' '본래 깨달아 있다' '본래 원만구족이다'-,

이 고귀한 법들 지금 어디 있는가?

'본래 어둠 없다' '본래 죽음 없다' '본래 괴로움 없다'-,

이 고귀한 법들 지금 어디 있는가?

'보현행원이다' '보살원력이다' '중생제도다' '정토장엄이다'-,

이 고귀한 법들 지금 어디 있는가?

'견성성불이다' '한소식이다' '돈오돈수다'-,

이 고귀한 법들 지금 어디 있는가?

왜 이 고귀한 법들이 다 죽어있는가?

왜 이 고귀한 법들이 화려한 명칭, 개념만 남아있고 아무 생명력이
없는가?

'본래 부처다' '내가 부처다' '마음이 곧 부처다'-,

이 부처들-, 다 어디로 갔는가?

왜 이 고귀한 법들이 누구도 감동시키지 못하는가?

왜 이 고귀한 법들-, 누구도 귀 기울여 들으려 하지 않는가?

세상이 어두워서 그런가?

우리 동포들이 어리석어서 그런가?

우리 동포들이 못 깨달아서 그런가?

우리 동포들이 마음 못 보고 연기 못 보고 공 못 봐서 그런가?

모두 우리 동포들 탓인가?

4. '마음' '진여' '본래부처'-,
지금 우리는 이 허구적 관념주의에 빠져있다

'마음'

'일심(一心)' '한마음'

'자성(自性)' '본성(本性)' '본래청정'-,

아무리 근사하게 말해도,

안이비설신의(眼耳鼻舌身意)로 경험할 수 없는 것이라면, 이것은 허구(虛構, *fiction*)다. 잠 못 이루며 이리저리 생각하고 고뇌하는 이 일상적인 생각, 순간순간 생멸하는 이 의식(意識)을 떠나서, 이 눈앞의 생각들 떠나서, '일심(一心)'–, 어디 있는가? 경험할 수도 없고 사유(思惟)할 수도 없는 그런 '일심(一心)' '한 마음'–, 어디 있는가?

'부처' '법신(法身)'
'신(神)' '하느님' '성령(聖靈)'
'진여' '우주진리' '도리' '한소식' '말씀'
'깨달음' '견성' '성불' '아라한'–,

아무리 거룩하게 말해도,

색성향미촉법(色聲香味觸法)으로 체험할 수 없는 것이라면, 이것은 허구(虛構, *fiction*)다. 마지막 숨넘어가는 순간까지 작고 비참한 사람들 찾아서 피땀 흘리며 목말라 하며 걷고 걷는 저 삶을 떠나서, '부처'–, 어디 있는가? '법신(法身)'–, 어디 있는가? '신(神)' '하느님'–, 어디 있는가?

지금 여기서 삶의 현장에서, 사회현장에서

나누고 섬기면서 치열하게 삶아가는 이 진실한 삶의 현장을 떠나서, '진여' '진리' '천지만물에 보변(普遍)하는 우주적 진리'–, 어디 있는가? 눈앞에서 사람 사는 도리 보고, 따뜻한 미소로 먼저 다가가 인사하고, 사회적 불의(不義) 앞에 분노하고 등불 밝히고–, 이 소박한 시민적 삶을 떠나서, '깨달음' '견성'–, 어디 있는가? '성불' '아라한' '도인'–,

어디 있는가?

'마음' '진여(眞如)' '본래부처' —,
지금 우리는 허구적 관념(觀念)주의에 깊이 빠져있다.
'마음' '마음' '공' '공' 하면서 아직도 붓다의 빛으로 들어오지 못하고,
불지견(佛知見)으로 들어오지 못하고, 어둔 자아의식(自我意識)에 깊
이 간혀있다.

'diṭṭha dhamma —,
눈에 보이고
즉시로 애착을 소멸하고
고통 고뇌 없는 평온으로 인도하고'—,

지금 여기서 눈앞에서 볼 수 있는 상황(狀況)들—, 사실(事實)들—,
현장(現場)들—, 이 명백한 붓다의 지견(佛知見) 망각하고, 눈에 보이
지 아니 하는 무엇인가를 찾아서, 초월적 절대적 우주적인 것을 찾아
서, 허구적 관념으로 내달리고 있다. 그러면서도 그것이 범아일여(梵
我一如)의 어리석은 그림자라는 사실조차 깨닫지 못하고 있다. 그것이
본질적으로 '나의 것이다' '내 잘났다'라는 어둔 자아의식의 그림자라
는 사실조차 깨닫지 못하고 있다. 아무리 외쳐도 듣지 않는다.

'마음' '한마음' '진여(眞如)'
'본래부처' '모두 부처' '나도 부처'
'연기' '무아' '반야' '공'
'깨달음' '견성' '성불' '아라한'—,

우리는 아직도 이렇게 '나(自我)'를 붙잡고 있다.
'나(自我)' '내가 있다' '영원한 내가 있다'—,
이 어둔 허구적 관념(觀念)주의에 깊이 사로잡혀 있다.

'자아(自我)'라는 관념주의—,
'무아(無我)'라는 관념주의—,
'부처'라는 관념주의—,

이 허망한 허구(虛構, fiction)에 깊이 사로잡혀 있다.
불교공부 하는 방법이 근본적으로 잘 못돼 있는 것이다.

위빳사나—, 사마타—, 화두참구—,
반야심경—, 금강경—, 화엄경—, 초기경전—,

눈앞의 사실(事實)로 하지 못하고
눈감고 눈뜨고 앉아서 관념으로 생각으로 하고 있다.
마음 비우는 것으로 하지 못하고, 뭘 보겠다고 집착으로 하고 있다.
삶으로—, 걷고 걷는 피땀으로 하지 못하고,
용어(用語) 개념 분석하며 머리 굴리는 것으로 하고 있다.
이것은 불교 아니다, 붓다의 길 아니다.
위대한 선인 삥기야(Piṅgiya) 등 열여섯 명의 개척자들이 몸바쳐 생
애를 걸고 하는 불교 아니다. 붓다의 길 아니다.

제4강

'지금 여기서,
눈앞의 현실(現實)에서 닦고 깨달아라'

●
●

"배고픔은 으뜸가는 질병

어둔 의식(意識)들로 생겨난 것들은 으뜸가는 고통

이 사실들 있는 그대로 관찰하면

열반-, 으뜸가는 행복을 얻는다."

– 담마빠다 / 법구경 203 게송 – [12]

[붓다의 현장] [13]

〔실참실수(實參實修)〕

[입체낭독 ; 「알라위(Ālavī)의 배고픈 농부 이야기」]

(목탁 / 죽비–)

---

12) Dhp. 203 ; 거해 스님 역, 『법구경』 2권 p.55. ; 전재성 역, 『법구경 – 담마파다』
 pp.532-533.
13) 거해 스님 역, 『법구경』 2권 pp.53-55. ; 전재성 역, 『법구경 – 담마파다』 pp.532-533.

① 붓다께서 사왓티(Savatthi, 舍衛城) 제따숲에 계실 때, 멀리 떨어진 시골 알라위(Ālavī) 지방의 주민들이 붓다를 초대하여 가르침 받기를 원하였다. 이 초청을 듣고 붓다께서는 쾌히 승낙하고, 먼 길을 걷고 걸으며 알라위로 찾아가신다. 제자들이 붓다를 뒤따른다.

② 이 때 알라위의 한 가난한 농부가 이 소식을 들었다.
'아하―, 부처님께서 오시는구나.
부처님께서 이렇게 먼 궁벽한 알라위로 법을 설하려 오시는구나.
나도 일을 빨리 끝내고 가서 부처님 친견하고 법을 들어야지.
이런 좋은 기회가 언제 또 오려고― '

③ 붓다께서 당도하시는 날―,
알라위의 가난한 농부는 아침 일찍 일어나 농사일을 챙겼다.
공교롭게 한 마리밖에 없는 소가 밤새 달아나는 일이 벌어졌다. 농부는 도망간 소를 찾아서 아침부터 마을과 들판을 찾아 헤맸다. 한낮이 되어서야 농부는 겨우 소를 찾아서 다시 외양간에 달아나지 못하게 잘 가두었다. 그러느라 시간이 많이 흘렀고, 알라위 농부는 지치고 배가 많이 고팠다.
'아 벌써 한낮이 다 되었네― .
부처님께서 공양하시고 설법하실 시간인데―.
늦었지만 얼른 가서 부처님 뵙고 법을 한 마디라도 들어야지― '

④ 한편 붓다께서 주민들의 초청으로 마을회관에서 오전공양을 드시게 되었다. 주민들이 정성을 다하여 좋은 음식으로 공양 올린다.

마을촌장이 나아가 아뢴다.

"세존이시여, 이렇게 먼 궁벽한 시골까지 와 주셔서 저희들이 몸 둘 바를 모르겠습니다.

저희들이 정성껏 마련한 공양이오니 드시고, 저희들에게 법을 설하여 주소서."

⑤ 붓다께서 고요한 미소로 주민들의 정성에 응답하고 감사함을 표하신다.

그런데 붓다께서 공양을 드시지 않고 사띠하며 고요함에 들어계신다. 제자들도 붓다를 따라 사띠하며 고요함에 든다. 주민들도 공양할 수가 없어서 부처님을 따라서 들숨 날숨 헤아리며 고요함에 들려고 노력하였다.

⑥ 이렇게 공양물을 앞에 놓고 부처님과 주민들이 고요함에 들어서 한참이나 시간이 흘렀다. 붓다께서 공양하지 않으시니 제자들도 주민들도 공양하지 못하고 부처님 따라 고요함에 들려고 하였으나, 속으로는 허기짐을 많이 느끼고 있었다.

⑦ 이 때 알라위 농부가 도착하였다.

농부는 많이 지쳐있고 온몸이 땀으로 젖어있었다. 배고픔이 그대로 드러나 보인다. 알라위 농부는 그런 모습으로 부처님 앞에 나아가 예배 올린다.

붓다께서는 따뜻한 연민의 눈으로 같이 인사 나눈다.

"친구여, 어서 오십시오.

그대 옷이 땀으로 온통 젖어있군요."

"부처님 죄송합니다.

재가 소를 잃고 헤매다 이렇게 늦었습니다."

알라위 농부는 뜨거운 눈물을 흘린다.

지켜보는 붓다의 두 눈도 촉촉이 젖어간다.

⑧ 농부는 인사를 마치고 멀리 말석에 앉았다.

붓다께서 농부가 자리를 잡자 촌장에게 말씀하신다.

"촌장님, 남은 음식이 좀 있습니까?"

"예−, 세존이시여, 남은 음식이 있습니다."

"그러시면 막 도착한 저 농부에게도 음식을 나눠주면 좋겠습니다."

"예−, 세존이시여, 그렇게 하겠습니다."

붓다께서 공양을 드시자 제자들도 주민들도 따라서 공양을 시작하였다. 알라위의 농부도 공양을 하면서 배고픔을 면한다.

이렇게 공양이 다 끝나고 자리를 정돈하고 마을주민들은 위의를 단정히 하고 붓다의 법을 기다린다.

⑨ 마침내 붓다께서 법을 설하신다.

[합송 ; 붓다의 직언직설
"배고픔은 으뜸가는 질병"]

모두 무릎 꿇고 합장하고

붓다의 법을 합송하여 가슴 깊이 새긴다.

2번−, 3번 외우며 바로 암기한다.

(목탁 / 죽비-)

"배고픔은 으뜸가는 질병
어둔 의식(意識)들로 생겨난 것들은 으뜸가는 고통
이 사실들 있는 그대로 관찰하면
열반-, 으뜸가는 행복을 얻는다."

- 담마빠다 / 법구경 203 게송 -

⑩ 이 설법을 듣고 주민들이 큰 기쁨과 깨달음을 얻었다.

알라위 농부도 붓다의 법을 알아듣고, 이해하고, 숙고하고, 바로 그 자리서 '눈뜬 성중(聖衆)이 된다.

알라위 농부는 속으로 고요히 관찰한다.

'하아-, 그렇지, 배고픔이 고통이고 큰 병이지,

이렇게 먹고 배고픔을 면하니 얼마나 행복한가.

이것이 바로 열반이로구나,

부처님께서 설하시는 법이 이렇게 간단하고 알아듣기 쉬운 것이로구나- "

⑪ 붓다는 알라위를 떠나서 사왓티를 향하여 떠나간다.

제자들이 뒤따르면서 붓다께 고한다.

"세존이시여, 오늘 세존께서 하신 일은 일찍 없었던 일입니다.

대중들의 공양음식을 가난한 농부에게 제공하게 하셨습니다."

⑫ "내가 이 농부의 굶주린 고통을 알고 있으면서 법을 설한다면, 그 농부가 법을 통찰할 수 있겠는가?

수행승들이여, 굶주림의 고통만한 고통이 또 어디 있겠는가?"」

– 법구경 203 게송 주석서 – [14]

(대중들 박수 환호하며 농부의 기쁨과 깨달음을 공유한다)

(목탁 / 죽비–)

[합송 ; 「광명 *Sati* 일구」]

(대중들 함께 소리 높이 외친다)

(목탁 / 죽비–)

1. 거친 개척의 열정 있는가?
지금 우리에게 부처님 그리는 간절한 신앙 있는가?

1) '불교는 거친 개척의 역사다'–,
벌써 망각하였는가?

수백 리 머나먼 길을 찾으시는 붓다

수백 리 머나먼 뙤약볕 길 걷고 걸으시는 붓다와 제자 성중(聖衆)들

멀고 험한 길을 걸어 알라위(Ālavī)의 외롭고 가난한 사람들의 궁벽한 시골마을을 찾아서 법을 전하는 붓다 석가모니,

이렇게 피땀 흘리며 *Buddhist India*를 개척해 가시는 붓다와 초기 대중들,

이렇게 목숨 걸고 생애를 걸고 걷고 걸으면서 작고 외로운 동포들에

---

14) 거해 스님 역, 『법구경』 2권 pp.53-55. ; 전재성 역, 『법구경–담마파다』 pp.532-533.

게 법을 전하여 눈뜨게 하고 고통의 어둠 속에서 살려내시는 붓다와
초기대중들,

저 모습 지켜보면서, 저 거친 개척의 길 지켜보면서,
한없는 부끄러움으로 고개를 들 수 없다.
지금 우리는 어떻게 불교 하고 있는가?
우리 선대(先代)들은 저렇게 목숨 걸고 생애를 바쳐서
붓다의 길 개척하고 불교 하였는데,
지금 이 땅의 불교도들은 어떻게 불교 하고 있는가?
불교가 거친 도전과 개척의 역사라는 것-,
피땀 흘리며 생애를 바쳐 험한 길 열어가는
거친 도전과 개척의 역사라는 것-, 이 분명한 역사적 사실.
기억이라도 하고 있는가?

'개척' '개척' 하니까, '개척빠리사' '개척빠리사 운동' 하니까, 다른 종
교 흉내 내는 것이라고 우습게 여기고 있는 것은 아닌가? 경전공부
하고, 명상 하는 것으로 부처님 법 찾는 것이라고 착각하고 있는 것은
아닌가? 그것으로 깨닫고 한소식 하겠다고 천만 착각하고 있는 것은
아닌가?
왜 우리 시대 진실로 눈뜨고 깨닫는 성중(聖衆)들이 보이지 않는가?
왜 우리 시대 불교가 제어장치 풀린 자동차처럼 불교 아닌 것으로
치닫고 있는가?
정신 차리고 주변을 돌아본다. 불교 하는 도반들 모습-, 나 자신을
먼저 돌아본다.

2) 굶주림 무릅쓰고 부처님 찾는 알라위 농부-, 지금 우리에게 이런 신앙 있는가?

알라위(Ālavī) 농부,

가난하지만 열심히 살고 있는 알라위 농부,

굶주림을 무릅쓰고 부처님 친견하겠다고, 붓다의 법을 듣겠다고 일편단심 달려오는 알라위의 농부,

부처님을 뵙고 감격하며 눈물 흘리며 예배 올리는 알라위의 농부-,

저 모습 지켜보면서, 저 가난한 농부의 간절함을 지켜보면서,

한없는 부끄러움으로 고개를 들 수 없다.

지금 우리는 어떻게 불교 하고 있는가?

지금 우리는 부처님 찾고 있는가?

이 몸 바치는 간절한 신앙으로 부처님 찾고 있는가?

생애를 거는 불퇴전의 열정으로 부처님 법 경청하고 있는가?

부처님의 피땀이 어린-, 체온이 스며있는 직언직설(直言直說) 들으려고 고통을 무릅쓰고 찾고 있는가?

경전공부 하고, 명상 하는 것으로 부처님 법 찾는 것이라고 착각하고 있는 것은 아닌가? 그것으로 깨닫고 한소식 하겠다고 천만 착각하고 있는 것은 아닌가?

왜 우리 시대 진실로 눈뜨고 깨닫는 성중(聖衆)들이 보이지 않는가?

왜 우리 시대 불교가 제어장치 풀린 자동차처럼 불교 아닌 것으로 치닫고 있는가?

정신 차리고 주변을 돌아본다.

불교 하는 도반들 모습-, 나 자신을 먼저 돌아본다.

2. 왜 붓다는 '눈앞의 사실만 보라' 하는가?

1) '한 그릇의 밥' –,
　　　　배고픈 자에게는 이것이 바로 해탈 열반이다

[합송 ; 붓다의 직언직설(直言直說)
**　　　"배고픔은 으뜸가는 질병"]**

"배고픔은 으뜸가는 질병,

어둔 의식(意識)들로 생겨난 것들은 으뜸가는 고통,

이 사실들 있는 그대로 관찰하면

열반–, 으뜸가는 행복을 얻는다."

– 담마빠다 / 법구경 203 게송 –

이 법을 들으면서 전율을 느낀다.

이 법을 설하시는 부처님–,

이 법을 듣고 눈뜨는 알라위 농부와 주민들–,

저 장엄한 광경 지켜보면서 찬란한 해탈구원의 빛을 본다.

"배고픔은 으뜸가는 질병"

이 한 마디–,

번쩍 섬광이 스쳐간다.

정신이 확 든다, 깊은 잠에서 깨어난다.

'하아–, 그렇지,

바로 이것이 붓다의 법이지,

바로 이것이 사람들 살려내는 찬란한 해탈구원의 법등이지- '

열반-, 무엇인가? 해탈 열반-, 무엇인가?
우리 불교도가 몸 바쳐 추구하는 해탈 열반-, 무엇인가?
경전 속에 있는가? 명상 삼매 속에 있는가?
연기 속에 있는가? 공(空) 속에 있는가? '본래부처' 속에 있는가?

바로 이 눈앞에 있다.
바로 이 눈앞의 법-, 눈앞의 사실에 있다.
배고픈 자에게 한 그릇이 밥이 곧 열반이다.
한 그릇의 밥-, 더 이상 없다.
이것 말고 또 해탈 열반 설명하고 찾으려고 들면 무간지옥이다.

[합송 ; 붓다의 직언직설(直言直說)
"굶주림만한 고통 없다"]

"내가 이 농부의 굶주린 고통을 알고 있으면서 법을 설한다면,
그 농부가 법을 통찰할 수 있겠는가?
수행승들이여, 굶주림의 고통만한 고통이 또 어디 있겠는가?"

하아-, 부처님은 이래서 부처님이시다.
부처님은 이렇게 철저하게 눈앞의 사실에서 해탈 구원의 문을 여신다.
눈앞의 사실-, 몸에 부딪치는 고통-, 우리 삶에 직접으로 고통이
되고 위험이 되는 사회적 갈등, 진영 논리, 패싸움, 폭력, 외로운 사람

들, 고독사 하는 사람들-, 이 눈앞의 현실 사실에서 해탈 구원의 길을 여신다. 붓다는 이런 동포들의 고통과 슬픔을 누구보다 더 잘 알고 이해하고 공감하고 눈물 흘리신다.

그래서 붓다-, 세존-, 부처님이시다. 오늘날의 수행자들-, 도인들-, 선사(禪師)들-, 크신 분들-, 이 민중들 동포들의 눈앞의 고통-, 얼마나 알까? 얼마나 눈물 흘릴까? 무슨 마음 찾고 한마음 찾고 부처 찾고-, 갖가지 문제로 괴로워하는 동포들에게, '깨달음' '견성' '한소식' '해탈 열반' '성불' '명상' '참선' '위빳사나' '금강경' '법화경'-, 무슨 의미가 있을까?

지금 우리는 얼마나 잘못 돼 있는가?

지금 우리는 얼마나 불교 아닌 것을 하면서도 깨닫지 못하고 있는가?

2) 왜 붓다는 '눈앞의 사실만 보라' 하는가?

과거 현재 미래-,

삼세(三世)에 걸쳐 수많은 상황(狀況)들-, 사실(事實)들-, 법들이 생겨나고 소멸한다. 여기 저기-, 도처에서, 시방(十方)에서 수없이 많은 법들이 생겨나고 소멸한다. 실로 시방삼세(十方三世) 일체제법(一切諸法)들이 생겨나고 소멸한다. 그러나 붓다께서 문제 삼으시는 법(法, dhamma)은 dittha-dhamma / 딧타담마-, 현법(現法)들이다. '현재 일어나는 법들-, 상황들-, 사실들'이다. 곧 지금 여기서 우리 눈앞에서 볼 수 있는 상황들-, 사실들이다.

지나간 법들-,

오지 않은 법들-,

보이지 않는 법들-,

붓다께서는 이런 법들 문제 삼지 않으신다.
이런 지난 법들-, 과거의 사실들 문제 삼지 않으신다.
이런 오지 않은 법들-, 미래의 사실들 문제 삼지 않으신다.
이런 보이지 않는 법들-, 눈 밖의 사실들 문제 삼지 않으신다.

왜? 무엇 때문일까?
왜 붓께서는 이런 법들 문제 삼지 않으시는가?

지나간 상황(狀況)들-, 사실(事實)들-,
아직 오지 않은 상황들-, 사실들-,
지금 여기서 바로 볼 수 없는 법들-,

이런 법들은 지금 우리들의 문제 해결에 빛이 되지 못하기 때문이다.
이런 법들은 지금 우리들의 문제들을 해결하는 데 아무 이익이 되지 않기 때문이다. 이런 과거의 법들은 지금 우리들의 문제들-, 고통·갈등·좌절·폭력들-, 절박한 우리 시대의 문제들 해결하는 데 아무 도움이 되지 않기 때문이다.

지나긴 사실 들추어서 저 농부의 굶주림 해결할 수 있겠는가? 미래의 청사진들 근사하게 늘어놓아서-, 눈에 보이지 않는 천국 약속해서, 우주진리 찾아내서-, 외롭게 죽어가는 동포들 구원이 되겠는가?

어릴 때 어머니를 여읜 아픈 고독의 병도 병원 의사들은 치료하지 않는다. 다만 그 과거의 트라우마가 현재진행의 병적 증상으로 나타날 때만 치료의 대상이 된다.

기쁨도 슬픔도-, 즐거움도 괴로움도-, 지금 여기서 사실로 나타날 때 비로소 의미를 지닌다.

모든 문제가 현재진행이다. 모든 고통과 갈등도 현재진행이다. 죽음 조차도 현재진행의 문제다.

이 현재 속에 실로 시방삼세가 다 온축(蘊蓄)되어 있다. 눈앞의 현재법을 여실히 관찰할 때, 실로 시방삼세 제망찰해의 법을 다 보는 것이다.

3. 불교 하는 패턴(*pattern*)을 확 바꿔라, 눈앞의 문제들 온몸으로 부딪쳐라

1) 교리 공부, 경전 공부-, *Buddha-study*로 바꿔라. 명상 위빳사나 참선-, *Sati*로 확 바꿔라.

'법(法), *dhamma* / 담마, *diṭṭha dhamma* / 딧타담마-,

현법(現法)-, 현금법(現今法)-,

눈앞의 *fact*-, 눈앞에 보이는 사실들

눈앞의 경험적 사실들'-,

이것은 이렇게 준엄한 것이다.

현재진행의 급박한 상황들-, 사실들이다.

절박한 현재의 문제-, 현재상황이다. 눈감고 눈뜨고 앉아서 명상하고 찾을 겨를이 없다. 교리 공부 하고 경전 공부 하고 앉아서 논할 겨를이 없다. 명상하고 위빳사나 하고 참선할 겨를이 없다. 찰나의 유예(猶豫)도 없는 것이다. 한 찰나에 수많은 사람들이 죽어간다. 폭력으로 전쟁으로 자살로 죽어간다.

지금 우리가 하고 있는 이런 교리 공부, 경전 공부, 명상 수행-, 이런 방법들이 붓다의 길 아니다. 붓다의 법 아니다. 미련 없이 버려라. 버리고 새 방법으로 살려내라.

불교하는 법-, 낡은 패턴(pattern)-, 낡은 판 버리고, 크게 버리고, 새 패턴으로, 새 판으로 확 바꿔라. 그래야 살아난다. 붓다의 법이 살아나고, 우리 동포들 살아나고-, 그래야 우리 가족들 살아나고 내가 살아난다.

우리 인생 한번 신나게 멋지게 살 수 있다.

불교가 이거 하자는 거지, 뭐가 또 있는가?

① 교리공부 경전공부는 '*Buddha-study*'로 확 바꿔라.

'붓다의 생애-, 피땀으로 얼룩진 붓다의 삶'과 붓다의 체온이 실린 '붓다의 직언직설'을 공부하는 '*Buddha-study*-, 부처님 공부'로 과감하게 새 패턴으로 전환할 것이다.

기독교·이슬람교는 처음부터 끝까지 성경공부 코란공부 뿐이다.

그리고 성경 코란은 철저하게 그들 창시자의 피땀 어린 삶-, 역사적인 삶(신화적으로 과장되고 창작된 부분까지 포함해서)과 말씀이 중심이다. 천 년, 2천 년 지나도 이 근본이 바뀌지 않는다. 그들은 언제나 어디서나 한결같이 이 삶과 말씀을 배우고 배우고 끝없이 배운다. 그래서 그 힘으로-, 신념의 힘-, 신앙의 힘으로 세계를 지배하고 있다. 선(善)으로도 지배하고 악(惡)으로도 지배한다.

그 선(善)은 공유하고, 그 악(惡)은 맞서 싸워서 극복해내는 것이 불교의 사명이다. 인류가 기대하는 불교의 세계사적 역할이다.

그런데 불교도는 우리 창시자 붓다 석가모니를 배우지 아니 한다.

목말라 하며 동포들 찾아 걷고 걷는 붓다의 대비고행(大悲苦行) 배우지 아니 하고, 숨결이 살아있는 직언직설 배우지 아니 하고, 망각하고, 금강경 법화경 반야심경 잡고 앉아있다. 이 경전들 백 년 천 년 들고 앉아봤자 아무 힘도 없다. 아무리 해석하고 대단하게 강의해도 거기에서 힘이 생겨나지 않는다. 금강경 사구게 아무리 외쳐봤자 거기서 이 세상 바꿀 힘이 생겨나지 않는다. 조그마한 지적(知的) 만족−, 자기도취뿐이다.

왜? 무엇 때문인가? 이 경전들−, 대부분의 대승경전들은 붓다의 피땀 어린 역사적인 삶과 가슴에서 울어나는 직언직설을 담고 있지 않기 때문이다. 그냥 말로 생각으로 하는 고매한 사상들일 뿐이다. 눈앞에 보이는 경험적 사실(事實)−, 역사적 사실에 근거하지 아니 하는 사상 교리는 그냥 말이고 생각일 뿐이다. 화려한 관념일 뿐, 생명력이 없다. 사람들을 감동시키지 못하고 사람들의 삶과 이 험한 인류역사를 바꾸지 못한다. 강인한 생명력은 역사적 경험을 통해서−, 역사적 사실을 통해서−, 역사적 도전을 극복하려는 피땀 어린 투쟁을 통해서 피땀으로 체득되는 것이다. 법력(法力)−, 피땀으로 체득되는 것이다. 한소식해서 나오는 것 아니다.

'*Buddha-study*'−,

새 패턴으로 전환할 때, 비로소 힘이 생겨난다.

붓다의 피땀 어린 삶과 직언직설을 전제할 때, 그 기초 위에 설 때, 금강경 법화경도 반야심경도 불설(佛說)로서 빛을 발한다. '무엇이 불설인가? 무엇이 비불설(非佛說)인가?'-, 이것은 무의미한 낡은 논쟁이다. 이미 시효가 지난 낡은 논쟁이다. 붓다 석가모니의 목말라 하는 대비고행(大悲苦行)의 삶이 있으면 불설이고, 이것 없으면 비불설이다. 붓다의 간절한 직언직설(直言直說)이 살아 있으면 불설이고, 이것 없으면 비불설이다. 아무리 화엄법계를 거창하게 늘어놔도, 이것 없으면 불설(佛說) 아니다. 공허한 관념-, 허구적 관념일 뿐이다.

② **명상 위빳사나 참선은 붓다의 *Sati*로 확 바꿔라.**

본래 *Sati* 아닌가. *Sati* 말고 불교에 무슨 명상법이 있었던가?

명상 위빳사나 참선-, 복잡한 기교와 신비적 초월적 체험을 벗어버리고, 단순 명료한 붓다의 *Sati*로, 사념처의 새 패턴으로, 아니 본래 패턴으로 전환할 것이다. 지금 여기 우리들 눈앞의 사실들-, 현실들-, 동포들의 고통-, 한 농부의 굶주림을 화두로 삼아 꿰뚫어 있는 그대로 관찰할 것이다. 그리고 우리 빠리사에 둘러앉아 토론하고 공감할 것이다. 홀로 고요히 우주진리 체험하려는 숲속 명상가들의 선정-독각주의 - 범아일여의 낡은 꿈 이제 깨어날 것이다.

그것은 붓다께서 버리고 떠난 것이다. 그것은 불교 아니다.

2) 온몸으로 부딪쳐라,
싸워서 이겨서 극복해내라

'법(法)

dhamma / 담마

diṭṭha dhamma / 딧타담마

눈앞에 보이는-, 볼 수 있는 사실(事實)들' -,

③ 지금 여기서 부딪쳐서 싸워서 극복해내라.

동포들이 직면한 눈앞의 사실들-, 사회적 고통과 갈등 불의(不義) 진영논리-, 부딪쳐서 싸울 것이다. 무서운 항마(降魔)정신으로, 악마와 싸워서 항복받는 항마의 용기로 이겨서 극복해낼 것이다. 이것이 불교하는 최선의 방법론이다. 이것 없으면, 이것 하지 아니하면, 'Buddha-study'-, 아니다. 이렇게 부딪쳐서 극복해내지 아니 하면, 불교의 모든 수행법들-, 실로 수행 아니다. 헛놀음-, 백일몽(白日夢)이다.

싸워서 이기기 위해서 가장 먼저 대면(對面) Sati로 나갈 것이다.
선법은 선법대로, 불선법은 불선법대로, 지금 여기서 대면 Sati 하지 않으면 안 된다. 지금 여기서 알아차리고, 지금 여기서 수행하지 않으면 안 된다. 지금 여기서 깨닫고, 지금 여기서 해탈 열반해 내지 않으면 안 된다. 굶주린 동포들에게 함께 밥을 나누고, 병든 동포들에게 따뜻한 친구가 되고, 외로운 독거노인들에게 아들이 되고, 딸이 되고 -, 이렇게 온몸으로 부딪쳐 극복해낼 것이다. 언제 죽음의 마라(Māra, 惡魔, 死魔)가 덤빌지 모른다. 언제 죽음의 홍수(洪水, 暴流, ogha / 오가)가 덮쳐올지 모른다. 급하고 급하다.

붓다께서 경책하신다.

[합송]

위의를 단정히 하고
모두 일어나 멀리 서천축(西天竺)
기원정사 향하여 삼배 올리고 귀의하고
허리 곧게 펴고 앉아 우렁차게 합송한다.

마음 깊이 가슴 깊이 새기고 새긴다.

(목탁 / 죽비—)

"과거를 되새기지 말고
미래를 바라지도 말라.
과거는 이미 사라졌고
미래는 아직 오지 않았다.

현재 일어나는 법(*diṭṭha dhamma*, 現法)을
지금 바로 여기서 관찰하라.
정복되지 않고 흔들리지 않고
그 법을 알고 수행하라. …"

— 맛지마니까야 131「한 밤의 탁월한 해탈자의 경」—

4. 이 현장으로 달려 나오라, 죽자 살자 부딪쳐라, 불교의 대전환—, 우리 인생의 대전환이다

"현재 일어나는 법(*diṭṭha dhamma*, 現法)을
지금 바로 여기서 관찰하라.
정복되지 않고 흔들리지 않고
그 법을 알고 수행하라. …"

— 맛지마니까야 131「한 밤의 탁월한 해탈자의 경」—

2천7백 년 시공(時空)을 넘어

지금 우리 귓가에 뇌성(雷聲)처럼 울려 퍼지는 붓다의 직언직설,

달려 나오라.
이제 달려 나오라.
붓다께서 피땀 흘리며 멀고 험한 길 걷고 걸으며 달려가시듯,
이제 '마음' '깨달음' 박차고 이 현장으로 달려 나오라.
아니-, 이 현장에서 '마음' '깨달음' 찾아라.
그래야 참으로 볼 수 있고 찾을 수 있다.

죽자 살자 허덕이는 우리 삶의 현장-,
단돈 만원에 목숨 거는 우리들 생존의 현장-,
'명상' '경전' 박차고 이 생존의 현장으로 달려 나오라.
달려 나와서 온몸으로 죽자 살자 부딪쳐라.
아니-, 이 현장에서 부딪치며 명상하고 경전 읽어라.
그래야 참으로 볼 수 있고 찾을 수 있다.

온몸으로-, 온 삶으로-, 온 생애로-,
죽자 살자 부딪치며 마주서라.
많은 사람들의 문제-, 문제상황들-,
절박한 삶의 현실(現實)들-, 사회적 불의(不義)들-,
온몸으로-, 온 삶으로-, 온 생애로 죽자 살자 부딪치며 마주서라.
붓다 석가모니께서 증오와 폭력, 전쟁의 공포와 마주서시듯,
빈곤 질병 차별 고통 갈등 공포 죽음과 마주서시듯,
이제 우리도 온몸으로 온 삶으로 온 생애로-, 죽자 살자 부딪치며

마주설 것 이다. 마주서 부딪치며 싸워서 이기고 극복하고 빛을 발할 것이다.

이 삶의 현장-,

이 절박한 고통의 현장-,

이 두려운 죽음의 현장-,

온몸으로 온 삶으로 온 생애로 부딪치며 죽자 살자 마주서는 이 현장-,

여기가 바로 도량이다.

여기가 바로 마음 찾는 도량이다.

여기가 바로 생사해탈 도량이다.

여기가 바로 깨달음 견성 도량이다.

여기가 바로 정각(正覺)-원각도량(圓覺道場)이다.

해인사 장경각(海印寺藏經閣)-, 이런 주련(柱聯)이 걸려있다.

圓覺道場何處(원각도량하처)

現今生死卽是(현금생사즉시)

깨달음의 도량 어디인가?

죽자 살자 허덕이는 지금 여기라네.

제5장

[대전환 3 ; *dhammaṭṭhiti-ñāṅa* / 담마티띠-냐나]

'사실(事實)의 지혜'로
'반야(般若)의 허상(虛像)' 깨고 나오라

[붓다의 현장]

〔실참실수(實參實修)〕

[입체낭독 ; 「붓다와 비구 수시마(Susima)의 대화」]

위의(威儀)를 단정히 하고,

허리 곧게 펴고, 들숨 날숨 헤아리며

'무상사띠 일구' 외운다.

(죽비 / 목탁 3타-)

[무상(無常) *Sati* 일구]

「들숨 날숨- 하나- ,

'제행무상 제행무상'-

'마음이 허공처럼 텅- 비어간다.」 - (三念)」

(마치고-, 목탁 / 죽비-)

[입체낭독]

"먼저 사실의 지혜가 있고,

　　　　다음에 열반의 지혜가 있느니라."

「① 한때 세존께서 라자가하의 대나무 숲의 다람쥐 보호구역에 머무셨다.

그때 수시마(Susima)라는 한 유행자(遊行者)가 비구 빠리사에 찾아와 여러 비구들의 권유로 출가하기로 작정하고 아난다 존자에게 다가갔다.

"도반 아난다여, 나는 이 법과 율에서 청정함을 얻고자 합니다."

② 아난다 비구는 유행자 수시마를 세존 앞으로 데리고 가서 출가를 허락 받았다.

수시마 비구는 여러 비구들과 해탈의 지혜에 관하여 문답을 나누었으나 만족하지 못하고 세존께 찾아갔다. 수시마 비구는 세존께 절을 올리고 한 곁에 앉아 비구들과 나눈 대화의 내용을 모두 세존께 고하였다.

③ [붓 다] "수시마여, 먼저 '사실(事實)의 지혜'가 있고, 다음에 '열반(涅槃)의 지혜가 있느니라."

④ [수시마] "세존이시여, 저는 세존께서 간략하게 말씀하신 뜻을 자세히 알지 못합니다. 세존이시여, 제게 상세히 설해주시면 감사하겠습니다."

"이 몸은 영원한가, 무상(無常)한가?"
⑤ [붓 다] "수시마여, 이것을 어떻게 생각하는가?
몸(色, 物質)은 영원한 것인가, 무상(無常)한 것인가?"
[수시마] "세존이시여, 형상은 무상한 것입니다."
[붓 다] "수시마여, 무상한 것은 괴로움인가, 즐거움인가?"
[수시마] "세존이시여, 무상한 것은 괴로움입니다."

⑥ [붓 다] "수시마여, 무상하고 괴로운 것이고 변하기 마련인 것을 두고, '이 것은 내 것이다' '이것은 나다' '이것은 나의 자아(自我, 영원한 실체, 필자 주)다'라고 관찰하는 것이 올바른 것인가?"

[수시마] "세존이시여, 그렇지 않습니다."

(느낌(受)·인식(想)·조작함(行)·알음알이(識) …)

"이것은 내 것이 아니고, 내가 아니며, 나의 자아(自我)가 아니다"

⑦ [붓다] "수시마여, 그런 까닭에 그것이 어떤 몸(色)이건, 과거의 것이 건 미래의 것이건 현재의 것이건, 안의 것이건 밖의 것이건, 거친 것이건 미 세한 것이건, 저열한 것이건 뛰어난 것이건, 멀리 있는 것이건 가까이 있는 것이건, 이렇게 있는 그대로 바른 관찰지(觀察智, 智慧)로 보아야 한다.

'이것은 내 것이 아니다.'

'이것은 내가 아니다.'

'이것은 나의 자아(自我, 영원한 실체, 필자 주)가 아니다.'

⑧ 수시마여, 이와 같이 관찰하는 잘 배운 성스러운 제자는 형상(色)에 대해서 싫어하고, 느낌(受) … 알음알이(識)에 대해서도 싫어한다. 싫어하면 욕심이 사그라들고, 욕심이 사그라들기 때문에 해탈한다. 해탈하면 해탈했다는 지혜 가 생겨나서 이렇게 꿰뚫어 안다.

⑨ '태어남은 다했다. 청정범행(淸淨梵行)은 확립되었다.

할 일을 다해 마쳤다.

다시는 후생의 몸(後身)으로 돌아오지 않을 것이다.' "」

― 상윳따니까야 12, 70 「수시마 경 / *Susima-sutta*」 간추림 ― [1]

1) S Ⅱ, pp.119-126. ; 각묵 스님 역, 『상윳따니까야』 2권 pp.349-350.

제1강

dhammaṭṭhiti-ñāṇa / 담마티띠-냐나-, '눈앞의 사실' 보는 것이 '사실(事實)의 지혜'다

•
•

> "수시마여,
> 먼저 '사실(事實)의 지혜'가 있고,
> 다음에 '열반(涅槃)의 지혜'가 있느니라."
>
> ― 상윳따니까야 12, 70 「수시마 경」/ *Susima-sutta* ― [2]

1. 놀라운 발견 ―, '사실(事實)의 지혜'가 '열반의 지혜'에 앞선다

[합송]

허리 곧게 펴고
합송하며 가슴 깊이 새긴다.

---

2) S Ⅱ, p.124. ; 각묵 스님 역, 『상윳따니까야』 2권 p.347.

"수시마여,

먼저 '사실(事實)의 지혜'가 있고,

다음에 '열반(涅槃)의 지혜가 있느니라."

— 상윳따니까야 12, 70 「수시마 경」 / Susima -sutta —

두 번-, 세 번-,

각자 외우며 깊이 새긴다.

놀라운 발견이다.

이것은 참으로 놀라운 발견이다.

붓다와 수시마(Susima) 비구와의 문답을 통하여,

오늘 우리는 지금까지 들어보지 못했던 귀중한 직언직절(直言直說)

을 듣고 있다.

[외우기]

'사실(事實)의 지혜

dhammaṭṭhiti-ñāṇa / 담마티띠-냐냐'3)-, (三念)

---

3) S Ⅱ, p;124. ; 각묵 스님 역, 『상윳따니까야』 2권 p.347. ; 전재성 역, 『쌍윳따니까야』
2권 p.347. _dhammaṭṭhiti-ñāṇa_는 '법(dhamma, 法)의 머무름(ṭṭhiti, 住)에 관한 지혜
(ñāṇa)' '법의 머무름에 관한 지혜(法住智)'를 말하는데, 법의 머무름이란 것은 모든
법이 무상(無常)하게 변하고 괴로움(苦)을 가져오고 '나의 것' '나의 영원한 자아'라고
할 수 없는(無我) 현상으로 생겨나고 머물고 사라져가는 상황을 일컫는 것이다. '모든
법의 속성(屬性)' '모든 법의 보편적 속성'이라고 할 수 있다. 이러한 법의 속성을
관찰하는 지혜가 '법의 머무름의 지혜(_dhammaṭṭhiti-ñāṇa_)'인데, 이것을 각묵 스님은
'법의 조건의 지혜'로, 전재성 박사는 '사실(事實)의 지혜'로 옮기고 있다. PTS 영역본
에서는 '_the law of cause and effect_'-, '인과법(因果法)'으로 옮기고 있다.(PTS, _The
Book of The Kindred Saying_ 2, p.88) 무상(無常)-고(苦)-무아(無我)는 모든 법이

이 용어를 원어와 함께 큰 소리로 세 번 읽으면서
분명하게 기억한다.

2. '지혜(智慧)' '반야(*paññā* / 般若)' - ,
'사실(事實)'의 지혜가 먼저다.

'지혜(智慧)'

'반야(*paññā* / 般若)'

'반야바라밀(*paññā-pāramitā* / 般若波羅蜜)' - ,

지금까지 우리는 이런 법어들을 대개 해탈 열반과 관련해서 써오고
있다. '지혜(智慧)'는 번뇌의 어둠을 파하고 해탈 열반의 경지로 나가는
'지혜의 빛' '지혜의 광명' - , 이런 뜻으로 많이 써오고 있다. 해탈 열반
의 법을 보는 '법안(法眼, *dhamma-cakkhu* / 담마착쿠)', 우주진리를 통
찰하는 '지혜의 눈(慧眼)' - , 이런 뜻으로 많이 써오고 있다.

붓다께서도 자신의 정각(正覺, *Sambodhi* / 삼보리)을 이렇게 표현하
고 있다.

"눈이 생겨났다.

지니는 눈앞의 분명한 사실이기 때문에, 이 눈앞의 사실(事實)들을 관찰하는 것이
해탈 열반의 전제조건이기 때문에, '법의 머무름의 지혜(*dhammaṭṭhiti-ñāṇa*)'를 우리
는 '사실(事實)'의 지혜'라고 옮긴다. 붓다께서 '사실(事實)'의 지혜가 열반의 지혜에
앞선다'하시는 것도 '법의 머무름에 관한 지혜가 열반의 지혜에 앞선다' - , 이런 뜻으로
이해한다.

지혜(智)가 생겨났다.

통찰지혜(慧)가 생겨났다.

밝음(明) 생겨났다.

빛(光)이 생겨났다."

- 상윳따니까야 55, 11 「전법륜경」 9 - [4]

'지혜, 눈 빛 광명'-,

이렇게 '지혜' '반야'는 눈으로, 빛으로, 해탈 열반의 찬란한 광명으로 칭송돼온 것이다. '깨달음의 지혜'로, '해탈 열반의 지혜'로, '광명 지혜'로 칭송돼온 것이다. 그래서 지금도 많은 사람들이 '지혜의 빛'을 찾아서, '지혜' '지혜'하고 '반야' '반야' 하면서 찾고 있다. 십 년 이십 년 인생을 바쳐서 찾고 있다. '반야바라밀' '마하반야바라밀' 염송하면서 뭔가 대단한 빛을 찾고 있다.

그런데 지금 붓다께서는 수시마(Susima) 비구에게 이렇게 설하고 있다.

"수시마여, 먼저 '사실(事實)의 지혜'가 있고,

다음에 '열반(涅槃)의 지혜가 있느니라."

- 상윳따니까야 12, 70 「수시마 경」 / Susima-sutta -

'사실의 지혜'란 용어도 놀랍거니와, '사실의 지혜가 먼저다'-, 이 법구는 참으로 놀라운 발견이다. '사실의 지혜'가 '광명찬란한 열반의 지

---

4) S V. p.422 ; 긱묵 스님 역, 『상윳따니까야』 6권 p.387.

혜에 앞선다'는 말씀은 신선한 충격이 아닐 수 없다.

오늘 우리는 새로운 법문의 지평을 열고 있다.

거의 듣지 못했던, 거의 무시돼온 새로운 법의 세계를 열어가고 있다.

우리 빠리사들의 *Buddha-study*가 참으로 놀라운 새로운 법의 세계를 개척해가고 있는 것이다.

3. '무상(無常) – 고(苦) – 무아(無我)' –, '사실(事實)의 지혜'는 이 사실을 보는 지혜다

'사실의 지혜(*dhammaṭṭhiti-ñāṇa* / 담마티띠–냐나)' –,

'사실의 지혜' –, 무엇인가?

'사실의 지혜–, 어떻게 관찰하는 것인가?

붓다와 수행자 수시마 비구는 계속해서 이렇게 문답하고 있다.

[대송(對誦) ; 두 도반이 짝지어 읽기]

① [붓 다] "수시마여, 먼저 '사실(事實)의 지혜'가 있고, 다음에 '열반(涅槃)의 지혜'가 있느니라."

[수시마] "세존이시여, 저는 세존께서 간략하게 말씀하신 뜻을 자세히 알지 못합니다. 세존이시여, 제게 상세히 설해주시면 감사하겠습니다."

② 「[붓 다] "수시마여, 이것을 어떻게 생각하는가?

몸(色, 物質)은 영원한 것인가, 무상(無常)한 것인가?"

[수시마] "세존이시여, 형상은 무상한 것입니다."

③ [붓 다] "수시마여, 무상한 것은 괴로움인가, 즐거움인가?"
[수시마] "세존이시여, 무상한 것은 괴로움입니다."

④ [붓 다] "수시마여, 무상하고 괴로운 것이고 변하기 마련인 것을
두고, '이 것은 내 것이다' '이것은 나다' '이것은 나의 자아(自我, 필자
주, 영원한 실 체)디'라고 관찰하는 것이 올바른 것인가?"
[수시마] "세존이시여, 그렇지 않습니다."
(느낌(受) · 인식(想) · 조작함(行) · 알음알이(識) …」

– 상윳따니까야 12, 70 「수시마 경」 / *Susima-sutta* –

하아-, 놀랍다.
지금 붓다께서는 '눈앞의 사실'에 관하여 설하신다.
'우리 몸이 무상하다'는 '눈앞의 사실(事實)'에 관하여 설하신다.

「무상하고(無常), 괴로움을 가져오고(苦),
'나의 것' '나의 영원한 자아'라고 할 수 없는 것(無我)」-,

이것이 내 몸의 현실이다.
이것이 내 몸의 사실(事實)이다.
누구도 부정할 수 없는 눈앞의 사실(事實)이다.
이것이 곧 내 몸이라는 법(法, *dhamma*)의 머무름(*ṭṭhiti* / 티띠)이다.
내 몸이라는 현상-, 내 몸이라는 존재(法, *dhamma*)가 생겨나고 머
물고 소멸해가는 머무름(*ṭṭhiti* / 티띠)의 속성(屬性)이다. 내 몸 뿐만 아

니라, 어둔 조건들로 생겨난 모든 법-, 모든 현상-, 모든 존재-, 곧 일체법(*sabbe-dhamma*)의 보편적 속성이다. 머무름(*ṭṭhiti* / 티띠, 住)이란 내 몸이-, 모든 존재, 모든 현상이-, 어둔 조건들로 생겨난 모든 법(一切法, 諸法, 諸行)이 생겨나고 변화하고 소멸해가면서 이 세상에 머무르는(住) 그 상태를 일컫는 것이다. '무상(無常)-고(苦)-무아(無我)의 상태를 일컫는 것이다.

이것은 지금 여기서 눈앞에 보이는 사실(事實)이다.
이 머무름-, 머무름의 상태는 지금 여기서 눈앞에 보이는 사실(事實)이다.

'제행무상 제행무상'-,

우리가 *Sati*를 통하여 순간순간 관찰하는 것도 바로 이것이다.
우리는 *Sati*를 통하여 순간순간 이렇게 관찰함으로써 욕심 집착을 극복하고 마음을 허공처럼 텅- 비우고 있다.

'무상(無常)하고,
괴로움을 가져오고(苦),
나(我)라고 할 수 없는(無我)'-,

이것은 '*dhamma-ṭṭhiti* / 담마 티띠'-, 모든 법(*dhamma*, 法)의 머무름-, 머무름의 상태(*ṭṭhiti* / 티띠, 住)를 말하는 것이고, 이런 머무름의 상태, 이러한 눈앞의 사실을 있는 그대로 관찰하는 지혜가 '*dhamma-ṭṭhiti-ñāṇa* / 담마 티띠 냐나'-, '모든 법의 머무름의 사실을 관찰하는 지혜'-, 곧 '사실(事實)의 지혜'다.[5] 중국 역경가들은 이것을 '법주(法住)' '법주지(法住智)'라고 옮기고 있다. '모든 법(法)의 머무름(住)을 관찰하는 지혜(智)'-, 이런 뜻이다.

4. '무상(無常) – 고(苦) – 무아(無我)' –, 이것이 내 몸의 –, 모든 법의 사실이다

'무상(無常, *anicca* / 아니짜)

고(苦, *dukkha* / 둑카)

무아(無我, *anattā* / 안앗따)' –,

이것이 내 몸이다.

이것이 내 몸의 속성이다.

이것이 모든 법(法, *dhamma*)의 머무름(*ṭṭhiti* / 티띠)-, 그 속성이다.[6]

이것이 곧 모든 법의 보편적 속성-성질(*dhamma-ṭṭhiti* / 담마티띠)이다.[7]

---

5) 주석가들은 흔히 '*ñāṇa* / 냐나'를 '지(智)'라고 일컫고 '앎(knowledge)-앎의 지혜' '지적(知的)인 이해(理解)의 지혜'로 규정하는 한편, '*paññā*(般若/반야)'를 '관찰지' '통찰지'로 일컫고 '법의 본질에 대한 직관적 관찰의 지혜'로 규정하며, 양자를 구분하고 있지만, 이것은 아비달마적 분별(分別)이고, '*ñāṇa* / 냐나'와 '*paññā*(般若 / 반야)'는 한 가지 관찰작용으로서, '*ñāṇa* / 냐나'는 곧 지혜' '반야'다. 어느 쪽으로 옮겨도 좋은 것이다.

6) 따라서 머무름은 곧 이러한 속성을 의미한다. 모든 법의 머무름은 곧 '無常 · 苦 · 無我'의 보편적 속성을 의미한다. 따라서 머무름을 뜻하는 '*ṭṭhiti* / 티띠'는 '속성' '보편적 속성' '보편적 성질'의 의미로도 쓰인다. ; 각묵 스님 역, 『상윳따니까야』 2권 p.347, 각주-408).

내 몸은 이러한 머무름(*ṭṭhiti* / 티띠)의 속성을 떠나 존재할 수 없다.

이 세상에 존재하는 모든 법은−, 어둔 조건들로 생겨난 모든 법(一切法, 諸法, 諸行)이 이 속성을 떠나 존재할 수 없다.

이것은 눈앞의 사실이다,

변하지 않고 괴로움을 가져오지 않고 영원히 머무르는 내 몸은 존재할 수 없다. '영생이다' '부활이다'−, 이것은 한갓 주장이고 견해일 뿐, 사실(事實) 아니다. '대아(大我)다' '진아(眞我)다' '범아일여(梵我一如)다' '우주적 진리다' '한마음이다' '본성이다'−, 이것은 한갓 주장이고 견해일 뿐, 사실 아니다. 눈앞의 사실 아닌 것은 아무리 근사해도 허구(虛構, *fiction*)다.

「무상하고(無常, *anicca* / 아니짜)

고통을 가져오고(苦, *dukkha* / 둑카)

'내 것이다' '내가 영원한 실체다'할 것이 없고(無我, *anattā* / 안앗따)」−,

diṭṭha dhamma / 딧타담마다−,

'눈앞의 *fact*'−,

이것이 우리 눈앞의 사실(事實)이다.

우리 몸의−, 생겨난 모든 현상−, 모든 법(一切法)의 현실이다.

누구도 부정할 수 없는 엄연한 사실이고 현실이다.

---

7) '법들의 머무름이란 (법들의 보편적, 필자 주) 성질(*sabhavatā*)을 말하느니, 그것은 바로 무상함(無常)과 괴로움(苦)과 무아(無我)이다. (*anicca-dukkha-anattā*)' −상윳따니까야의 복주서(SAT) Ⅱ. p.107 ; 각묵 스님 역, 『상윳따니까야』 2권 p.347, 각주 -408)에서 재인용.

이것이 곧 법(法, *dhamma*)이다.

이것이 곧 우리들 삶이고 삶의 현실-, 삶의 사실이다.

이것이 어둔 조건들로-, 번뇌로-, 욕심 부리면서 고집부리면서 살아가는 모든 삶의 현실이며 눈앞의 사실이다.

'사실의 지혜'는 이 분명한 법의 사실을 있는 그대로 관찰하는 지혜다.

*Sati*가 바로 이것이다.

Sati-, '무상(無常) *Sati*'가 바로 이 눈앞의 사실을 관찰하는 것이다.

[무상(無常) *Sati* 일구]

「들숨 날숨- 하나-,

'제행무상(諸行無常) 제행무상(諸行無常)'-

'마음이 허공처럼 텅- 비어간다.」- (三念)」

'사실(事實)의 지혜'가
'열반의 지혜'를 이끌어간다

[붓 다] "수시마여, 무상하고 괴로운 것이고
변하기 마련인 것을 두고,
'이것은 내 것이다'
'이것은 나다'
'이것은 나의 자아(自我, 영원한 실체, 필자 주)다'-,
이렇게 관찰하는 것이 올바른 것인가?"
[수시마] "세존이시여, 그렇지 않습니다."

– 상윳따니까야 12, 70「수시마 경」/ *Susima-sutta*–[8]

1. 하아 –, 참으로 경이롭다,
'눈앞의 사실(事實) – 해탈 법문'

우리 몸은 무상하게 변해가고

---

8) S Ⅱ, pp.119-126. ; 각묵 스님 역, 『상윳따니까야』 2권 pp.349-350.

여기에 집착하면 괴로움이 오고
이렇게 변하고 괴로움 가져오는 몸을 보고
"내 것"이다 할 수 없고,
"내가 주인이다" 할 수 없고,
"내가 영원한 실체(自我)다" 할 수 없고-,

눈앞의 *fact*-,
이 분명한 법의 현실-, 법의 사실(事實)-,
이것을 있는 그대로 관찰하는 '사실(事實)의 지혜'-,
이 '사실의 지혜'가 '해탈 열반'에 앞서가는 것이다.

'사실(事實)의 지혜
/ *dhammaṭṭhiti-ñāṅa* / 담마티띠-냐냐'-,
'열반의 지혜
nibbāna-ñāṅa / 닙바나-냐냐'-

이것은 참 놀라운 발견이다.
'지혜' '지혜' '반야' '반야'-,
지금까지 우리는 별 생각 없이 이렇게 말해왔지만, 이렇게 두 가지
지혜가 있고, '사실(事實)의 지혜'가 '해탈 열반'에 앞서가는 것이다. 붓
다의 직언직설(直言直說)이다. 참 놀라운 발견이다. 필자도 55년여의
불교공부에서 이번에 처음 듣고 처음 보았다. 미련하기 짝이 없고 부
처님과 도반들 보기 민망하다.

[고요한 *Sati* ; 「붓다의 직언직설(直言直說)」
'사실의 지혜가 열반의 지혜에 앞서간다']

허리 곧게 펴고

돌아가며 독송하면서

고요히 관찰하며 깊이 새긴다.

[독송]

① 「 [붓 다] "수시마여, 무상하고 괴로운 것이고

변하기 마련인 것을 두고,

'이것은 내 것이다'

'이것은 나다'

'이것은 나의 자아(自我, 영원한 실체, 필자 주)다'−,

이렇게 관찰하는 것이 올바른 것인가?"

② [수시마] "세존이시여, 그렇지 않습니다."

(느낌(受) · 인식(想) · 조작함(行) · 알음알이(識) …)

③ [붓 다] "수시마여, 그런 까닭에 그것이 어떤 몸(色)이건,

과거의 것이건 미래의 것이건 현재의 것이건,

안의 것이건 밖의 것이건, 거친 것이건 미세한 것이건,

저열한 것이건 뛰어난 것이건, 멀리 있는 것이건 가까이 있는 것이건,

이렇게 있는 그대로 바른 관찰지(觀察智, 智慧)로 보아야 한다.

④ '이것은 내 것이 아니다.'

'이것은 내가 아니다.'

'이것은 나의 자아(自我, 영원한 실체, 필자 주)가 아니다.'

수시마여, 이와 같이 관찰하는 잘 배운 성스러운 제자는
형상(色)에 대해서 싫어하고, 느낌(受) …
알음알이(識)에 대해서도 싫어한다.
싫어하면 욕심이 사그라들고,
욕심이 사그라들기 때문에 해탈한다.

⑤ 해탈하면 해탈했다는 지혜가 생겨나서 이렇게 꿰뚫어 안다.

'태어남은 다했다.
청정범행(淸淨梵行)은 확립되었다.
할 일을 다해 마쳤다.
다시는 후생의 몸(後身)으로 돌아오지 않을 것이다.'"」

     − 상윳따니까야 12, 70,「수시마 경」/ *Susima-sutta*, 간추림 −

하아−, 경이롭다. 이것은 참으로 놀라운 법이다.
이것은 참으로 놀라운 깨달음이다.
이것은 참으로 경이로운 '해탈법문'이다.
이것은 참으로 경이로운 '눈앞의 사실(事實)−해탈 법문'이다.
눈앞의 사실을 관찰함으로써 해탈 열반을 실현하는 '눈앞의 사실−
해탈 법문'이다.
이것은 참으로 희유한 '사실(事實)−열반의 지혜'다.
이것은 참으로 희유한 '사실(事實)−해탈 열반의 지혜'다.
'사실의 지혜'가 '해탈 열반의 지혜'를 이끌어가는 '사실−해탈 열반

의 지혜'다.

우리가 미처 깨닫지 못했던 경이로운 발견이다.

심장이 박동한다.

2. '욕심 벗어나는 것, 보살의 길 걷는 것'−,
이것이 '해탈 열반'이다, 이렇게 단순명료하다

1) '이욕(離慾, *virāga* / 위라가)−, 욕심 벗어나는 것',
이것이 '해탈 열반−, 더 이상 없다

'형상(色)에 대해서 싫어하고, 느낌(受) …

알음알이(識)에 대해서도 싫어한다.

싫어하면 욕심이 사그라들고,

욕심이 사그라들기 때문에 해탈한다.

해탈하면 해탈했다는 지혜가 생겨나서

이렇게 꿰뚫어 안다. …'

− 상윳따니까야 12, 70, 「수시마 경」/ Susima-sutta −

'해탈(解脫, *vimutti* / 위뭇띠)'−, 무엇일까?

'열반(涅槃, *nibbāna* / 닙바나)−, 무엇일까?

'해탈 열반(解脫涅槃, *vimutti-nibbāna*)'−, 무엇일까?

<u>'염오(厭惡, *nibbāna* / 닙바나)</u>

무상하고 끝없이 고통이 따르는 이 몸에 대하여 싫어하고

<u>이욕(離慾, *virāga* / 위라가)</u>

싫어하면 욕심이 사그라들고

욕심 벗어나면 이것이 곧 해탈 열반'-,[9]

— 상윳따니까야 12, 70 「수시마 경」 / *Susima-sutta* —

'싫어하면 욕심이 사그라들고,

욕심이 사그라들기 때문에 해탈한다.'

'욕심 벗어나는 것'-,

바로 이것이다,

이것이 해탈이다,

이것이 해탈 열반이다.

해탈 열반-, 이렇게 단순명료하다.

붓다께서는 이렇게 밝혀 보이신다.

'과도한 욕심 벗어나는 것'-,

이것이 '해탈-, 해탈 열반'이라고 단순명료하게 밝혀 보이신다.

2) '해탈 열반의 재발견' -,
이것 아닌 것은 모두 사정없이 버릴 것이다

'열반

---

9) '*virāga* / 위라가(離慾)'를 각묵 스님은 '탐욕이 빛 바래는 것'이라고 옮기고 있다. 그리
고 '탐욕의 빛 바램이 곧 열반'이라고 풀이하고 있다. ; 『초기불교이해』 pp.100-106.
우리는 '*virāga* / 위라가(離慾)'를 '욕심이 사그라드는 것', 또는 '욕심 벗어나는 것'이라
고 옮기고 있다. 우리는 앞으로 '욕심 벗어나는 것'이라고 바로 쓸 것이다.

'해탈 열반'

이것을 두고 온갖 말들, 이론(理論)들이 많다.

'탐진치의 소멸이다'라는 가장 경전적인 해석으로부터 '회신멸지(灰身滅智)'ㅡ, '몸이 재가 되어 사라지고 알음알이가 완전히 소멸하는 것'ㅡ, 곧 '죽음이 완전한 열반'이라는 이론에 이르기 까지 끝없는 말들, 개념들, 이론들이 들끓고 있다. 온갖 말들, 개념들, 온갖 이론들이 한데 엉켜서 이런 이론들ㅡ, 이런 개념들 좇아가다보면 완전히 수렁에 빠지고 만다. '해탈 열반'은 사라지고 온갖 헛소리들만 난무하고 있다.

끝없는 이론(理論)
끝없는 개념 학설 교리 주장 견해들
앉아서 머리 굴리기, 헛소리들ㅡ,

이것은 '해탈 열반의 상실'이며 '실종(失踪)'이다.
기존의 불교ㅡ, 불교학은 모든 것이 이런 식이다.

경전을 읽어도, 주석서들 논서들 읽어도, 이런저런 말들 개념들 이론들로 뒤엉켜서 결국 아무것도 보지 못하고 만다. 부질없이 머리만 굴리고 헛소리들만 하고 있다. 세상은 거센 불길로 타오르는데, 아무 것도 못하고, 수십 년 불교 한다면서 애써서 전법 하나 제대로 못하고, 빠리사 하나 개척해내지 못하고, '위빳사나한다' '참선한다' 공(空)이다 '깨닫는다' 하고 앉았다. 이것이 지금까지 우리가 불교 해온 치명적인 병폐다.

실로 탄식을 금할 수 없다.

어쩌다 이렇게 되었는가?

단순명료한 붓다의 가르침-,

눈앞에 환- 히 보이는 붓다의 법들-,

눈앞의 사실(事實)들이 어쩌다 이렇게 수렁에 빠지고 말았는가?

아무 쓸모없는 헛소리들만 하고 머리만 굴리고 앉았는가?

자기 한 몸도 돌보지 못하면서 '수행한다' 하고 눈감고 눈뜨고 앉았
는가?

'이욕(離慾, *virāga* / 위라가)
욕심(*rāga*) 벗어나는 것-,

이것이 붓다께서 추구하는 '해탈 열반'이다.

'해탈 열반'-, 붓다께서 추구하시는 최고의 목표고 구원의 빛이다.

'해탈 열반'-, 우리 불교도가 이 세상 동포들에게 약속한 구원의 빛
이다.

Sati 하며 눈앞의 사실 관찰하며 과도한 욕심 벗어나야 바른 눈으로
이 세상 많은 사람들의 눈앞의 고통, 죽음, 볼 수 있고, 과도한 욕심
벗어나야 동포들의 고통, 죽음, 가슴 아파하며, 작은 것 하나라도 나누
고 섬기는 보살의 길-, '작은 보살의 길' 걷고 걸을 수 있다.

'이욕(離慾, *virāga* / 위라가)
욕심(*rāga*) 벗어나는 것-,

'해탈 열반'의 재발견-,
세상에 있는 것은 이것뿐이다

이 세상에서 우리가 챙기고 찾아야할 길은 실로 이것뿐이다.

이것이 우리들의 청정한 삶이고 깨달음이고 해탈 열반이다.

이것 아닌 것은 모두 사정없이 버리고 돌아보지 말 것이다.

이것이 우리 가족 우리 직장 구하고 이 세상 동포들 살려내는 거의 유일한 길이다.

3. '열반의 지혜'-,
이것이 '열반의 지혜'다

[합송 ; 붓다의 직언직설(直言直說)
'해탈 열반의 게송']

「싫어하면 욕심이 사그라들고,

욕심이 사그라들기 때문에 해탈한다.

해탈하면 해탈했다는 지혜가 생겨나서 이렇게 꿰뚫어 안다.

'태어남은 다했다.

청정범행(淸淨梵行)은 확립되었다.

할 일을 다해 마쳤다.

다시는 후생의 몸(後身)으로 돌아오지 않을 것이다.'」

- 상윳따니까야 12, 70「수시마 경」/ *Susima-sutta* 간추림 -

이것이 해탈의 경지다.

생사윤회의 고통을 벗어난 해탈 열반의 경지다.

욕심 버리고 청정하게 보살의 길 가겠다는 뜻이다.

붓다께서는 이렇게 '열반의 게송'을 외치고, 그 순간부터 전법고행 45년-, 길고 험한 보살의 길 걷고 걸었다. 열반은 소멸(消滅)도 아니고, 적멸(寂滅)도 아니고, 휴지(休止)도 아니고, 이렇게 보살의 길 걷고 걷는 것이다. 소멸-, 적멸-, 휴지-, 이것은 욕심을 말한다. 욕심의 소멸-, 욕심의 적멸-, 욕심의 휴지가 곧 열반-, 해탈 열반이다.

이렇게 꿰뚫어 보는 지혜가 곧 '열반의 지혜'다.

이 몸을-, 이 몸에 대한 집착을 싫어하고 [厭離 / 염리, 싫어함]
과도한 욕심을 벗어나고 [離慾 / 이욕, 욕심 벗어남]
해탈 열반을 실현하고 [解脫涅槃 / 해탈열반, 고통 죽음에서 벗어남]
나누고 섬기는 작은 보살의 길을 걷고 [八正道 / 팔정도, 보살의 길 걸음]-,

이것이 '열반의 지혜(nibbāna-ñāṇa / 닙바나-냐나)'다.
이렇게 꿰뚫어 관찰하는 관찰의 지혜가 곧 '열반의 지혜'다.

4. '사실의 지혜'가 '열반의 지혜'를 열어간다

'열반의 지혜
nibbāna-ñāṇa / 닙바나-냐나'-,

이 놀라운 '열반의 지혜'는 어디서 오는가?
우리를 열반으로 이끄는 이 '열반의 지혜'는 어디서 오는가?

붓다께서 이미 여러 차례 열어 보이고 계신다.

「무상하고(無常)
괴로움을 가져오고(苦)
'나의 것' '나의 영원한 자아'라고 할 수 없는 것(無我)」−,

'무상−고−무아'−,
붓다와 수시마 비구는 이렇게 관찰하고 있다.
우리 몸의 머무름−, 머무름의 사실을 이렇게 꿰뚫어 관찰하고 있다.
이렇게 있는 그대로 바른 관찰지(觀察智, 智慧)로 보고 있다.

이것이 무엇인가?
이 '바른 관찰지(觀察智, 智慧)'가 무엇인가?

이것은 곧 '사실(事實)의 지혜'다.
'무상−고−무아의 사실'−,
이 눈앞의 사실을 있는 그대로 관찰하는 '사실의 지혜'다.

'사실(事實)의 지혜'
/ *dhammaṭṭhiti-ñāṇa* / 담마티띠−냐나'−,
이렇게 '사실의 지혜'가 앞서고 있다.
이 '사실의 지혜'가 앞에서 '열반의 지혜'를 이끌고 있다.
이 '사실(事實)−열반의 지혜'를 통하여 해탈 열반에 이르고 있다.
'이 몸은 무상하다'−, 이러한 눈앞의 사실을 먼저 관찰하고, 이 관찰
의 힘으로 이 몸을 싫어하고 욕심을 벗어나고 윤회를 벗어나고−, 이렇

게 해탈 열반을 실현하고 있는 것이다.

　열반-,
　해탈 열반-,
　자유와 평화-, 아픈 연민의 경지-,
　많은 사람들 중생들 동포들을 살려내는 이 경이로운 구원의 빛-,
　이것은 그냥 눈감고 눈뜨고 앉아서 되는 것 아니다.
　위빳사나 하고 참선해서 되는 것이 아니다.
　마음 찾고 우주진리 찾고 한소식 찾아서 되는 것이 아니다.
　이것은 절박한 눈앞의 관찰-, 눈앞 사실의 관찰-, 끊임없이 변하고
고통을 가져오고 '나의 자아(自我)'라고 할 것이 없는 이 절박한 사실관
찰-, 현실관찰-, 많은 사람들의 고통에 대한 대면(對面)관찰-눈앞
*Sati*를 통하여 이뤄지는 것이다. 사실관찰-, '사실의 지혜' '사실의 반
야'를 통하여 이뤄지는 것이다. 고고한 숲속의 명상이 아니라, 죽자
살자 허덕이는 이 절박하고 절실한 현실관찰-, 현장관찰-, 세상 관찰
을 통해서 비로소 이뤄지는 것이다. 냉철한 '사실의 지혜' '사실의 반야'
를 통하여 비로소 이뤄지는 것이다.

'분석' 없으면 '직관' 없다,
'사실의 지혜' 없는 '반야'는 허구다

·
·

"이와 같이 *Sati*를 잘 확립하여

지혜(*paññā*)만 있고 *Sati*만 눈앞에 드러날(現前) 때까지 나아가,

이제 그는 (애착과 견해에) 의지하지 않고 머문다.

그는 세상에서 아무것도 움켜쥐지 않는다.

수행자들이여, 이와 같이 수행자는 몸에서 몸을 관찰하며 머문다.」

– 디가니까야 22 「대념처경」 1~2 간추림 / *Mahā-satipaṭṭhāna-sutta* –[10]

1. '지혜' –, *Sati* 에서 나온다,
'반야(*paññā*)' '반야바라밀' –, *Sati* 에서 나온다

1) '지혜' –, 무엇인가?
'지혜–반야 –, 무엇인가?

'지혜'–, 무엇인가?

---

10) D Ⅱ p.290 ; 각묵 스님 역, 『디가니까야』 2권 pp.491-501.

'사실의 지혜' '열반의 지혜'-, '지혜(智慧)'-, 무엇인가?

'반야(paññā, 般若)'-, 어디서 나오는 것일까?

'반야바라밀' '반야바라밀'-, 대체 '반야가 어떻게 생겨나는 것일까?

'지혜(智慧, paññā, 般若)'가[11] 어디서, 어떻게 생겨나는 것일까?

붓다께서는 이렇게 자상하게 분석해서 일깨우고 있다.

[입체낭독 ; 「붓다의 직언직설(直言直說)」
'Sati와 지혜(paññā, 般若)가 함께 간다']

허리 곧게 펴고

돌아가면서 큰 소리로 외우면서 깊이 새긴다.

(목탁 / 죽비-)

「" ① 수행자들이여, 이 길은 유일한 길이니,

중생들의 청정을 위하여, 근심과 탄식을 다 건너기 위한 것이며,

육체적 고통과 정신적 고통을 사라지게 하고, 옳은 방법을 터득하게 하고,

열반을 실현하기 위한 것이다.

그것은 곧 사념처의 확립이다.

② 무엇이 사념처인가?

수행자들이여, 여기 수행자는 몸에서 몸을 관찰하며 머문다.

---

11) '지혜(智慧, paññā, 般若)'-, 지혜가 곧 '반야(般若, paññā / 빤냐)'다. 둘은 동의어(同義語)다. '지혜는 지식이고 반야는 통찰지다'-, 이런 구분은 분별망상이다. 지식-앎을 떠나서 통찰지가 따로 있는 것 아니다. 앞으로 우리는 이 두 용어를 같이 쓸 것이다. '지혜' '반야' '반야지혜'-, 이렇게 같은 뜻으로 쓸 것이다.

느낌에서 느낌을 관찰하며 머문다.

마음에서 마음을 관찰하며 머문다.

법에서 법을 관찰하며 머문다.

③ 수행자들이여, 어떻게 몸에서 몸을 관찰하며 머무는가(身隨觀)?

그는 마음 집중하여 숨을 들이쉬고, 마음 집중하여 숨을 내쉰다.

길게 들이쉬면서 '길게 들이쉰다'고 꿰뚫어 알고,

길게 내쉬면서 '길게 내쉰다'고 꿰뚫어 안다.

짧게 들이쉬면서 '짧게 들이쉰다'고 꿰뚫어 알고,

짧게 내쉬면서 '짧게 내쉰다'고 꿰뚫어 안다. …

④ 이와 같이 안으로 몸에서 몸을 관찰하며 머문다.

혹은 밖으로 몸에서 몸을 관찰하며 머문다.

혹은 안팎으로 몸에서 몸을 관찰하며 머문다. …

⑤ 이와 같이 Sati를 잘 확립하여

지혜만 있고 Sati만 눈앞에 드러날(現前) 때까지 나아가,

이제 그는 (애착과 견해에) 의지하지 않고 머문다.

그는 세상에서 아무것도 움켜쥐지 않는다.

수행자들이여, 이와 같이 수행자는 몸에서 몸을 관찰하며 머문다."」

      – 디가니까야 22 「대념처경」 1~2 간추림 / *Mahā-satipaṭṭhāna-sutta* –[12]

하아–, 놀랍다.

---

12) D Ⅱ p.290 ; 각묵 스님 역, 『디가니까야』 2권 pp.491-501..

붓다의 분석이 참으로 날카롭고 명쾌하다.

'지혜'-, 무엇일까?
'지혜-반야(*paññā*)'-, 무엇일까?
붓다께서 명쾌하게 열어 보이신다.

"수행자들이여, 어떻게 몸에서 몸을 관찰하며 머무는가(身隨觀)?
그는 마음 집중하여 숨을 들이쉬고, 마음 집중하여 숨을 내쉰다.
길게 들이쉬면서 '길게 들이쉰다'고 꿰뚫어 알고,
길게 내쉬면서 '길게 내쉰다'고 꿰뚫어 안다.
짧게 들이쉬면서 '짧게 들이쉰다'고 꿰뚫어 알고,
짧게 내쉬면서 '짧게 내쉰다'고 꿰뚫어 안다. … "

> — 디가니까야 22「대념처경」2 / *Mahā-satipaṭṭhāna-sutta* —

이렇게 꿰뚫어 아는 것,
이렇게 *Sati*를 통하여 눈앞의 사실을 꿰뚫어 아는 것,
이렇게 *Sati*를 통하여 눈앞의 사실을 꿰뚫어 관찰하는 것-,

이것이 '지혜'다.
이 꿰뚫어 아는 관찰력(觀察力)-, 이것이 지혜다.
눈앞의 대상을-, 사실을 꿰뚫어 아는 이 관찰력(觀察力)-,
이 관찰에너지(觀察 energy)-,
이것이 곧 지혜고 반야다.
지혜는 곧 관찰지(觀察智)다.
*Sati*는 관찰(觀察)이고,

지혜-반야(*paññā*, 般若)는 여기서 생겨나는 관찰지(觀察智)다.

2) '지혜' -, 어디서 오는가?

'지혜-반야' -, 어디서 오는가?

지혜-, 어디서 오는 것인가?

반야-, 어떻게 생겨나는 것인가?

관찰지(觀察智)-, 관찰 *energy* -, 반야지견(般若知見)-, 반야 에너지-, 어떻게 생겨나는 것인가?

붓다께서 다시 한번 밝혀 보이신다.

[합송 ; 붓다의 직언직설(直言直說)]

"이와 같이 *Sati*를 잘 확립하여

지혜만 있고 *Sati*만 눈앞에 드러날(現前) 때까지 나아가,

이제 그는 (애착과 견해에) 의지하지 않고 머문다.

그는 세상에서 아무것도 움켜쥐지 않는다.

수행자들이여, 이와 같이 수행자는 몸에서 몸을 관찰하며 머문다."

– 디가니까야 22 「대념처경」1~2 간추림 / *Mahā-satipaṭṭhāna-sutta* –

하아-, 경이롭다.

붓다의 통찰이 참으로 경이롭다.

붓다의 통찰이 참으로 단순명료하다.

지금 붓다께서는 이렇게 명쾌하게 밝혀 보이신다.

이렇게 지혜는 *Sati*에서 나온다.

이렇게 반야는 Sati에서 나온다.

이렇게 반야지견(般若知見)-, 반야바라밀은 Sati에서 나온다.

정확하게 말하면, 지혜는 Sati의 산물이다.

반야는 Sati의 산물이다.

반야는 Sati 수행할 때, 관찰수행 할 때 거기서 생겨난다.

'무상사띠(無常Sati)' 할 때, '사띠 사념처(Sati, 四念處) 할 때, '광명
Sati' 할 때, 그 현장에서 생겨난다.

이렇게 'Sati의 지혜' 'Sati의 반야다.

Sati와 지혜가 둘 아니다.

Sati와 반야가 한 흐름이다.

2. 지혜 실습, 반야 실습 –
'가족간의 불화'에 대하여

지혜는 Sati에서 나온다. 반야는 Sati에서 나온다.

반야지견(般若知見)-, 반야바라밀은 Sati에서 나온다.

이것은 이론(理論) 아니다. 지금 당장 해본다.

〔실참실수(實參實修)〕

위의(威儀)를 단정히 하고,

허리 곧게 펴고, 들숨 날숨 헤아리며

'무상사띠 일구' 외운다.

(죽비 / 목탁 3타–)

[무상(無常) *Sati* 일구]

「들숨 날숨- 하나-,
'제행무상 제행무상'-
'마음이 허공처럼 텅- 비어간다.」- (三念)」
(마치고-, 목탁 / 죽비-)

금새 마음이 고요해진다.
호흡이 순조로워지고, 기분이 밝아진다.
눈 귀 코 … 생각(眼耳鼻舌身意)-,
어지럽던 감각기관이 고요히 평정(平靜)해진다.
눈이 밝아진다. 대상이 제대로 보인다.

눈앞의 대상에 마음 집중한다.
호흡에 대하여-, 몸의 움직임에 대하여-,
지금 이 순간 느낌에 대하여-, 생각에 대하여-,
지금 이 순간 겪고 있는 어둔 눈앞의 상황-, 사실에 관하여-,
눈앞에서 보듯 마음 집중하고 그 움직임을 있는 그대로 꿰뚫어 관찰
한다

지금 나를 우울하게 만들고 있는 가족간의 불화에 대하여-,
눈앞에서 보듯 마음 집중하고 그 사실을 있는 그대로 꿰뚫어 관찰
한다.
고집멸도(苦集滅道)-,
문제의 상황과 그 원인-,

문제해결의 길을 눈앞에서 보듯 집중하여 꿰뚫어 관찰한다.

'나는 지금 가족 간의 불화로 우울해하고 있다.
가족들도 상처 받았겠지-.

그래 내 고집 때문이야.
가족 간의 한때의 불화-, 내 어둔 고집 때문에 생긴 것이다.
내 한때의 자존심 때문에 생긴 것이다.

제행무상 제행무상-
이것은 무상한 것이다,
이 불화-, 이 우울-, 이 고집은-,
무상한 것이다,
한때 지나가는 현상이다,
이것은 어떤 실체도 없는 것이다-.'

이렇게 꿰뚫어 관찰하면서 사유하고 판단한다.
이것이 지혜다-, 반야다.
이것이 '사실(事實)의 지혜-, 사실의 반야다.

내 고집-, 다 놓아버린다.
내 자존심-, 다 놓아버린다.
잠시나마 미워했던 생각들 다 놓아버린다.
우울했던 기분이 텅- 비어간다.
잠시 어두웠던 마음이 허공처럼 텅- 비어간다.

불화했던 상황—, 사실(事實)이 텅— 비어간다.
가족들의 얼굴이 다정하게 다가온다.

'미안해—, 아빠가—, 엄마가 잘 못했어—
미안해요—, 잘할게—.'

가족들의 웃는 얼굴이 환— 히 보인다.
따뜻한 사랑이 가슴 가득 느껴진다.
나는 이 기쁨과 사랑을 있는 그대로 꿰뚫어 관찰한다.

'나는 벗어났다—,
어둔 우울에서 벗어났다—'

이것이 지혜다—, 반야다.
이것이 '열반의 지혜—, 해탈 열반의 반야다.
나는 한바탕 웃으면서 「광명 *Sati* 일구」외친다.

[광명 *Sati* 일구]

「하하하—
광명찬란 광명찬란
불성광명이 눈앞에 찬란하다.
나무 석가모니불 우리도 부처님같이— 」
(혼자서라도 박수 환호한다)

3. '반야'는 곧 '사실(事實)의 지혜'다,
'반야바라밀'은 동포들 건네는 길 걷고 걷는 것이다

1) '반야(*pañña*)'는 곧 '사실(事實)의 지혜'다

'지혜-반야-,

사실의 지혜-,

열반의 지혜-,

사실-열반의 지혜 반야-,

이것은 모두 하나다.

하나의 정신작용-, 관찰작용-, 관찰 *energy*다.

'지혜'고 '반야'고 구분할 것이 없다.

이 지혜 반야는 '사실(事實)'에 근거하고 있다.

이 지혜 반야는 '사실의 지혜'에 근거하고 있다.

그런 의미에서 모든 지혜 반야는 본질적으로 '사실의 지혜'다.

눈앞의 상황들-, 문제상황들-, 사실들-, 고통들 죽음들을 있는 그대로 꿰뚫어 관찰하는 '사실의 지혜'로부터 모든 지혜 반야가 나오기 때문이다.

그 출발점이 *Sati*다.

그 출발점이 '무상(無常) *Sati*' '사념처의 확립'이다.

정신 차리고 눈앞의 사실-삶의 현실-, 있는 그대로-, '무상·고·무아로'-, 꿰뚫어 관찰하는 *Sati*로부터 지혜도 반야도 나온다.

'*Sati*-사실의 지혜'가 모든 수행과 깨달음의 전제가 되고 출발점이 되는 것이다. 지혜도 반야도 이 '*Sati*-사실의 지혜'의 산물이다.

2) '반야바라밀'은 동포들 건네는 길 걷고 걷는 것이다

[고요한 *Sati* ; '반야(*paññā* / 般若)'는 곧 '사실의 지혜'다]

허리 곧게 펴고

외우면서 고요히 관찰한다.

「 '반야(*paññā* / 般若)'가 무엇인가?

'반야지견(般若知見)' '반야조견(般若照見)'이 무엇인가?

'반야바라밀'이 무엇인가?

'*dhamma-ṭṭhiti-ñāṇa* / 담마 티띠 냐나'-,

'반야'는 곧 '사실(事實)의 지혜'다.

'반야'는 곧 사실을 꿰뚫어보는-, 통찰하는 '사실의 지혜'다.

'무상(無常)-고(苦)-무아(無我)로-,

눈앞에서 겪는 모든 법의 현실-, 삶의 현실을 이렇게 있는 그대로 분석적으로 관찰하고, '고집멸도(苦集滅道)로'-,

이렇게 해탈구원의 길을 분석적으로 열어가는 지혜-, 이것이 곧 '반야다.

'사실의 지혜'에 기초해서 '해탈 열반의 지혜'로 나아가는 것이 곧 '반야다.

이렇게 있는 그대로-, 눈앞의 사실 그대로-, 여실지견(如實知見)으로 관찰하는 것이 곧 '반야지견(般若知見)' '반야조견(般若照見)'이다.

순간순간 이렇게 관찰하고 욕심 고집 벗어나 나누고 섬기는 작은 보살의 길 걷고 걷는 것이 곧 '반야바라밀'이다. '반야의 완성' '지혜의 완성'이다. 아니-, '끝없는 구원의 길 걷고 걷는 것'이다. 눈앞 동포들의 고통스런 현실 있는 그대로 관찰하는 사실의 지혜-, 사실의 반야로 '많은 사람들 동포들 건네는-, 건너게 하는(度) 해탈구원의 길-, 도피안(到彼岸)의 길 끝없이 끝없이 걷고 걷는 것'-, 이것이 곧 '반야바라밀'이다.

'바라밀(波羅蜜, *pāramitā*)'은 '완성'이 아니다.

'바라밀'은 끝없이 걷고 걷는 것이다.

'반야바라밀(般若波羅蜜, *paññā-pāramitā*)'은 끝없이 걷고 걷는 것이다.[13]

'사실의 지혜'로 비추면서 동포들 건네는 길 끝없이 걷고 걷는 것이다.

괴로워하고 죽어가는-, 생을 포기하려고 하는 눈앞의 수많은 동포들-, 사실의 지혜로 비추면서-, 일깨우고 용기를 북돋우면서-, 죽음의 강-, 고통의 강 건네는-, 건너게 하는(度) 해탈구원의 길 끝없이 끝없이 걷고 걷는 것이다. '보살'이라는 생각도 없이-, '건넨다'는 생각도 없이-, 사실(事實)의 지혜로 끝없이 끝없이 생애를 바쳐 걷고 걷는 것-, 이것이 '바라밀'이고, 이것이 '반야바라밀'이다.[14]」

---

13) '바라밀(波羅蜜, *pāramitā*)'은 흔히 '완성'으로, '반야바라밀'은 '지혜의 완성'으로 번역되지만, 라집은 '바라밀(波羅蜜, *pāramitā*)'을 '피안으로 건네다, 건너게 하다(到彼岸)'로 옮기고 있다. 불교의 본질로 비춰볼 때, 이 해석이 옳다. 불교는 끝없이 걷고 걷는 보살행의 과정이지, 어떤 완성도 아니다. ; 平川彰/이호근 역, 『印度佛敎의 歷史』상 pp.320-321.

14) 앞의 책 pp.322-323.

4. '분석' 없으면 '직관' 없다,
'사실의 지혜' 없는 '반야'는 허구다

'눈앞의 *Sati*로,

사실(事實)의 지혜로,

무상-고-무아로-, 고집멸도로-,

이렇게 분석적으로 관찰하고 숙고하는 사실의 지혜로'-,

이렇게 사실의 지혜에 근거하지 아니 하는 반야는 허구다.

눈앞의 사실-, 끊임없이 변화해가는 현실 현상에 대한 객관적 분석에 근거하지 아니 하는 직관(直觀)-, 직관적 통찰은 허구다. 눈감고 눈뜨고 앉아서 눈앞의 사실에 대한 분석적 관찰 없이, 초월적 신비적 체험을 추구하고, '이뭣고?'-, 한방에 깨닫는 것은 허구다. 붓다적 방법 아니다. 숲속 명상가들의 행태다.

이것은 지혜도 아니고 반야도 아니다.

이것으로 욕심 벗어날 수 없고, 깨달음도, 해탈 열반도 이룰 수 없다.

그래서 붓다는 이것을 버리고 *Sati*로-, 눈앞의 분석적 사실관찰로-, 사실의 지혜로 나아간 것이다.

'오온(五蘊) · 십이처(十二處) ·

십팔계(十八界) · 십이연기(十二緣起)'-,

이 일체법이 붓다께서 확립하신 객관적 관찰-, 객관적 분석법이다.

아비달마에서 이러한 객관적 분석의 지혜를 '지(知, *ñāna* / 냐나)'로, 직관적 본질의 통찰을 '혜(慧, *paññā* / 반야)'로, 이렇게 구분하는 경우가 있지만, 부질없는 분별이다. '지(知, *ñāṇa* / 냐나)'와 '혜(慧, *paññā* / 반야)'―, 이것은 하나의 관찰작용―통찰작용―, *Sati* 관찰이다. 그래서 우리는 '지혜(知慧, 智慧)' '반야(般若)' 하면서 한뜻으로 쓰고 있는 것이다. 이것이 옳은 것이다. 눈앞의 사실―, 현상에 대한 객관적 분석을 전제로 통찰적 직관이 가능한 것이다. 분석의 지혜가 쌓이고 쌓이면, 체득되면, 직관의 지혜도 가능한 것이다. 분석 없으면 직관도 없는 것이다. '사실(事實)의 지혜' 없으면 '반야'도, '열반(涅槃)의 지혜'도 없는 것이다.

분석을 전제하지 아니 하는 직관―통찰은 허구다.
사실(事實)의 지혜 없는 반야는 허구다.
눈앞의 현실 현장 보지 못하는 반야바라밀은 허구다.
욕심 벗어나 나누고 섬기는 작은 보살의 길 걷고 걷지 아니 하는 마하반야바라밀은 허구다.
붓다께서 다시 우리를 엄히 경책하신다.

[합송]

"수시마여,
'사실(事實)의 지혜'가 먼저고
'열반의 지혜'가 그 다음이다."

― 상윳따니까야 12-70, 「수시마 경」―

'반야의 허상(虛像)'−, 깨고 나오라,
이 햇빛 쏟아지는 벌판 걷고 걸어라

•

"현재 일어나는 법(*diṭṭha dhamma*, 現法)을

지금 바로 여기서 관찰하라.

정복되지 않고 흔들리지 않고

그 법을 알고 수행하라. …"

− 맛지마니까야 131 「한 밤의 탁월한 해탈자의 경」−

1. '無' '無' '空' '空'−,
지금 우리는 '반야의 허상(虛像)'에 빠져있다

'無' '無'

'空' '空'−

이것이 반야심경(般若心經)의 메시지다.

언제부터인가 한국불교−불교도를 거의 완전히 점령하고 있는 반야심경의 메시지다.

'無' '無'
'空' '空'―,

이것은 동시에 '반야의 메시지'다.
이것은 '반야사상의 메시지' '반야바리밀의 메시지'다.
반야심경이 반야사상을 대표하는 경전으로 읽히기 때문이다.

'無' '無'
'空' '空'―,

이것이 참으로 반야사상의 본질인지 단정하기 어렵다.
이것이 참으로 대승불교―대승사상의 본질인지 더욱 단정하기 어렵다.
갖가지 교리들의 문자에―, 언어에 얽매이지 말고, 마음 텅― 비우고, 고정관념 텅― 비우고, 보살의 삶으로 곧장 나아가라는 것이 이 경을 찬술한 저술가들의 뜻일지 모른다. 아마 그럴 것이다.

'無' '無'
'空' '空'―,

지금 우리는 여기에 빠져있다.
지금 우리는 이 '반야의 허상(虛像)'에 깊이 빠져있다.
이것이 반야의 소식인 줄 알고, 이것이 반야의 뜻인 줄 알고, '반야' '반야' '반야바라밀' '반야바라밀' 하면서, 이 '無' '空'에―, '반야의 허상' 에 깊이 빠져있다.

'언어문자에 빠지지 말라'-, 이러한 우려에도 불구하고, 지금 우리는 언어문자에 충실히 빠져있다. 반야심경의 이 '無' '空'에-, 이 언어문자에 충실히 빠져있다.

'무색수상행식(無色受想行識)'-,
'무안이비설신의(無眼耳鼻舌身意)'-,
'무색성향미촉법(無色聲香味觸法)-'-,
'무안계내지무의식계(無眼界乃至無意識界)'-,
'무무명역무무명진 … 역무노사진(無無明亦無無明盡 … 亦無老死盡)'-,

'오온(五蘊)·십이처(十二處)·
십팔계(十八界)·십이연기(十二緣起)'-,

지금 우리는 '無' '空'에 빠져 이렇게 붓다의 법을 부정하고 있다.

눈앞의 사실-, 눈앞에 보이는 많은 사람들 동포들의 삶의 상황들-, 끝없는 고통과 죽음의 상황들을 객관적으로 분석하는 이 탁월한 붓다의 법들을 부정하고-, 이러한 법들이 잘 못된 것인 줄 알고, 버려야 할 것인 줄 알고, 공부하지 않고 돌아보지 않고 냉소하면서, 고통과 죽음의 절망 속에서 허덕이고 있다.

우리 앞길을 비춰주는 지혜-, 반야를 잃고, '사실의 지혜' '사실의 반야'를 잃고, '無' '無' '空' '空' 하면서, 어둠 속에 헤매고 있다. 캄캄한 절망과 무력(無力) 무기력(無氣力)의 수렁에 빠져, 그래도 '반야' '반야바라밀' 외치면서 허우적거리고 있다. 이것이 바로 '반야의 허상(虛像)'이다.

2. '無''無''空''空'-,
지금 우리는 '해탈구원의 빛'마저 잃고 있다

'無''無'

'空''空'-,

이 '반야의 허상(虛像)' 속에서 잃어버린 것은 '사실의 지혜'뿐만 아니다.
이 어둠 속에서 우리는 가장 고귀한 해탈구원의 빛마저 부정하고
망각하고 있다.

'무고집멸도(無苦集滅道)

무지역무득(無知亦無得)'-,

'고집멸도(無苦集滅道)

사제팔정도(四諦八正道)'-,

마침내 우리는 한 줄기 '해탈구원의 빛'마저 잃고 말았다.

부처님께서 이 세상 사람들 살려내시는 유일한 빛-, '해탈 열반의
지혜'마저 잃고 말았다.

부처님께서 육년고행-,

'위없는 바른 깨달음(無上正等正覺, *Anuttara-Sammāsambodhi* / 아
눗따라 삼마삼보리)' 이루신 이 고결한 가르침마저 잃고 말았다. '고집멸
도'는 성문승(聲聞乘) 소승(小乘)인양 비하하고 공부하지 않는다. 그러
면서 '색즉시공 공즉시색(色卽是空空卽是色)' 외우면서, 해설하고 강의
하느라 분주하다. 듣는 사람들도 모르고 말하는 이들도 모르는 소리

반복하고 있다.

'무상 *Sati*로 마음 텅— 비우세요, 자비수레꾼 매달 2만원씩이라도 자동이체 해서 캄보디아 어린이들 학교 보내는 거룩한 불사 동참하세요'—, 이 한 마디로 족할 것을, '무슨 空' '무슨 空' '공성(空性)' '공상(空相)'—, 空이 무슨 대단한 도나 되는 것처럼, 족보에 없는 헛소리들 하면서, *diṭṭha-dhamma* / 딧타담마—, 눈앞의 사실(事實)—, 이 고결한 붓다의 정체성(正體性, *Identity*)을 붕괴시키고 있다.

어쩌다 우리 불교—, 이렇게까지 망가졌을까?

이렇게 최후의 빛마저 망각하고 말았을까?

붓다 석가모니께서 꿈에도 생각하지 못한 이상한 '공(空) 놀음' '반야심경 놀음'으로 변질되고 말았을까?

눈물이 난다.

부모 잃은 것 같아 가슴이 무너진다.

누구를 탓하랴—, 누구를 원망하랴—.

우리 운명인 걸—, 동업중생의 업보인 걸—.

우리 불교사의 질곡(桎梏)인 걸—.

3. '반야대행(般若大行)'—, 반야는 곧 보살의 길 크게 걷는 것이다

'無' '無'

'空' '空'—,

이것은 '마음불교'의 극치다.

이것은 '허구적(虛構的) 마음—관념(觀念)주의'의 극치다.

'색즉시공 공즉시색

(色卽是空 空卽是色)

...

불생불명 불구부정

(不生不滅 不垢不淨)'—,

이것은 '머리 굴리기 불교'의 극치다.

시시각각 우리들 앞에 닥치는 이 준엄한 삶의 문제들—, 고통들—, 불쌍한 죽음들 애써 외면하고—, 나가서 부딪치고 책임지기 겁나서 기피하고—, 눈감고 눈뜨고 앉아서 대단한 무엇이나 보는 것처럼 머리 굴리며 자아도취 자기기만에 빠지는 것으로 불교를 삼는 허망한 관념 놀이의 극치다.

[우렁차게 합송]

허리 곧게 펴고

합장하고 하늘 땅 진동하게

큰 소리로 합송한다.

(목탁 / 죽비—)

"현재 일어나는 법(*diṭṭha dhamma*, 現法)을

지금 바로 여기서 관찰하라.

정복되지 않고 흔들리지 않고
그 법을 알고 수행하라. …"

– 맛지마니까야 131 「한 밤의 탁월한 해탈자의 경」 –

이것이 '붓다의 법'–,
이것이 '붓다의 빛'이다.
이것이 '반야(*paññā* / 般若)'–,
이 길 가는 것이 '반야바라밀'이다.
이것이 '불교–붓다의 불교'다.
이것이 불교의 *Identity*–,
누구도 바꿀 수 없는 '불교의 정체성(正體性)'이다.
이것 부정하면 이미 불교 아니다.
법은 이렇게 단순명료하다.
그래도 하고 싶거든, '자기교(自己敎)' '공교(空敎)' 따로 만들어야 한다.
이 절박한 눈앞의 상황들–, 사실(事實)들을 마음속으로–, 관념 속으로 끌어넣고, '無'니 '空'이니 하면서 사람들을 혼란으로 몰아넣는 일 이제 그만 청산해야 한다. 반야심경–, 이제 그만 내려놓아야 한다. 허구다. 아무 실체–, 실행이 없다. 머리굴리기–, 자아만족뿐–.

'반야'는 마음 보고 본성(本性) 보고 공(空)을 보는 것이 아니다.
'반야'는 *Sati*로 눈앞의 사실(事實)을 보는 것이다.
눈앞의 사실관찰을 통하여 마음 비우는 것이다.
욕심 비우고 고집 비우고 '내 잘났다'–, 비우는 것이다.
허공처럼 텅– 비우고 보살의 길 걷고 걷는 것이다.

반야는 곧 보살행원이다.

반야는 곧 보현행원(普賢行願)이다.

반야대행(般若大行)―, 반야는 곧 보살의 길 크게 걷는 것이다.

이것이 마음 보고 본성 보고 우주진리 보는 것이다.

눈앞의 사실(事實)을 떠나서 '마음' '본성' '우주진리'가 따로 있는 것
아니다.

바로 이것이 '대전환(大轉換)'이다.

바로 이것이 '붓다의 대전환', '인류정신사의 대전환'이다.

4. '반야의 허상(虛像)'―, 깨고 나오라,
햇빛 쏟아지는 이 벌판 걷고 걸어라

'無' '無'

'空' '空'―,

깨고 나오라.

이제 이 허망반야(虛妄般若) 깨고 나오라.

'반야의 허상(虛像)'―,

이제 떨치고 일어나 살아 숨 쉬는 이 벌판으로 달려 나오라.

[합송 ; '이 벌판으로 달려 나오라']

허리 곧게 펴고

하늘 땅 울리도록 당당 큰 소리로 외친다.

(목탁 / 죽비―)

「*diṭṭha-dhamma* / 딧타담마 –,

현금법(現今法) –, 눈앞의 *fact* –,

이 삶의 현실로, 현장으로 달려 나오라.

dhamma-ṭṭhiti-ñāṇa / 담마 티띠 냐나 –,

눈앞 현실 꿰뚫어 관찰하는 '사실(事實)의 지혜'로

'사실의 반야'로 두 눈 번쩍 뜨고

이 가득 찬 삶의 벌판으로 달려 나오라,

삶의 고통과 기쁨이 가득 한 이 세상의 벌판으로 달려 나오라 –.

고통과 갈등, 사회적 불의(不義)로 가득 찬 곳 –,

이 살벌한 삶의 벌판으로 달려 나오라.

무지와 자만으로 –, 증오와 분노로 –, 차별과 편 가르기로 –,

이기적인 진영논리로 –, 좌파 우파의 추한 권력쟁탈싸움으로 가득 찬

이 살벌한 삶의 벌판으로 달려 나오라.

제 몸으로 낳은 어린 자식 학대하고 갖다 버리는 곳,

이 야만의 벌판으로 달려 나오라.

보살의 열정과 도전의 원력으로 가득 한 곳,

이 역동하는 삶의 벌판으로 달려 나오라.

뼈를 깎는 인욕(忍辱)의 원력으로 가득 한 곳,

희망찬 삶의 벌판으로 달려 나오라.」

'반야바라밀'

'마하반야바라밀' –,

이렇게 외치면서 달려 나와 개척의 길 걸어라.

주먹 불끈 쥐고 눈앞에 열려오는 저 거친 삶의 벌판을 개척해가라.

애쓰고 애쓰면서, 피땀 흘리면서 개척자의 길을 가라.

뙤약볕 길 걷고 걸으면서 '개척 빠리사'의 길을 가라.

이것이 '반야바라밀'–,

이것이 '마하반야바라밀'–,

세상은 넓고 할 일은 많지 않은가?

동포들이 애타게 우리를–, 해탈구원의 빛을 기다리지 않는가?

우리가 아니 하면–, 우리 붓다의 사자(使者, 如來使)들이 아니 하면,

누가 이 땅의 동포들 구하랴– .

[염송(念誦) ; '마하반야바라밀']

위의를 단정히 하고

부처님 향하여 삼배 올리고

이 땅의 작은 동포들 생각하며

그들 속으로 달려갈 결의를 다지며

정성을 다하여 '마하반야바리밀' 108 염송한다.

「나무마하반야바라밀

마하반야바라밀

마하반야바라밀 … 」

제6장

[대전환 4 ; *Chanda* / 찬다 ①]

[신불성론(新佛性論)]
애쓰고 애쓰는 보살의 원력불성(願力佛性)
으로 다시 한번 일어선다

[합송 ; 붓다의 직언직설
'열정을 일으켜 애쓰고 애쓰고 애쓰는 것']

위의(威儀)를 단정히 하고

허리 곧게 펴고

함께 외우며 가슴 깊이 새긴다.

(목탁 / 죽비−)

"수행자들이여, 네 가지 올바른 노력(正精進)이 있다. 네 가지 올바른 노력(正精進)이란 무엇인가? 수행자들이여,

(첫째) 여기 수행자들은 아직 일어나지 않은 '사악하고 해로운 법(不善法)'들을 일어나지 못 하게 하기 위하여 '열정(熱情, 熱意, *chanda*)'을 일으켜, 정진하고, 힘을 내고, 마음을 다잡고 애쓴다.

(둘째) 여기 수행자들은 이미 일어난 '사악하고 해로운 법'들을 제거하기 위하여 '열정'을 일으켜, 정진하고, 힘을 내고, 마음을 다잡고 애쓴다.

(셋째) 여기 수행자들은 아직 일어나지 않은 '선한 법(善法)'들을 일어나게 하기 위하여 '열정'을 일으켜, 정진하고, 힘을 내고, 마음을 다잡고 애쓴다.

(넷째) 여기 수행자들은 이미 얼어난 '선한 법'들을 지속시키고 사라지지 않게 하고 증장시키고 충만하게 하고 닦아서 성취시키기 위하여 '열정'을 일으켜, 정진하고, 힘을 내고, 마음을 다잡고 애쓴다. …

수행자들이여, 강가강(*Gaṅgā*江)은 동쪽으로 향하고 동쪽으로 기울고 흘러들어 간다.

수행자들이여, 네 가지 올바른 노력을 기울이면, 이와 같이 열반으로 향하고 열반으로 기울고 흘러들어 간다. … "

– 상윳따니까야 49「동쪽으로 흐름 경」3 / *Pācima* / 빠찌마– [1]

---

1) S Ⅴ. p.244, ; 각묵 스님 역『상윳따니까야』5권 pp.629-630. ; 전재성 역,『쌍윳따니까야』10권 pp.35-36.

제1강

'불성(佛性)'—,
그 원형(原形)을 찾아서

•
•

"수행자들이여, 여기 수행자들은

사악하고 해로운 법(不善法)들을 일어나지 않게 하기 위하여

선한 법(善法)들을 일어나게 하기 위하여

열정(熱情, 熱意, *chanda*)을 일으켜,

정진하고, 힘을 내고, 마음을 다잡고 애쓴다. …"

— 상윳따니까야 49 「동쪽으로 흐름 경」 3 / *Pācima* / 빠찌마 간추림 — [2]

1. '불성(佛性)'—,
그 원형(原形)을 찾아서

'불성(佛性)

부처 성품'—,

---

2) S V. p.244, ; 각묵 스님 역 『상윳따니까야』 5권 pp.629-630. ; 전재성 역, 『쌍윳따니까야』 10권 pp.35-36.

이 용어는 초기경전에는 나타나지 않는다.

이 '불성(佛性)'은 반야경의 '심본정설(心本淨說)'에서 연원(淵源)하여 여래장(如來藏) 사상으로 발전하고, 대승불교의 『열반경』에서, '일체중생이 모두 불성(佛性)을 가지고 있다'−, '실유불성(悉有佛性)' '개유불성(皆有佛性)'−, 이렇게 선언함으로써 보편화되고 있다.[3] 이 이전 『유마경』에서는 '여래종(如來種)'− '여래의 종자' 라는 사상이 등장하고, 이것이 '불종(佛種)'− '부처종자−부처씨앗' 등으로 발전하고, 이것이 열반경에서 '불성(佛性)'으로 확장되면서 대승불교의 사상적 지표가 된다.[4]

초기경전에 '불성(佛性)'이란 용어가 등장하지 않는다고 해서 '불성(佛性)' '불성론(佛性論)'을 붓다의 가르침이 아닌 것으로 치부하고 부정하려는 것은 옳지 않다고 생각한다. 우리는 초기경전에 근거하고 있지만, 이것이 대승불교−대승경전의 외면을 의미하는 것은 결코 아니다.

지금 북방불교가 '대승'을 표방하면서 붓다의 삶과 피땀 어린 직언직설(直言直說)을 망각하고, 붓다의 가르침에 근거하지 아니 하는 이론, 사상, 수행법들을 가설(假設)하면서 '불교 아닌 것'으로 왜곡 변질된 병폐가 심각하기 때문에, 이것을 바로 잡고 붓다의 삶으로 돌아감으로써 불교를 살려내고 동포들을 살려내려는 것이 우리 빠리사들의 기본 동기다.

따라서 붓다가 직설하지 않았다 하더라도, 붓다의 삶과 붓다의 가르

---

3) 平川 彰 / 이호근 역, 『印度佛敎의 歷史』상 p.319.
4) 平川 彰 외 / 정승석 역, 『大乘佛敎槪說』 pp.66-67.

침에 근거하는 것이라면, 이것은 '불교의 발전'으로 긍정하고 대승불교를 비롯한 모든 불교를 바르게 계승하는 것이 우리 빠리사들의 당연한 책무다.

'불성(佛性)'
'부처 성품' '부처의 본성(本性)'-,

붓다께서는 이런 용어를 쓰지는 않았지만, 이 불성(佛性)의 원형이 될 수 있는 용어를 이미 광범하게 쓰고 계신다.

앞에서 이미 우리가 만난 상윳따니까야 49 「동쪽으로 흐름 경」에서 이렇게 설하고 있다.

[합송 ; 붓다의 직언직설(直言直說)
'열정을 일으켜 애쓰고 애쓰고 애쓰는 것']

"수행자들이여, 여기 수행자들은
사악하고 해로운 법(不善法)들을 일어나지 않게 하기 위하여
선한 법(善法)들을 일어나게 하기 위하여
열정(熱情, 熱意, *chanda*)을 일으켜,
정진하고, 힘을 내고, 마음을 다잡고 애쓴다.

수행자들이여,
강가강(*Gaṅgā*江)은 동쪽으로 향하고
동쪽으로 기울고 흘러들어 간다.
수행자들이여,

네 가지 올바른 노력을 기울이면,

이와 같이 열반으로 향하고

열반으로 기울고 흘러들어 간다. … "」

– 상윳따니까야 49 「동쪽으로 흐름 경」 3 / Pācima / 빠찌마 간추림 – [5]

'열정(熱情, 熱意, chanda)을 일으켜,

정진하고, 힘을 내고,

마음을 다잡고 애쓴다.'

이러한 용어들이 불성(佛性)과 관련하여 특히 주목된다.

이러한 법구들이, '강가강(Gaṅgā江)은 동쪽으로 향하고 동쪽으로 기울고 흘러들어가듯이', 열반으로–, 해탈 열반으로 기울고 흘러들어 가는 법들로 거듭거듭 설해지고 있기 때문이다. 해탈 열반은 곧 성불이며 부처 되는 것이기 때문이다.

2. '열정(熱情, chanda)' –,
이것이 해탈 열반의 길이다

1) '불성(佛性, Buddha-dhātu)' –,
붓다 같이 살아갈 수 있는 삶의 요소들

'불성(佛性)

Buddha-dhātu / 붓다다투'–,

---

5) S V. p.244. ; 각묵 스님 역 『상윳따니까야』 5권 pp.629-630. ; 전재성 역, 『쌍윳따니까야』 10권 pp.35-36.

후대의 문헌에서는 불성(佛性)을 이렇게 표기하고 있다.

우리는 이 'Buddha-dhātu / 붓다다투'라는 용어에 주목한다. 'dhātu / 다투'는 초기불교에서 '십팔계(十八界, astadasa-dhātu)'라고 할 때의 바로 그 'dhātu / 다투'다. 한역에서는 '계(界)'라고 번역하고, 영어로는 'element', 곧 '요소(要素)'라고 옮긴다. 이 'element, 요소'가 'dhātu /다투'의 본래 의미를 잘 드러내고 있다. '요소'는 '구성요소(構成要素)'다. 어떤 물질을 구성하는 기본적인 요소가 'element'다. 따라서 'Buddha-dhātu'를 정확하게 번역하면 '붓다를 구성하는 구성요소', 또는 '구성조건'이다.

붓다는 무슨 형상(形象)이 아니다.

부처님은 무슨 외형(外形)이 아니다.

인간 붓다 석가모니는 한 인간으로서 실존이고 실체지만, 기원전 544년 열반에 드신 다음에는 다시 어떤 형상으로−, 외형적 실체로서 존재하지 않는다. 아무리 그리워도 불러보는 길 밖에 없다.

붓다는 삶이다.

붓다의 팔십 생애는 전법고행의 삶이다.

부처님은 크나큰 연민으로 많은 사람들−동포들 살려내기 위하여 −, 고집멸도로 눈뜨게 하기 위하여, 뙤약볕 길 걷고 걸으시는 지극한 삶−, 그 자체다.

걷고 걸으시다 늙고 병들어, 한때 저렇게 공회당 바닥에 누워 아픈 등을 쉬고 있는 지극한 삶−, 그 자체다.

성불(成佛)은 삶이다.

'부처가 된다'-, 이것은 무슨 형상이 되는 것 아니다. 32상(相)을 갖춘 무슨 외형적 실체가 되는 것 아니다. 한소식 해서 머리에 번쩍번쩍 빛이 나는 것 아니다. 신통묘용(神通妙用)-, 신통조화를 부리고 기적을 행하고 하늘을 날으고 물위를 걷는 것 아니다. '부처가 된다'-, 이것은 부처님같이 살아가는 그 지극한 삶이다. 열정(熱情)을 일으켜 애쓰고 애쓰는 그 지극한 연민 고행의 삶이다.

불성(佛性)

Buddha-dhātu / 붓다다투-,

이것은 붓다같이 살 수 있는 삶의 구성요소이다.

이것은 우리가 부처님같이 열정을 일으켜 애쓰고 애쓰면서 보살고행의 삶을 살아갈 수 있는 삶의 구성요소-, 행위의 구성요소-, 그 조건이다.

성불(成佛)은 어떤 실체가 되는 것이 아니다.

성불은 붓다 같이, 우리도 부처님 같이-, 거룩하고 고결한 연민 헌신의 삶을 살아가는 삶-, 그 자체다. 피땀 흘리며 목말라 하며 애쓰고 애쓰면서 동포들 해탈구원의 길을 걷고 걷는 삶 그 자체, 행위 그 자체다.

따뜻한 미소로 인사하고, 작은 것 하나라도 나누고 섬기고-, 이 삶, 이 행위의 구성요소-, 구성조건이 곧 불성이다. 불교는 '행위결정론(行爲決定論)'이다. 행위에 의하여 브라만이 되고 행위에 의하여 왕이 되고 행위에 의하여 붓다가 된다.

[합송]

「불성(佛性, *Buddha-dhātu*)―,

붓다 같이 살아갈 수 있는 삶의 구성요소,

부처님 같이 행위 할 수 있는 행위의 구성요소, 조건,

이것이 우리가 추구해 온 불성론이 도달한 첫번째 경지다.」

3. '열정(熱情, *chanda*)을 일으켜 정진하고'―,
이 열정이 곧 '원력(願力)'이고 '정진(精進)'이다

불성(佛性, *Buddha-dhātu*)―, 무엇일까?

붓다 같이 살아갈 수 있는 삶의 요소들(*elements*)―, 조건들―, 무엇일까?

우리도 부처님 같이 행위 할 수 있는 행위의 요소들, 조건들―, 무엇일까?

[합송 ; 붓다의 직언직설
        '열정을 일으켜 애쓰고 애쓰고 애쓰는 것']

"수행자들이여, 여기 수행자들은

사악하고 해로운 법(不善法, *akusala dhamma*)들을 일어나지 않게 하기 위하여―,

선한 법(善法, *kusala dhamma*)들을 일어나게 하기 위하여―,

열정(熱情, 熱意, *chanda*)을 일으켜, 정진하고, 힘을 내고, 마음을 다잡고 애쓴다. …"

― 상윳따니까야 49 「동쪽으로 흐름 경」 3 / *Pācima* / 빠찌마 간추림―

'*chanda* / 찬다'-,

이것은 흔히, '열정(熱情)' '열의(熱意)' '의욕(意慾)', 또는 '원력(願力)'
등으로 해석된다. 앞으로 우리는 보다 불교적인 뜻으로서 '열정 · 원력'
이라고 일컬을 것이다.

'*chanda* / 찬다

열정(熱情) 원력(願力)'-,

이 열정 원력은 큰 뜻으로는 '정진(精進)'에 포괄된다.[6]

붓다께서 확립하신 팔정도의 제6 '정정진(正精進, *Sammā-vāyāma* /
삼마와야마, *Right Effort*)'이[7] 바로 이 'chanda/찬다'-, '열정' '열의' '원
력'을 전제하고 있는 것이다.

8정도, 제6 '정정진(正精進, *Sammā-vāyāma*)'-, 무엇일까?

'정진(精進, *vāyāma*)'-, 무엇일까?

이것은 곧 원력(願力)이다. '*chanda* / 찬다'-, '원력' '열정 원력'이다.

원력을 일으켜, 열정을 일으켜 애쓰고 애쓰는 것-, 이것이 곧 '정진
-정정진'이다. 붓다께서 이미 설하신 바와 같이, '정진-정정진'은 곧
'네 가지 정진'이다. 선하지 못한 법(不善法)이 일어나지 않도록 열정
을 일으키고, 이미 일어난 불선법을 끊기 위하여 열정을 일으키고, 노
력하고, 힘을 내고, 마음을 다잡고 애쓰는 것이며, 선한 법(善法)을 일
어나도록 열정을 일으키고, 이미 일어난 선한 법을 더욱 증진시키기
위하여 열정을 일으키고, 노력하고, 힘을 내고, 마음을 다잡고 애쓰는

6) 각묵 스님, 『초기불교이해』 pp.299-300.
7) W, Rahul, Ibid, p.44.

것이다.

팔정도에서도 '정정진(正精進, *Sammā-vāyāma*)'을 이렇게 규정하고
있다.[8]

4. '정진(精進), 원력(願力) –, 애쓰고 애쓰는 것' –,
이것이 해탈 열반의 길이다

'선하지 못한 법(不善法)' –, 무엇일까?
곧 탐진치 삼독심(三毒心)이다.
곧 어둔 이기적 자아의식(自我意識, *asmimāna*)이다.
'어둔 나' '어둔 나 *DNA*'다.
욕심 고집이다.

'선한 법(善法)' –, 무엇일까?
곧 탐진치 삼독심(三毒心)을 소멸하는 것이다.
곧 어둔 이기적 자아의식(自我意識, *asmimāna*)을 소멸하는 것이다.
'어둔 나' '어둔 나 *DNA*'를 소멸하는 것이다.
욕심 고집을 훌훌 벗어던지는 것 –,
나누고 섬기는 것이다.

'탐진치 삼독심(三毒心)을 소멸하는 것
어둔 이기적 자아의식(自我意識, *asmimāna*)을 소멸하는 것',[9]

---

8) W, Rahul, Ibid, p.48.

'어둔 나' '어둔 나 *DNA*'를 소멸하는 것

'거짓 나' '오온으로 조작된 거짓 나'의 뿌리 깊은 무의식' '무명(無明)'
을 소멸하는 것,

　과도한 욕심 고집을 훌훌 벗어던지는 것,

　따뜻한 미소로 먼저 다가가 인사하고

　작은 것 하나라도 나누고 섬기는 것-,

　이것이 곧 해탈이다, 해탈 열반이다.

　욕심 고집을 소멸하는 것-,

　이것이 곧 해탈이다, 해탈 열반이다.

　나누고 섬기는 것-,

　이것이 곧 해탈이다, 해타 열반이다.

　자유며, 평화며, 아픈 연민이다. 고요하고 담담한 것이다.

　불사(不死)다. 죽는 것 가운데서도 죽지 아니 하는 것이다.

　'*chanda* / 찬다-,

　열정-, 열정 원력(熱情願力)

　정진(精進, *Vāyāma* / 와야마)

　정정진(正精進, *Sammā-vāyāma* 삼마와야마)

　애쓰고 애쓰는 것'-,

　이것이 해탈의 길이다.

　이것이 해탈 열반의 길이다.

---

9) 각묵 스님 역 『상윳따니까야』 5권 p.630, 각주 480.

이것이 불사−, 불사불멸의 길이다.

이것이 어둔 자아의식을 극복하는 길이다.

이것이 뿌리 깊은 '어둔 나' '나 *DNA*' 극복하는 길이다.

이것이 뿌리 깊은 어둔 무의식−, 무명을 극복하는 길이다.

이것이 탐진치를 멸하고

이것이 욕심 집착의 불선법(不善法, *akusala dhamma*)을 멸하고

이것이 나누고 섬기는 선법(善法, *kusala dhamma*)을 증진시키고

이것이 해탈 열반에 이르는 길−,

이것이 성불의 길−,

붓다같이 살 수 있는 길이다.

'원력불성(願力佛性)'이다,
'불의(不義)와 싸우는 보살의 원력(願力, *chanda*)'이 곧 '우리들 불성'이다

•
•

[합송 ; '평화의 합송']

「싸우지 마시오, 좌파, 우파들–, 싸우지 마시오.

우리 국민들을 증오로 편 가르기 하지 마시오.

욕심 고집 비우고 둘러앉아 대화하고 토론하시오.

주의(主義)가 달라도, 이념이 달라도, 견해가 달라도, 우리는 형제자
매며 동포입니다.

그대들의 권력은 무상한 것입니다.

권력에 취하여 국민들 괴롭히지 마시오.

우리 국민들은 그대들의 권력을 위한 도구가 아니오.

말없는 우리 동포들이 이 나라의 당당 주역이며 주인이오.

좌파 우파들–, 주인 앞에 무릎 꿇고 용서를 비시오.」

1. '열정(熱情)'을 일으켜 애쓰고 애쓰는 것'-,
이것이 곧 '불성(佛性)'이다

'열정 원력(熱情願力, *chanda*)

정진(精進)-, 애쓰고 애쓰는 것

이것이 해탈 열반의 길

성불의 길

붓다같이 살 수 있는 길'-,

여기서 결정적 역할을 하는 것이 '*chanda*'-,

곧 '열정 원력(熱情願力)'-, '원력(願力, *chanda*)'이다.

불선법(不善法, *akusala dhamma* / 아꾸살라 담마)-,

욕심 집착을 극복하기 위하여 애쓰고 애쓰는 보살의 열정-,

선법(善法, *kusala dhamma* / 꾸살라 담마)-,

나누고 섬기는 선법을 실현하기 위하여 애쓰고 애쓰는 보살의 열정-,

이 애쓰고 애쓰는 보살의 원력이 곧 해탈 열반을 이루는-,

성불하는 결정적 조건, 부처 되는 결정적 요소-,

곧 불성(佛性, *Buddha-dhātu*)이다.

붓다께서 직언직설 하신다.

[합송 ; 붓다의 직언직설
'열정을 일으켜 애쓰고 애쓰고 애쓰는 것']

위의(威儀)를 단정히 하고

허리 곧게 펴고

함께 외우며 가슴 깊이 새긴다.

(목탁 / 죽비 -)

「"수행자들이여, 여기 수행자들은

'사악하고 해로운 법"들을 일어나지 않게 하기 위하여

'선한 법'들을 일어나게 하기 위하여

'열정(熱情, 熱意, <i>chanda</i>)'을 일으켜,

정진하고, 힘을 내고, 마음을 다잡고 애쓴다.

수행자들이여,

강가강은 동쪽으로 향하고 동쪽으로 기울고 흘러들어 간다.

수행자들이여,

네 가지 올바른 노력을 기울이면,

이와 같이 열반으로 향하고, 열반으로 기울고, 흘러들어 간다. …"」

– 상윳따니까야 49「동쪽으로 흐름 경」3 / <i>Pācima</i> / 빠찌마 간추림 – [10]

2. '<i>chanda</i> / 찬다 -, 원력(願力)' -, 이것이 곧 '우리들의 불성(佛性)'이다

'정진하고

힘을 내고

_____

10) S Ⅴ. p.244. ; 각묵 스님 역 『상윳따니까야』 5권 pp.629-630. ; 전재성 역, 『쌍윳따니까야』 10권 pp.35-36.

마음을 다잡아
애쓰고 애쓰는 보살의 열정 원력'-,

이 '보살의 원력(願力, *chanda*)'이 열반으로 기울고 열반으로 흘러
들어간다.

보살의 원력이 열반을 실현한다. 보살의 원력이 성불을 실현한다.
보살의 원력이 붓다를 실현하는 결정적 조건-, 결정적 요소-, 곧 불
성(佛性, *Buddha-dhātu*)이다. 붓다께서는 이렇게 '불성'이란 말을 직
접 쓰지는 않으시지만, 애쓰고 애쓰는 보살의 열정-, '보살의 원력'이
열반의-, 성불의 결정적 조건-, 붓다같이 살 수 있는 결정적 조건-,
곧 불성이란 사실을 명료하게 밝혀 보이신다.

왜? 무엇 때문일까?
왜 '애쓰고 애쓰는 열정 원력'이 '불성'일까?

불성(佛性)이란 부처 되는 요소-, 조건이고,
부처는 열반에 의하여-, 해탈 열반에 의하여 실현되고,
해탈 열반은 애쓰고 애쓰는 열정 원력에 의하여 실현되기 때문이다.
열정 원력을 일으켜 애쓰고 애쓰면, 강가강이 동쪽으로 향하고, 동
쪽으로 기울고 인도양 큰 바다로 흘러들어가듯, 우리는 해탈 열반으로
흘러들어가기 때문이다. 부처되기 때문이다. 우리도 부처님같이 살 수
있기 때문이다.

'불성(佛性, *Buddha-dhātu*)
우리도 부처님같이 살아갈 수 있는 삶의 조건

우리도 피땀 흘리며 뙤약볕 길 걷고 걷는 부처님같이

동포들 찾아 밤늦도록 둘러앉아 *Buddha Study*하며

고결하게 살아갈 수 있는 삶의 조건-,

　우리도 저 부처님같이 천민 똥군의 손을 잡고 깨끗이 씻어줄 수 있는 아픈 연민의 조건'-,

　이것은 곧 보살의 원력(願力, *chanda*)이다.

　곧 보살의 열정(熱情), 보살의 열의(熱意)가 이 삶의 조건이다.

　부처님같이 살아가려고 열정을 일으켜 잠 못 이루며 애쓰고 애쓰는 정진(精進)-, 이것이 곧 불성(佛性)이다. 나- 우리들의 불성이다.

　보살이 원력과 정진의 열정을 일으켜, 작고 외로운 동포들 섬기는 나눔(布施)으로-, 청정한 지계(持戒)로-, 참고 견디는 인욕(忍辱)으로-, 애쓰고 애쓰는 정진(精進)으로-, 눈앞의 사실(事實) 있는 그대로 관찰하는 사띠(*Sati*, 禪定)로-, 제행무상(諸行無常)을 관찰하고 욕심 집착 벗어나는 지혜(智慧)로-, 이렇게 육바라밀로 보살의 삶 열심히 살아가는 것이 곧 불성(佛性, *Buddha-dhātu*)이다. 나- 우리들-, 일체중생의 불성이다.

3. 이 세상의 불의(不義) 앞에 맞서 싸워라,
　　　 이것이 원력불성(願力佛性, chanda)이다

1) '불성 -, 원력불성(願力佛性)' -,
　　　　　 이것은 말로 하는 것 아니다

두 손 오물 가득

니디(Nidhi)의 더럽혀진 몸을 씻기시는 붓다 석가모니―
석가족 공회당 바닥에 누워
아픈 몸을 잠시 쉬고 계시는 작고 외로운 붓다 석가모니―

우리도 저 부처님같이
병들어 신음하는 동포들―, 밤새 지켜보며 함께하는 것―,
이것이 곧 불성(佛性)이다.
'불성―원력불성'―, 말로 하는 것 아니다.

외로운 독거노인들―, 일주일에 한 번씩이라도 찾아가
따뜻한 밥 한 끼라도 지어 드리는 것―,
이것이 곧 보살의 원력불성이다.
'불성―원력불성'―, 생각으로 마음으로 하는 것 아니다.

집을 나와 방황하는 십대들, 차별 받는 여성들,
소외당하는 소수인들, 탈북민 동포들, 다문화 가족들―,
이 외로운 사람들, 기댈 곳 없는 동포들의 말벗이 되고
친구가 되고 의지처가 되는 것, 그들 속에서 함께 싸우는 것―,
이것이 곧 우리들의 원력불성이다.
'불성―원력불성'―, 교리공부로 경전공부로 하는 것 아니다.

증오로 가득 찬 좌파 / 우파의 진영논리,
서로 해치는 권력투쟁, 이성(理性)을 잃어버린 광신자들―,
이 망국적 당쟁(黨爭)에 맞서 '불성의 촛불' 밝혀들고 나서서 외쳐라.

[합송 ; '평화의 합송']

모두 허리 곧게 펴고

경건히 합장하고

북악산, 여의도가 진동하게 우렁차게 합송한다.

(목탁 / 죽비–)

「싸우지 마시오, 좌파, 우파들–, 싸우지 마시오,

우리 국민들을 증오로 편 가르기 하지 마시오,

욕심 고집 비우고 둘러앉아 대화하고 토론하시오,

주의(主義)가 달라도 이념이 달라도 견해가 달라도

우리는 형제자매며 동포입니다,

그대들의 권력은 무상한 것입니다,

권력에 취하여 국민들 괴롭히지 마시오,

우리 국민들은 그대들의 권력을 위한 도구가 아니오.

말없는 우리 동포들이 이 나라의 당당 주역이며 주인이오.

좌파 우파들–, 주인 앞에 무릎 꿇고 용서를 비시오.」

2) '나를 대신 죽이시오'

가정에서–, 직장에서–, 사회에서–,

남북으로–, 지역으로–, 노사로–, 남녀로–, 갑을로–,

끝없이 패를 갈라 싸우고 서로 해치는 이 땅의 동포들 앞에 나아가

이렇게 외쳐라. 이것이 곧 우리 시대 우리 동포들의 원력불성(願力佛

性, chanda)이다.

'불성(佛性)'–, 관념으로 사상으로 하는 것 아니다.

사회적 차별-, 불공정-,

인권침해-, 권력자들의 횡포-,

지구 기후문제-, 인종차별-,

아프리카 어린이들 노동착취문제-,

IS, 탈레반, 알카에다들의 여성학대-,

이 인류적 세계적 불의(不義)에 대하여 연구하고 대책을 세우고 항
의하고 행동하는 것이 곧 우리 시대 세계 인류의 원력불성(願力佛性,
chanda)이다. 이것이 곧 성불이다. 이것이 곧 깨달음-, 한소식이다.
이것이 곧 해탈 열반이다.

불성 성불-, 앉아서 용쓰는 것 아니다.

깨달음 한소식-, 눈감고 눈뜨고 앉아서 명상으로 하는 것 아니다.

해탈 열반-, 해석하고 해설하고 강의하는 것 아니다.

이렇게 이 세상의 고통 앞에서 밤새우며 함께 자리 지키며 기도하
는 것-,

열정을 일으켜 애쓰고 애쓰며 나아가 불의(不義)와 맞서 싸워 이기
는 것-,

끝끝내 이렇게 걷고 걸으며 살다 가는 것-,

이것은 신화(神話)가 아니다. 이것은 가설(假說)이 아니다.

경전 속의 이야기가 아니다.

이것은 그저 해보는 희망사항이 아니다.

많은 사람들이 이렇게 살고 있다.

종로 탑골공원 불교도의 무료급식소에서,

보살님들, 거사님들, 자원봉사자들이 이렇게 살고 있다.
많은 사람들이 이름도 성도 모르는 사람을 구하기 위하여
몸을 던져 철로로 뛰어들고, 급한 물속으로, 불속으로 뛰어든다.
미얀마(Myanma) 군대들이 시민들 막무가내로 쏘아 죽이는 거리
한 수녀(修女)님이 그들 앞에 나아가 무릎 꿇고 합장하고 외친다.
'나를 대신 죽이시오.'

4. 이 세상의 불의(不義)와 맞서 싸워라,
이것이 '불교인생 대전환'이다

1) 이것이 '불교인생 대전환'이다

이렇게 이 세상의 고통 앞에서
열정을 일으켜 애쓰고 애쓰며
나아가서 불의(不義)와 맞서 싸워 이기는 것-,

피를 쏟으며 목말라 하며 뙤약볕 길 걷고 걸으며
작고 외로운 동포들 찾아가는
저 늙고 병든 팔순의 노(老)붓다같이
끝끝내 이렇게 걷고 걸으며 살다 가는 것-,
절 받지 아니 하고 내가 먼저 절하고,
섬김 받지 아니 하고 내가 먼저 섬기고-,

이렇게 단순명료한 삶-, 이것이 곧 불교다.
불교-, 더 알 것 없다.

더 알면 분별식의 늪에 빠져,

머리 굴리고 앉아서 아무것도 못한다.

교리공부하고 경전공부하고 명상수행 하면서

머리 굴리기나 하고 헛것이나 찾고−, 아무것도 못한다.

따뜻한 미소로 먼저 인사하고

작은 것 하나라도 나누고 섬기고

이렇게 단순명료한 보살의 삶−,

이런 열정−, 이런 정성이 곧 원력불성이다.

이런 열정들 정성들 하나하나 모여서 성불한다.

우리도 부처님같이 거룩하게 고결하게 살아갈 수 있다.

이렇게 보살원력으로 끝없이 걷고 걸을 때,

강가강은 동쪽으로 향하고

동쪽으로 기울고 흘러들어 마침내 바다에 이르듯,

어둔 이기적 자아의식(自我意識, *asmimāna*)으로부터

비로소 해탈한다. 비로소 깨닫는다. 비로소 견성성불 한다.

이렇게 생애를 바쳐 보살의 열정으로 열심히 살아갈 때,

순간순간 찬란한 불성(佛性)이 솟아난다.

순간순간 불성광명(佛性光明)이 눈앞에 찬란하다.

진흙을 뚫고 솟아오르는 한 송이 푸른 연꽃 같이−.

[합송 ; '이것이 불교인생 대전환이다']

「 '교리'에서 붓다의 삶으로

'경전'에서 붓다의 직언직설(直言直說)로

'명상'에서 Sati로-, 눈앞의 사실(事實)관찰로

'깨달음'에서 보살의 연민으로

'마음 자성 자기찾기'에서

애쓰고 애쓰는 보살의 원력불성으로

이것이 불교인생 대전환이다.

이것이 이 세상-, 우리 인생의 대전환이다.

천지개벽(天地開闢)이다- 」

2) 몰라서 못하는 것 아니다, 오래 습관 때문에 못하는 것이다

이제 나서라. 이 세상의 고통 앞에 나서라.

이 세상의 불의(不義)와 맞서 싸워라.

교리 따지는 개념불교-, 박차고 나서라.

눈감고 눈뜨고 앉아서-, 수행불교 명상불교 박차고 나서라.

열정을 일으켜 애쓰고 애쓰면서 보살의 길 걷고 걸어라.

몰라서 못하는 것 아니다.

깨닫지 못해서 못하는 것 아니다.

게을러서 못하는 것이다.

맞서 싸울 용기가 없어서 못하는 것이다.

앉아서 교리 찾고 명상하며

관념 속에서 도취하는 오랜 습관 때문에 못하는 것이다.

이제 나서라. 이 세상의 고통 앞에 나서라.
이 세상의 불의(不義)와 맞서 싸워라.
두 손 가득 오물 무릅쓰고 나서서 부딪쳐라.
늙고 병들어 허물어져 가면서도 멈추지 말고
밤늦도록 둘러앉아 *Buddha Study* 하고
아픈 몸을 공회당 바닥에 누워 쉬어라.
이렇게 단순명료하게 나서라.
더 이상 머리 굴리지 말고 이렇게 단순명료하게 나서라.

이것이 돈오돈수(頓悟頓修)다.
이것이 본래청정(本來淸淨)이다.
이것이 청정자성(淸淨自性)─, 마음이다.
이것이 본래깨달음─, 본래부처─, 모두 부처다.
이것이 대아(大我)며 진아(眞我)다.
이것이 아라한이며 도인이다.
이것이 마하반야바라밀이다.
이것이 진여불성(眞如佛性)─, 진실생명이다.
이것이 보살의 불멸(不滅)─, 불사(不死)다.
죽는 것 가운데서 죽지 아니 한다.

chanda / 찬다 -,
원력불성(願力佛性)의 현장에서

− 순수열정 청보리 운동 50여 년,
동덕불교학생회−, 청보리−, 빠리사학교 −

•
•

모이자.

배우자.

인도하자.

이 땅에 부처님나라 성취할 때까지−

− 청보리들의 발원−

[우리들의 현장]

금촌 벌에 솟아나는 새 청보리 싹들

「 ① 5월 어느 일요일 아침, 개나리가 진 자리에 파란 잎들이 돋아나는 상쾌한 기운, 십여 명의 젊은 대학생들이 교외의 쓸쓸한 야산 기슭을 향하여 부지런히 걷고 있다.

서울 청룡사의 청보리 대학생들이다.

이들이 조그마한 회당 건물 앞에 도착했을 때, 이 마을 수십 명의 촌민들이 달려 나와 이들 일행을 반갑게 맞이하였다.

② 여기는 경기도 금촌 음성 한센병 환자 마을, 회당 입구에는 '관음정사'라는 현판이 걸려 있다.

이제 주민들과 대학생들이 함께 모여 법회를 시작하였다.

주민들의 얼굴과 손발은 보기에도 민망하리만큼 상처투성이건만, 젊은이들은 조금도 거리낌 없이 그들의 손을 잡고 찬불가를 불렀다.

"둥글고 또한 밝은 빛은 우주를 싸고
고르고 다시 넓은 덕은 만물을 길러……."

③ 집회가 끝났다. 주민들과 남자 대학생들은 마을 뒷산으로 올라간다. 준비해 온 묘목을 심기 시작하였다.

이 산지는 얼마 전 숨은 불자들이 주머니를 털어서, 이곳 주민들을 위하여 마련하여준 것이다. 주민들은 여기에다 유실수 단지를 조성하고 양계·양돈장을 만들어 자활할 계획을 착착 진행하고 있는 것이다.

④ 한편 여자 대학생들은 동네 아이들을 모은다. 회당 앞에 아이들을 모아 놓고 머리 긴 아이들은 머리를 깎는다. 몸이 흙먼지 투성인 아이들은 냇가로 데리고 가서 목욕을 시키고 준비해간 옷을 갈아입힌다.

또 법당 한 쪽에서는 고물이 다 된 풍금을 발로 꾹꾹 누르면서 초등학교 꼬마들에게 열심히 찬불가를 가르치고 있다.

아이들이 신나는 리듬에 맞춰 짝짝 박수를 치면서 노래 부른다.

"서로 서로 마주 보고
서로 서로 웃으면서
서로 서로 손을 잡고
서로 서로 믿으면서 …."

부처님 닮아가는 얼굴 얼굴들

⑤ 아이들 얼굴에 천진미소가 솟아난다.
아이들 얼굴이 부처님 얼굴을 닮아간다.
함께 노래하는 청보리 대학생들 얼굴도 부처님 얼굴을 닮아간다.
산에서 묘목 심느라 구슬땀을 흘리는 동네 주민들-,
병으로 일그러진 그들 얼굴도 부처님 얼굴 닮아간다.
어느새 땀으로 범벅이 된 남자 청보리들 얼굴도 관음정사에 모신
관세음보살 얼굴 닮아가고 있다.」

1. 원력불성(願力佛性, chanda)의 현장에서 (1)
동덕불교학생회 -, 청보리들 -,
2천 년 한국불교사의 빛나는 등불 -

1) '연꽃들의 행진' -,
잠자는 불교 흔들어 깨우다

금촌 음성 한센병 환자마을
서로 손잡고 어울려 법회 보고

산으로 올라가 묘목을 심고
아이들 머리 깎아주고
몸 깨끗이 닦이고 새 옷 갈아입히고
낡은 풍금 밟으며 찬불가 함께 노래하고

"서로 서로 마주 보고
서로 서로 웃으면서
서로 서로 손을 잡고
서로 서로 믿으면서 …."

우리는 처음부터 이렇게 시작했다.

1970년 동덕 불교학생회가 탄생하면서 우리는 처음부터 이렇게 불교 시작했다.

매주 토요일 빠짐없이 모여서 법회 보고,

시간이 안 되면 새벽에 달려 나와 여명(黎明) 속에 촛불 켜고 법회 보고,

낮이나 새벽이나 정무 스님, 무진장 스님 달려와서 법문하고

작곡가 서창업 선생님 모시고 찬불가 배우고

1970년 가을 최초의 전법포교지 '보리誌'─ 손으로 꼭꼭 필경하고 프린트로 찍어서 전국의 지도자들에게 배포하고

이것을 모아서 1978년 한국불교의 흐름을 바꿔놓은 『룸비니에서 구시나가라까지』 창간, 지금까지 50여 년 불광출판사에서 계속 찍어 내고─,

해마다 10월이면 대강당에서
청소년문화축제 '연꽃들의 행진' 열고
'백팔합창단'이 찬불가 노래하고
중창부 '가릉빈가'가 신나게 노래하며 춤추고
연극부 '처용'이 '바보 판다카' 공연하고
탈춤부 '셔블불휘'가 탈춤추고
만화부 '자유촉'이 펜으로 붓다의 미소 담아내고-,

'하아-,
불교도 이렇게 할 수 있구나,
우리도 할 수 있구나-'

전국의 불자들 스님들 2천여 명 달려와서
이렇게 환희찬탄하고, 눈물 흘리고-,
그 감동으로 전국 방방곡곡 절마다 어린이회 학생회 불길처럼 번져
가고-,

해마다 정기적으로 시흥 혜명보육원 아이들 찾아가
원생들과 동덕 불자들 자매결연해서 서로 서로 북돋우고
KBS MBC 어린이대공원 찾아가 찬불가 노래하며 전법하고
전국의 교사들 지도자들 모아서 강습회 열고-

2) 청보리들이 새 시대를 열고
1976년 서울 창신동 청룡사에서 청보리 창립하고

동덕불교학생회가 모체가 되고 대광고등학교 학생들이 선봉이 되고
청보리학생회 대학생－청년회 구름같이 모여들고
토요일마다 법회보고 둘러앉아 열나게 토론하고 발표하고
휴일에는 금촌 마을 달려가고
대림 맹인촌 친구들도 찾아가고－,
매월 첫 법회 때 포살을 행하고

'첫째 살생하지 말라－,
동물이건 식물이건
살아있는 모든 생명에 대하여 폭력을 거두어라.
풀 한 포기라도 함부로 뽑지 말라.
대중들은 이 계에 대해서 청정하십니까?
다시 묻습니다－, 대중들은 이 계에 대해서 청정하십니까?
또 다시 묻습니다－, 대중들은 이 계에 대해서 청정하십니까?'

어린 중고등학생들이－,
청년 대학생들이 벌떡 벌떡 일어나
부처님 앞에 나아가 삼배 올리고 발로참회 하고－,

매년 음력 7월 14일 우란분절(백중) 전야(前夜)－,
둘러앉아 자자(自恣)를 행하고
법사부터 연장자 순서로 차례로
대중 앞에 나아가 무릎 꿇고 두 손 높이 들고

'제게 허물이 없습니까?

제 허물을 보았거나 들었거나 의심했거나 하였다면,

저를 불쌍히 여겨 부디 지적해주십시오.

허물을 알면 마땅히 고치겠습니다.'

음력 납월(12월) 칠일 성도전야(聖道前夜)

수원 용주사 정무 스님 찾아가서 용맹정진하고

밤중에 큰방에 둘러앉아 한밤을 하얗게 세우며 신앙고백 하고

법당 앞 사리탑 촛불로 장엄하고 탑돌이 정근하고—,

3) '우리도 부처님같이'—,
순수열정으로 작은 등불 하나 밝히고

'우리도 부처님같이'—, 우리는 이렇게 열정으로 불교 해왔다.

처음부터 순수열정으로 부처님 찾고 부처님 전파하는 것으로 불교
해왔다.

교리공부, 경전공부, 위빳사나, 사마타, 참선, 명상—, 이런 것 하지
않았다.

*Buuddha Sati Parisā*로—,

오로지 붓다의 연민으로 나누고 섬기면서,

고요히 *Sati* 하고 숙고하면서,

처음부터 *Parisā*로 둘러앉아 공부하고 수다 떨고 대화하고 토론하
고—,

여기서 생겨나는 동질감과 우정—, 강한 유대—, 개척의식—,

지금도 청보리들은 서로 형제 이상으로 특별한 감정으로 만난다.

'아-, 청보리들은 특별해-,
뭣 보다 청보리들은 순수해-'

여의도 포교원 현진 스님을 비롯하여 동덕-청보리들을 아는 분들은
한결같이 이렇게 평가하신다.

4) 2020년 -, 고요하고 아름다운 회향

동덕여고 불교학생회 어린 보리씨앗들-,
전교생 1천 5백여 명의 반이 넘는 8백여 순결한 보리씨앗들-,
정무 스님, 무진장 스님 모시고 법회할 때 반짝반짝 빛나던 그 푸르
른 눈동자들-,
평생의 감동이고 원력이다.

이 씨앗들이 커서 청보리가 되고-,
청보리의 꿈이 어린 서울 창신동 청룡사 도량-,
지금도 생각하면 소년 소녀처럼 가슴 설레고-,

[소리질러]

「 모이자
배우자
인도하자
이 땅에 부처님나라 성취할 때까지'- 」

– 청보리들의 발원–

이 일념(一念)으로 한결같이
비가 오나 눈이 오나 멈추지 않고
이렇게 50년 세월 불교 해 왔다.
모이고 법회하고 기도하고 *Sati* 하고 포살하고-,
50여 년 한결같이 멈추지 않고
순수열정으로 이렇게 걷고 또 걸어왔다.

2020년 12월 마지막 토요일 오전 11시,
서울 장충동 남산 기슭 '우리는 선우 빌딩' 6층 법당-,
20여 청보리들이 모여서 만 50년 마지막 회향법회를 열고
60대 70대가 다 된 보살 거사들이
모두 '개척법사'의 증서를 손에 들고
고요히 각자 처소로 돌아갔다.
이승의 만남은 여기서 회향하지만,
우리는 내생에도 더욱 빛나는 청보리들로 다시 만나
붓다의 길 개척해 갈 것을 기약하면서-,

'견성성불' '깨달음'-,
우리는 이런 거창한 것 모르고 안 한다.
다만 부처님 생각하는 순수열정으로,
이 땅의 불교 다시 살리려는 순수 원력 하나로
걸어왔고 또 걸어갈 것이다.
끝없이 끝없이 걸어갈 것이다.

2. 원력불성(願力佛性, chanda)의 현장에서 (2)
자비수레꾼운동 ―,
캄보디아 어린이들 학교보내기 ―

동덕 청보리의 순수열정은 캄보디아로 이어지고 있다.

2011년 여름―, 안성 도피안사에서 필자가 먼저 '캄보디아(Cambodia) 어린이들 학교 보내는 불사'를 제안하고, 남지심 보살이 적극 호응하고, 이평래 교수, 천문학자 이시우 박사 등이 동참하여, 국제구호단체 (NGO) '자비를 나르는 수레꾼'(자비수레꾼)을 창립하고, 매달 회비 만원 모으기 운동을 전개했다.

호응은 놀라웠다.

전국에서 나누고 섬기는 손길이 모여오고, 대구의 어떤 스님은 거금을 쾌척하고―, 이렇게 해서 우리는 캄보디아 북쪽 국경 오지 뗍보디봉 마을에 기금을 지원하여 초등학교를 건축하였다. 500 명 어린이들이 몰려오고 큰 학교가 되었다. 아이들을 따라서 2천여 명의 주민들이 몰려와서 마을을 형성하였다.

우리는 학교 교사 인건비를 계속 지원하고, 마을 주민들을 위하여 우물파기 운동을 전개했다. 여기에도 각처에서 후원이 밀물처럼 몰려왔다. 죽은 줄 알았던 불교도들이 아직 살아있었다. '깨달음'이니 '견성'이니―, 잘못된 흐름 때문에 출구 없이 죽어지내던 불교도들이 출구가 보이니까 이렇게 몰려 온 것이다.

'자비수레꾼'의 개척은 계속되었다.

캄보디아 수도 프놈펜에 한국어학원을 개설하고, 프놈펜 대학 학생들에게 장학금을 지원하는 프로그램을 진행했다. 현지에 있는 원일 거사의 주도적 노력이 큰 도움이 되었다. 이 운동을 지속적으로 전개한 결과, 현재는 이 장학생들이 중심이 돼서 '프놈펜 자비수레꾼'이 창립되어 시골 자원봉사 등 활발한 활동을 전개하고 있다.

이 사업을 주도한 원일 거사는 안타깝게 작년에 신병으로 입적하셨다. 가슴이 무너진다. 내생에 다시 만나 더운 빛나는 불사를 함께할 것이다. 이것은 그냥 해보는 좋은 소리가 아니다.

이것은 눈앞의 *fact*-, 사실(事實)이다.

'학교 보내기 불사'는 계속되었다.

초등학교를 졸업한 아이들이 갈 곳이 없게 되자, 우리가 나눔운동을 벌이고 기금을 마련하여 중학교를 신축하고 문을 열었다. 지금 창립 1세대는 스스로 물러서고, 박세동 선생이 2대 대표(회장)로서 신선한 에너지를 결집하고 있고, 서암 거사가 실무를 맡아 외연을 확대하고 젊은 불자들이 다수 동참하고 있다.

한편 '자비수레꾼 국내팀'은 남지심 보살과 정연대 교수, 무상화 보살 등이 중심으로 활발한 사업을 벌이고 있다. 무상화 보살은 종로구청과 협력하여 '다문화가족 요리학교'를 열어서 큰 호응을 얻고 있다. 장연대 교수는 '작은 통일운동'을 전개하여, '부처님 오신 날' 장충공원에 '북한 동포들을 위한 연등달기'를 전개하여, 불교계에 신선한 메시지를 전파하였다.

한편 남지심 보살은 탈북대학생들 장학금 사업을 수 년 동안 계속하여, 50여 명의 탈북대학생들이 큰 혜택을 받고 있고, 남지심 보살은 이들 불교에 관심 있는 대학생들을 모아 '불교클럽'으로 발전시키고 있다.

'자비수레꾼'은 또 하나의 아름다운 꿈을 꾸고 있다.

캄보디아에 졸업생들을 위한 '기술 · 공예학교 설립운동'이다.

여기에도 전국의 불교도들이 나누고 섬기는 보살정신으로 한푼 두푼 보낸 마음의 헌금들이 티끌처럼 쌓여서, 현재 6천5백9십만 원이 쌓여 아름다운 언덕을 이루고 있다. 필자는 가난하여 10만 원밖에 보내지 못했다. 면목 없다. 조금만 더 하면 마침내 태산을 이룰 것이다. 캄보디아에 우리 아름다운 '자비 수레꾼'이 아름다운 전문학교 하나 번듯하게 세울 것이다.[11]

'자비 수레꾼'은 한국불교의 거의 유일한 재가보살 국제NGO로서 아름다운 명맥을 줄기차게 이어갈 것이다. 우리는 큰 손 기다리지 않고 한푼 두푼 모아서 불사하고, 철저하게 공개한다.

필자는 설립자의 한 사람으로서 우리 후배들에게 말한다.

첫째, 아름답게 어떤 추한 소문도 나지 않게

둘째, 깨끗하게 회계는 철저하게 공개한다.

셋째, 미련 없이 때가 되면 스스로 자리에서 물러선다.

소임자는 8년 이상 맡지 않고 후배들에게 넘긴다.

이것은 불교단체를 사유화하지 않겠다는 굳건한 신념의 발로다.

---

11) 후원계좌 ; 농협 301-0089-3542-11 자비를 나르는 수레꾼

3. 원력불성(願力佛性, *chanda*)의 현장에서 (3)
빠리사 운동으로 -, 삼삼오오 둘러앉아 *Buddha Study* -

우리도 부처님같이
순수열정(純粹熱情)으로
무한한 원력불성의 창조적 *energy*로
삼삼오오 둘러앉아 *Buddha Study*
붓다로부터 직접 듣고 직접 배우고-,

동덕 청보리의 이 동기와 동력은 빠리사운동으로 타오르고 있다.

2014년 열두 명 청보리 순례자들 인도 팔대성지 맨발로 걷고 걸어서 부처님 친견하고 돌아와 붓다의 일생 영상 10부작 「붓다 석가모니」 만들어 널리 전파하고.

스스로 개척자 되기 염원하는 불자들 모여 서울에 '*Buddha Study* 빠리사학교' 만들고, 밤늦도록 둘러앉아 발표하고 토론하고 공감하고.

코로나의 근심 속에서도 멈추지 않고 매월 2째 4째 금요일 저녁 8시 인터넷으로 줌(zoom) 스터디 열고, 서울에서 수원에서 춘천에서 김해에서 울산에서 20여 학인들이 모여 교수법사들이 돌아가며 설법하고, 학인들이 발표하고 토론하고-

가슴 뿌듯한 열정으로 붓다의 길 개척해 가고 있다.

이 순수열정 전파되어, 춘천에서 '무문 빠리사' 탄생하고, 김해에서 '연꽃 빠리사' 탄생하고.

2021년 7월, 울진 고경사 법당 - 법흥 스님이 대중들 모아 또 하나의 붓다 빠리사-, '붓다 선원' 열고.

*Sati*하고-, 참회하고-, 보살행하고-,

빠리사들은 저마다 나누고 섬기는 보살의 길 걷고 있다.

신기윤 도반, 이형 도반, 변혁주 도반 등은 탑골무료급식소에서 정기적으로 자원봉사하고, 수원 불교문화원의 진철희 도반은 불교를 시민들에게 널리 전파하는 문화운동을 줄기차게 벌이고, 지난번에는 불교소재 사진전시회를 열어 불교를 피부로 느끼는 문을 열었다.

민병직 도반은 교장직을 퇴임하고 교사가 부족한 벽지학교를 찾아 교사로 봉사하는 일을 벌이고, 지난해는 진도에 가서 1년간 아이들과 함께 있다 돌아왔다.

윤웅찬 도반은 가족들부터 붓다와 함께 하는 작업을 시작하여 '가족 빠리사'를 만들고, 나아가 동료 교수들을 모아서 붓다 빠리사를 개척하는 작업을 벌이고 있다.

김해 관음진 보살과 여연진 보살은 연꽃 빠리사를 하면서 작고 어려운 이웃들 찾아가는 보살행을 하고 있고,

조명숙 보살은 어린이들에게 불교를 삶으로 익히는 여러 프르그램을 진행하고, 메조소프라노 김혜은 보살은 코로나로 지친 시민들을 찾아 찬불가를 공양하는 음성공양운동을 펼치고 있고,

춘천 황태종 도반은 무문 빠리사를 개척하고 미얀마 폭력사태 등 사회적 불의(不義)에 항거하는 항마전사(降魔戰士)의 모범을 보이고,

울산의 박정웅 도반은 생활 속에서 팔정도를 삶으로 체험하는 프로그램을 전개하고-,

4. '견성성불' '깨달음' -,
우리는 이런 것 모르고 알려고 하지 않는다

동덕불교학생회-청보리들
세계불교사의 빛나는 보석
1970~1990년대 한국불교 중흥의 기폭제-,
사부대중 불교도 가슴 속에 길이
순수열정-순수 원력불성의 감동을 일으키고
'붓다의 불교' '개척불교'의 새 역사를 열어가고-,

'자비 수레꾼'들
한푼 두푼 전국의 보살들이 모으고 모아서
캄보디아 오지에 500명 초등학교 세우고
중학교 세우고 대학생들 장학금 지원하고
그 대학생들이 다시 '프놈펜 자비 수레꾼' 세우고
졸업생들 위한 '기술 공예학교의 꿈' 꾸고-,
한국불교사의 희유한 일-,
재가불자들이 주역이 되어 최초의 국제NGO 개척해가고-,

붓다 빠리사 운동
저때 석가족 공회당의 석가족들과 부처님같이
밤늦도록 둘러앉아 *Buddha-study* 하고
발표하고 강의하고 돌아가며 3분 *Speech* 하고
저마다 작고 가난한 동포들 찾아 보살행하고-,

정성을 다하여 하나씩 둘씩 붓다 빠리사 개척해가고-,
2천7백년 불교사에 일찍 없었던 아름다운 모습들-,

이것이 불성의 현장이다.
이것이 원력불성의 현장이다.

이렇게 우리 빠리사들은 처음부터 부처님과 만나고 부처님의 체온 어린 삶을 배우고 새로운 붓다의 길을 개척하는 열정과 원력의 길을 걷고 있다. 다만 순수열정으로, 삶을 다하여, 생애를 다하여 열정과 원력의 길-, 원력불성의 길 걷고 있다.

'견성성불' '깨달음'-, 우리는 이런 것 모르고 알려고 하지 않는다. 교리 찾고 경전 찾고 명상 찾으면서 끝없이 자기 속에 머무는 길 가지 않는다. 몸으로 삶으로 열정으로 먼저 인사하고 작은 것 하나라도 나 누고 섬기면서 작고 외로운 동포들과 함께 깨닫고 변화시키는 '만인견 성-만사해탈의 길' 개척해 가고 있다.

제4강

'불성(佛性)−원력불성(願力佛性)', 무한 창조적 *energy* 로 다시 한번 일어선다

●
●

"마음(mano)이 모든 것(*dhamma*, 사실들)에 앞서가고

마음이 모든 것(사실들)의 주인이고

마음에 의해서 모든 것(사실들)이 만들어진다.

만약 사람이 깨끗한 생각으로 말하고 행동하면

즐거움이 그를 따른다.

마치 그림자가 물체를 떠나지 않듯이− "

− 법구경 제2 계송− [12]

---

12) Dhp 2. ; 거해 스님 역, 『법구경』 1권 pp.17-29. ; 잔제성 역, 『법구경−담마파다』
pp.69-79.

1. '마음이 모든 것에 앞서 간다' -,
인류정신사의 대전환이다

1) 우리 마음 -, 우리 생각 -,
이것이 이 세상의 제일 원인 -, 제일 조건이다

'<u>불성(佛性)</u>

<u>원력불성(願力佛性)</u>

<u>원력(願力, *chanda*)을 일으켜</u>

<u>마음을 다잡고 애쓰고 애쓰는 것</u>' -,

불성이 무엇인가?

이 원력불성은 어디서 나오는 것인가?

불성은 곧 마음이다.

이 원력불성은 곧 우리 마음에서 나온다.

마음을 다잡고 애쓰고 애쓸 때, 이것이 곧 불성-, 원력불성이다.

우리 마음은 끊임없이 변화하는 것이다. 우리 마음 따라서 이 눈앞의 세계도-, 눈앞의 사실(事實, *dhamma*)들도 끊임없이 변화하는 것이다. 끊임없이 새롭게 새롭게 변화되어가는 것-, 조건 따라서 끊임없이 새롭게 새롭게 변화되어가는 것-, '선인선과(善因善果) 악인악과(惡因惡果)' -, 끝없는 변화-, 이것이 우리 마음이고 이 세계다.

붓다께서 이 이치를 열어 보이신다.

법구경(法句經) 1장 1절에서 이렇게 직언직설 하신다.

[합송 ; 붓다의 직언직설
'마음이 모든 것에 앞서 간다']

"마음(*mano*)이 모든 것(*dhamma*, 事實)에 앞서가고

마음이 모든 것(사실들)의 주인이고

마음에 의해서 모든 것(사실들)이 만들어진다.

만약 사람이 나쁜 생각으로 말하고 행동하면

괴로움이 그를 따른다.

마치 수레가 황소를 따르듯이.

마음(*mano*)이 모든 것(*dhamma*, 事實)에 앞서가고

마음이 모든 것(사실들)의 주인이고

마음에 의해서 모든 것(사실들)이 만들어진다.

만약 사람이 깨끗한 생각으로 말하고 행동하면

즐거움이 그를 따른다.

마치 그림자가 물체를 떠나지 않듯이."

– 법구경 1, 2 계송 – [13)]

'마음이 모든 것에 앞서가고

마음이 모든 것의 주인이고

마음에 의해서 모든 것이 만들어진다.'

– 법구경 제1, 2계송 –

---

13) Dhp 1-2. ; 거해 스님 역, 『법구경』 1권 pp.17-29. ; 잔제성 역, 『법구경–담마파다』
    pp.69-79.

하아-, 놀라운 발견이다.

마음이 제일 원인이다.

마음이-, 생각이 제일 원인-, 제일 조건이다.

마음이-, 생각이 우리 인생과 이 세상을 끊임없이 변화시켜가는 제일 원인-, 제일 조건이다.

우리 마음이-, 우리 생각이 새로운 변화의 원인이고 조건이다.

우리 마음이-, 우리 생각이-, 우리 의식(意識)이 눈앞의 세계-, 눈앞의 현실-, 눈앞의 사실(事實)들의 세계를 새롭게 열어가는-, 우리 인생과 이 세상을 새롭게 변화시켜가는-, 새롭게 만들어가는 제일 원인-, 제일 조건이다.

2) '내가 인생과 이 세상을 창조한다' -,
인류정신사의 일대 복음(福音)이다

'마음(*mano*)이
모든 것(*dhamma*, 事實)에 앞서가고'-

'선인선과(善因善果)
악인악과(惡因惡果),
선한 마음(*mano*)이 원인이 되고 조건이 되어서
행복한 결과-, 행복한 눈앞의 사실을 가져오고
나쁜 마음(*mano*)이 원인이 되고 조건이 되어서
불행한 결과-, 불행한 눈앞의 사실을 가져오고'-,

우리 눈앞의 사실들(*dhamma*)-,

우리가 눈앞에서 체험하는 경험적 사실들-,

행복하고, 또는 불행한 이 세상의 모든 사실들-,

내가-, 우리 가족이-, 우리 동포들이 경험하는 행복하고, 또는 불
행한 모든 눈앞의 사실들-,

이 세상 인간사-, 우리 눈앞의 현실-,

이것은 실로 우리 마음이 제일 조건-, 제일 원인이다.

이것은 실로 우리 마음이 선행조건(先行條件)이다.

이것은 실로 우리 마음이 앞서서 만들어낸 것이다.

이것은 실로 우리 마음이 앞서서 창조해낸 것이다.[14]

창조주가 있다면, 이것은 곧 우리 마음-, 우리 생각이다.

하아-, 실로 충격이다.

이것은 실로 인류정신사의 일대 충격이다.

이것은 실로 인류정신사의 대전환이다.

'신(神)이 창조주다,

신(神)이 제일 원인이다,

신(神)이 천지만물을 창조했다'-,

---

14) 주석서에는 '모든 것'을 '오온(五蘊)'으로, '마음이 모든 것에 앞서 간다'를 '오온의
의식, 곧 마음이 색수상행에 앞서 간다'로 해석하고 있지만, 이런 주석에 구애될
것이 없다. 'mano / 마노'는 넓은 뜻으로 '마음' '생각'이고, 'dhamma / 담마'는 '눈앞
의 사실, 경험적 사실'이다. '우리 생각이 선하면 즐거운 사실이 따라오고, 우리 생각
이 악하면 고통스런 사실이 따라온다'-, 이런 뜻이다. 법구경 1, 2 게송도 분명하게
이렇게 설하고 있다.

이런 눈앞의 사실이 아닌-, 허구적(虛構的)인 신의식(神意識)에 사
로잡히고 구속되어, 어둔 삶을 살아온 인류에게 이것은 실로 일대 복
음(一大福音)이다. 이제 인류는 신(神)의 공포, 신(神)의 은총 벗어나,
자기 자신의 마음을 바꾸는 것으로 인생을 혁신하고 이 세상을 혁신할
수 있는 빛나는 창조적 주역으로 우뚝 설 수 있게 된 것이다.

'attā-dṛpa / 앗따디빠-, 자등명(自燈明)'-, 이런 뜻이다. '내가 당당
주역-, 주인-', 바로 이런 뜻이다.

무엇도 결정돼 있는 것은 없다.

무유정법(無有定法)-, 결정돼 있는 것은 아무것도 없다.

본래(本來) 결정돼 있는 것은 아무것도 없다. 우리 운명이, 우리 인
생이, 우리 역사가 '본래' '처음부터' 결정돼 있는 것 아니다. '본래(本
來)' ' '본래(本來)'-, '본래청정' '본래부처'-, '본래설(本來說)'은 만들어
진 허구다. 허구적 견해다. 본래부터-, 처음부터 예정돼 있는 것이
아니다. 예정설(豫定說)은 만들어진 허구다. 우리 인생도-, 천체운행
의 궤도(軌道)도 끊임없이 새롭게 변화되어가는 것이다. 이것은 눈앞
에 보이는 단순한 과학적 사실이다.

'본래부처'도 아니고, '본래중생'도 아니다.

'본래청정(本來淸淨)'도 아니고 '본래번뇌(本來煩惱)'도 아니다.

신(神)에 의하여 창조된 것도 아니고, 우연히 어쩌다 이렇게 된 것도
아니다. 지금 우리 운명은 우리들 마음에 의하여-, 우리들 행위에 의
하여-, 우리들 삶에 의하여 이렇게 결정된 것이고, 그리고 이것은 마
음의 조건을 바꾸면, 즉시 새롭게 변화해간다.

3) 불교는 연기법 아니다, 어떤 법도 아니다, 삶으로 부딪치며 깨닫는 것이다

'선인선과(善因善果)

악인악과(惡因惡果)'-,

인과(因果)로

원인과 결과로 끊임없이 변화해가는 이 현상-,

이 사실들-, 이 눈앞의 세계-, 세상사-,

이것을 '인연(因緣)이다' '연기(緣起)다' '연기법(緣起法)이다' 하면서, 신통한 진리나 발견한 것처럼, 굳이 교리의 틀로 규정할 것이 없다. 아무리 좋은 것이라도 교리의 틀로, 개념으로, 알음알이로 규정하면 생명력을 잃고 만다. 연기법 분석한다고 앉아있고, 연기법 본다고 앉아있다. 연각승(緣覺乘)-, 소승이다.

[깊이 통찰]

불교는 연기법 아니다.

'무아(無我)' '공(空)' '마음'-,

무슨 법도 아니다. 깨달음도 아니다.

불교는 다만 삶의 현장-, 눈앞의 사실(事實)이다.

조건 따라 끊임없이 변화해가는 눈앞의 경험적 사실(事實)이다.

'마음(*mano*)이

모든 것(*dhamma*, 事實)에 앞서가고'-

이 '마음'도 무슨 실체가 아니다.

'본래심(本來心)' '일심(一心)' '한마음'-,

이런 것 아니다, 이런 것 없다.

이런 것 본다고-, 찾는다고 명상하고-, '헛놀음'이다.

많은 사람들 불자들이 여기서 헷갈린다, 길을 잘못 든다.

이 세계는-, 이 우주는-, 무한 *energy*가 작동하는 역동적(力動的) 세계다.

이 눈앞의 세계-, 눈앞의 우주는 무한 *energy*로 끊임없이 변화하는 역동적 세계다. 그 무엇도 결정돼 있는 것 없는-, 무한 가능성의 세계 다. 모든 것이 조건 따라 새롭게 새롭게 변화되어가는 것이다.

마음도 끊임없이 역동적으로 변화하는 무한 *energy*다.

우리 마음-, 우리 생각도 조전 따라 끊임없이 새롭게 새롭게 변화 되어가는 무한 *energy*-, 무한 가능성이다. 내가 보살의 열정-, 보 살의 원력을 일으켜 나누고 섬기면서 애쓰고 애쓰면서 열심히 살아 가면, 이것이 곧 '청정한 마음' '선법(善法, *kula dhamma*)' '선(善)한 *energy*'이고, 내가 범부의 마음에 묶여서 욕심 부리고 집착하고 화내 고 미워하면, 이것이 곧 '어둔 마음' '번뇌' '불선법(不善法, *akula dhamma*)' '나쁜 *energy*'이다. '청정심'도 '번뇌심'도 조건 따라 끊임 없이 변화해 가는 것이다.

이것을 보는 것이 '마음보는 것' '견성'이다. 견성이 무슨 특별한 초 월적 경지 보는 것 아니다. 눈앞의 사실-, 우리들의 일상적인 삶의 현실을 있는 그대로-, 살아가며 부딪치며 보는 것이다.

우리 인생은 현장에서 부딪치며 살아가는 것이다.

우리 인생은 현장에서 부딪치며 깨닫는 것이다.

'본래'도 아니고 '예정'도 아니고 '우연'도 '필연'도 아니다.

마음으로-, 사실로-, 행위로 새롭게 새롭게 부딪치며 살아가는 것이다.

사랑도 미움도-, 기쁨도 슬픔도 몸으로 부딪치며 눈뜨는 것이다. 우리 삶은 연기법 이전-, 깨달음 이전-, 눈앞의 현장-, 체험적 사실이다. 부딪치며 경험해가며 사실로 깨닫는 것이다. 남 미워하면 내가 먼저 괴롭고-, 작은 은혜 하나에도 감사하면 내가 먼저 행복한 사실 -, 몸으로 삶으로 부딪치며 깨닫는 것이다.

눈감고 눈뜨고 앉아서 깨달음 한소식 찾고-, 거짓이다.

'내 마음을 바꿔야지-,

그래야 내 인생이 행복하지'-,

이렇게 눈뜨는 것이다.

삶으로-, 부딪침으로 이렇게 눈뜨는 것이다.

이것이 깨달음 견성이다. 이것이 곧 Sati다.

이렇게 있는 그대로-, 어떤 사상, 어떤 견해, 어떤 수행법 고집하지 않고, 빈 마음으로 고요하고 담담하게 체험하고 관찰하는 수행법이 곧 Sati다.

2. '불성(佛性)' '원력불성(願力佛性)' -,
이것은 무한 가능성이다, 무한 창조적 *energy*다

'불성(佛性)

원력불성(願力佛性, *chanda*)

바로 우리 마음-, 우리들 생각-

애쓰고 애쓰는 마음-,

나누고 섬기면서 함께 열심히 살아가는 열린 마음 -,

이것은 무한 가능성(無限可能性)이다.

이것은 무한 창조적 가능성이다.

이것은 빛나는 무한 창조적 변화의 가능성이다.

불성은 생각이기 때문에,

불성은 선한 마음이기 때문에,

불성은 빛나는 마음이기 때문에,

원력불성은 애쓰고 애쓰는 빛나는 청정한 마음이기 때문에,

끊임없이 새롭게 새롭게 변화시켜가는 무한 가능성(無限可能性)이다.

새롭게 새롭게 선(善)하게-, 고결하게-, 즐겁게-, 건강하게-, 행복하게-, 평화롭게-, 자유롭게-, 의(義)롭게 변화시켜갈 수 있는 빛나는 무한 창조적 변화의 가능성이다.

원력불성은 눈앞의 사실(事實)들-, 현실들-, 현장들-, 현상들-, 우리 인생-, 우리 운명들을 새롭게 고결하게 행복하게 변화시킬 수 있는 무한 가능성-, 무한 창조적 변화의 가능성이다.

'불성(佛性)

원력불성(願力佛性, *chanda*)'−,

이것은 무한 *energy*다.

이것은 '청정심' '선법(善法, *kula dhamma*)' '선(善)한 energy'다.

끊임없이 새롭게 새롭게 변화시켜가는 무한 창조적 energy다.

우리 인생을−, 우리 가정을−, 우리 기업을−,

우리 사회를−, 우리 나라를−, 이 지구촌 인류공동체를 끊임없이 새롭게 새롭게 고결하게−, 행복하게−, 평화롭게−, 자유롭게 변화시켜갈 수 있는 무한 창조적 *energy*다.

불성(佛性)

원력불성(願力佛性, *chanda*)

선(善)한 *energy*

무한 창조적 *energy*

우리 운명을 바꿀 수 있는 무한 창조적 *energy* −,

'I am' − 이것이 나다.

이것이 나의 본성(本性)이다.

이것이 우리들의 본성−, 발심한 보살의 본성이다.

모든 생명들의 본성−, 일체중생의 본성이다.

나의 동력(動力)−, 일체중생의 동력이다.

불성(佛性)

원력불성(願力佛性, *chanda*)

<u>선(善)한 *energy*</u>
<u>무한 창조적 *energy*–,</u>

무생물(無生物)–,

우리가 '생명 아니다'하고 치부하는 것들 속에서도 분자(分子) 원자(原子) 중성자(中性子) 미립자(微粒子)들이 놀라운 *energy*로 작동하고 있다. 우주법계 전체가 무한 *energy*로 장엄하게 작동하고 있다. '바위도 점두(點頭)한다'–, 바른 관찰이다. 바로 이것이 '실유불성(悉有佛性) 소식'이다.

3. 우리 인생–, 우리 사회–, 우리 역사–, 무한 창조의 장(場, *field*)–, 개척의 대지(大地)다

<u>불성(佛性)</u>
<u>원력불성(願力佛性, *chanda*)</u>
<u>선(善)한 *energy*</u>
<u>무한 창조적 *energy*</u>
<u>우리 운명을 바꿀 수 있는 무한 창조적 *energy*–,</u>

'We are' – 이것이 우리다.

이것이 우리들의–, 우리 동포들의 동력(動力)이다.

이것이 우리들의 생명력–, 우리 동포들의 생명력이다.

중생구원의 서원을 발한 보살들–, 보살 성중(聖衆)의 생명력이다.

이것이 착하게 살아가는 모든 생명들의 동력(動力)이고 생명력이다.

허리 곧게 펴고, 고요히 귀 기울여 보라.
지금 우리 몸속에서-, 우리 심장 속에서
펄떡 펄떡 박동하고 있지 아니 한가.

모든 것이 무한 가능성(無限可能性)-,
눈앞에 보이는 모든 것이 팔팔 살아 약동하는 무한 창조의 장(場, firld)-,
우리 인생도-, 우리 사회-, 우리 역사도 무한 창조의 장(場, firld)-,
무한 개척의 대지(大地)로 지금 여기 이렇게 우리 앞에 펼쳐지고 있다.
우리들의 결단과 도전을 기다리며 우리를 향하여 손짓하며 부르고 있다.

'시방삼세(十方三世)
제망찰해(帝網刹海)'-,

수많은 역사적 사회적 조건들이 모여서,
수많은 사람들의 의식(意識)들이 모여서,
이 조건들 위에서 인생은 무한가능성의 대지로 우리들을 기다리고
있다.
나 자신의 선택과 결단, 열정과 원력에 의하여 내 인생은 새롭게
창조되고 개척된다. 이것이 우리 인생이다.

'시방삼세(十方三世)
제망찰해(帝網刹海)'-,

수많은 역사적 사회적 조건들이 모여서,

수많은 사람들의 의식(意識)들이 모여서,

이 조건들 위에서 우리 사회-, 우리 역사는 무한가능성의 대지로 우리들을 기다리고 있다.

우리 동포들 자신의 선택과 결단, 열정과 원력에 의하여 우리 사회 -, 우리 역사는 새롭게 창조되고 개척된다. 이것이 이 사회발전이고 역사발전이다.

모든 것이 무한 가능성(無限可能性)이다.

우리 인생도-, 우리 사회-, 우리 역사도 무한 가능성이다.

눈앞에 보이는 모든 것이 팔팔 살아 약동하는 무한 창조의 장(場, firld)-, 무한 개척의 대지(大地)로 지금 여기 이렇게 우리 앞에 펼쳐지고 있다. 우리들의 결단과 도전을 기다리며 우리를 향하여 손짓하며 부르고 있다. 우리가 어떤 열정, 어떤 원력으로 애쓰고 애쓰면서 살아가는 가에 따라서, 이 가능성(可能性)이 우리들의 인생으로, 우리들의 사회적 발전으로, 역사발전으로 드러난다. 눈앞의 사실로 드러난다.

우리가 열린 마음으로 둘러앉아서 서로 무릎 맞대고 대화하고 토론하고 공감하면서 살아가면, 우리 가정- 인생도 꽃피고, 우리나라도 온갖 잡것들이 한데 어울려 푸르른 숲처럼 평화로운 '화엄 Korea' '화엄 불국토' 된다.

좌파 / 우파-, 이 망령(亡靈)-, 이 망렬(亡靈)된 생각-,

이 어둔 energy 벗어나지 못하면 나라도 무너지고 우리 가정-, 우리 인생도 무너진다.

'마음(*mano*)이

모든 것(*dhamma*, 事實)에 앞서가고-

선인선과(善因善果)

악인악과(惡因惡果)

우리 마음-, 우리 생각이 제일 조건이다'-,

'눈앞의 *fact*'-,

이것은 눈앞에 환- 하게 보이는 사실(事實)이다.

지금 우리들이 순간순간 피부로 느끼는 눈앞의 경험적 사실(事實)
이다.

4. 원력불성(願力佛性) -, 무한 창조적 *energy*로
우리 불교-, 동포들 다시 일으켜 세운다

1) '원력(*chanda*)을 일으켜 애쓰고 애쓰면서'-,
                이것이 '불교의 *Identity*', 더 이상 없다

'원력(願力, *chanda*)

원력불성(願力佛性)

선(善)한 *energy*-,

우리 인생과 이 사회-, 역사를 개척하는

무한 창조적 *energy*-,

살아 숨 쉬는 우리들 밝은 마음-, 열린 생각'-,

지금 우리가 이 선(善)한 *energy*를 지니고 있다.

지금 내가 이 무한 *energy*−, 무한가능성을 지니고 있다.

원력은 이렇게 무한 생명의 동력(動力)이다.

원력은 개념 아니다, 교리 아니다.

바로 지금 이 순간−, 펄떡펄떡−, 우리 가슴 속에서 뛰고 있다.

무한 *energy*로−, 무한 원력불성 *energy*로 이렇게 박동하고 있다.

'내 안의 원력불성(願力佛性)−,

내 안의 충만한 무한 원력 energy−,

열정(熱情)을 일으켜 애쓰고 애쓰면서

살아 숨 쉬는 우리들 밝은 마음−, 열린 생각으로'−,

이것이 나(自身)다.

이것이 김 아무개−, 박 아무개 나 자신이다.

이것이 나의 *Identity*−, 내 정체성(正體性)이다.

자등명(自燈明)−, 이것이 당당 빛나는 등불이다.

나는 무엇이든지 할 수 있다.

우리는 무엇이든지 될 수 있다.

우리는 '어둔 나' '어둔 자아의식'으로부터 훨훨 벗어날 수 있다.

우리 무의식(無意識) 깊이 스며있는 '어둔 나 DNA' '어둔 나 유전자' 훨훨 벗어날 수 있다.

많은 사람들−, 동포들 맘속에 스며있는 어둔 집단무의식(集團無意識)−, 무명(無明, *avijja* / 아윗자) 훨훨 벗어날 수 있다. 훨훨 해탈할 수 있다.

'해탈(解脫)

무아 해탈(無我解脫)

무아-무실체를 넘어서는 원력 해탈(願力解脫)

일체의 구속과 불의(不義)로부터 자유로운 원력 해탈

우리가 원하는 세상-,

우리가 꿈꾸는 자유롭고 아름다운 세상'-,

인류사 수십만 년-,

어떤 종교 어떤 철학도-, 그 누구도-,

해내지 못한 '원력 해탈(願力解脫)의 장엄한 역사'

오로지 붓다 석가모니께서 해내신

'원력 해탈(願力解脫)의 장엄한 역사'-,

'자등명(自燈明) 법등명(法燈明)의 장엄한 역사'-,

이제 내가 해낼 수 있다.

이제 내가- 우리가 해낼 수 있다.

우리도 부처님같이-,

우리 불교도-, 붓다의 후예들이 능히 해낼 수 있다.

열정을 일으켜 애쓰고 애쓰면서

보살고행의 길 걷고 걸으면서 능히 해낼 수 있다.

[큰 소리로 사자후(獅子吼) ;

            '이것이 불교의 *Identity*, 더 이상 없다']

허리 곧게 펴고

사자처럼 당당하게 앉아서
두 팔 높이 치켜들며
하늘 땅 진동하게 사자후 한다.
(목탁 / 죽비-)

「보살의 원력(菩薩願力, *chanda*)으로
열정(熱情, 熱意)을 일으켜,
선(善)한 *energy*-, 무한 창조적 *energy*로-,
정진하고, 힘을 내고, 마음을 다잡고 애쓰고 애쓰면서
뙤약볕 길 땀흘리며 해탈구원의 길 걷고 걷는 것,
따뜻한 미소로 먼저 다가가 인사하고
작은 것 하나라도 나누고 섬기고-,

[소리질러]

'이것이 불교다.
바로 이것이 '불교의 *Identity*',
정체성(正體性)이다.
더 이상 없다.'

2) 이제 다시 한번 일어선다,
            우리 불교 - 동포들 당당히 일으켜 세운다
힘이 솟아난다.
*energy*가 솟아난다.
열정(熱情)이 솟아난다.

보살 원력(願力)이 솟아난다.
애쓰고 애쓰면서 보살의 길 걷고 걸으면
이 세상에서 못 이룰 것이 없다.

이제 내게 절망(絶望) 없다.
이제 내게 어둔 우울(憂鬱) 없다.
이제 내게 한숨 없다, 눈물 없다.
이제 내게 어둔 좌절(挫折) 없다.
이제 우리 가정에 어둔 불화 반목 없다.
이제 우리 직장에 고통스런 갈등 갑질 없다.
이제 이 땅의 불교도들에게 나약한 포기 원망 없다.
이것은 모두 새 원력 *energy*를 불러일으키는 한 때의 촉매들이다.

돌이켜보면-,
지금껏 우리는 허구에 빠져있었다.
'머리 굴리기'-, 분별망상에 빠져있었다.
눈앞의 현장에서 애쓰고 애쓰지 않으면서,
피땀 흘리며 보살고행의 길 걷고 걷지 않으면서,
내가 먼저 다가가 절하지 않으면서
따끈한 커피 한잔이라도 나누고 섬기지 않으면서
눈앞의 사실로 드러내지 못하면서,
눈앞의 사실로 살아내지 못하면서,
증거 하지 못하면서,

'불성' '깨달음' '성불'
'해탈 열반' '불멸 불사'-,

이 고결한 붓다의 법들을 허구, 가짜로 만들고,
불교도 스스로 무력(無力)한 방관자로 버림받아 왔다.

이제 우리는 다시 한번 일어선다.
떨치고 일어나 다시 한번 걷고 걷는다.
열정을 일으켜 애쓰고 애쓰면서
보살고행의 길 다시 한번 걷고 걷는다.
이 땅의 불교 다시 일으켜 세운다.
이 찬란한 붓다의 빛-, 불성광명을 통하여
이 땅의 동포들 모두 세계제일의 'K-국민'으로 당당히 일으켜 세
운다.
'K-pop' 'K-반도체' 'K-자동차' 'K-조선' 'K-건설'
'K-김치' 'K-웹툰' 'K-드라마' 'K-영화' …
위대한 단군의 후손들-,
다시 한번 당당 세계사의 주역으로 일으켜 세운다.

지금 이 순간
상쾌한 열정(熱情)이 가슴 속에서 박동하고 있다.
이제 우리는 다시 한번 일어선다.
떨치고 일어나 다시 한번 걷고 걷는다.
원력을 일으켜 애쓰고 애쓰면서

보살고행의 길 다시 한번 걷고 걷는다.

'K-인생'-,

아니 '불성 인생'으로 우리 인생 다시 한번 일으켜 세운다.

침체한 우리 인생-, 무의미한 우리 인생-,

돈 몇 푼에 목을 매는 한심한 우리 인생-,

'원력 인생'으로-,

'도전과 창조, 연민의 무한 에너지'로-,

하늘 높이 다시 한번 일으켜 세운다.

우리 불교-, 우리 동포들-,

하늘 높이 다시 한번 일으켜 세운다.

제7장

[대전환 5 ; *Chanda* / 찬다 ②]

[원생(願生) – 원력탄생] (1)
보살은 불사(不死)다,
원력으로, 원왕(願王)으로 새로 태어난다

― 보살의 불사(不死)는 윤회도, 적멸도 아니다,

보살은 원생(願生)이다, 원력탄생이다 ―

[붓다의 현장]

〔실참실수(實參實修)〕

[입체낭독]

「빈자일등(貧者一燈)－, 가난한 여인의 등불」[1]

☺ 가족, 도반들끼리 역할을 나눠서 대화극으로 해본다.

*연 출;	* 배경음악 ;
* 나레이터 ;	* 붓 다 ;
* 아난다 비구	* 난다 여인 ;
* 행 인	* 기름집 주인 ;

"부처님이 오신답니다 －"

「 **[나레이터]** 꼬살라국(Kosalā國)의 수도 사왓티성(Sāvatthī城) －,

난다(Nanda, 難陀)라는 한 가난한 여인이 살고 있었다. 난다 여인
은 너무나 가난했기 때문에 이 집 저 집 다니면서 밥을 빌어 겨우
목숨을 이어갔다.

어느 날, 성 안이 떠들썩한 것을 보고, 난다는 지나가는 사람에게
까닭을 물었다.

---

1) 근본설일체유부「위나야약사」 12 ;『룸비니에서 구시나가라까지』(불광출판부) pp.11-
17.

[난 다] "무슨 영문입니까? 왜 이렇게 사람들이 분주합니까?

거리를 청소하고 등을 달고 −, 무슨 일이 있습니까? 국왕께서 행차

라도 하십니까?"

[행 인] "여보시오, 여태 소식도 못 들었나보오. 부처님께서 오신답니다.

부처님께서 여러 제자들과 함께 오늘 사왓티성으로 오신답니다.

그래서 빠세나디왕(Pasenadi 王)을 비롯해서 모두 등을 달고, 다들

복을 짓 겠다고 야단들이랍니다."

[난 다] "아니−, 지금 부처님이라고 하셨습니까? 만인이 우러러 보는

석가족의 전사(戰士) 그 부처님 말씀입니까?"

[행 인] "아 그렇다니까요. 그 부처님께서 오신다고 이렇게 야단들이

지 뭡니까.

오늘 밤 이 사왓티성(城)에는 크고 화려한 연등축제가 벌어질 겁니

다. 나는 어디 가서 구경이나 하고 떡이나 얻어먹어야지−."

"이제 부처님을 뵙게 되니 얼마나 복된 일입니까"

[난다 여인의 독백]

'아− 부처님이 오시다니.

천년에 한번 필까 말까하는 우담바라 꽃같이

부처님께서 이 세상에 오시기는 참으로 드문 일 아닌가.

어떤 일이 있어도 부처님을 꼭 뵈어야 한다.

오늘 이때를 놓치면 언제 다시 뵈올 수 있을 것인가.

부처님을 뵈오면 내 소원을 꼭 말씀 드릴거야.

내가 이렇게 찾아 헤매는 그 소원−,

이 간절한 소원−, 꼭 말씀 드려야 해.

그런데 나는 아무것도 가진 것이 없구나.

사람들은 저렇게 크고 아름다운 등을 밝혀 공양 올리는데-,

아하-, 나는 어찌하면 좋단 말인가.'

[나레이터] 난다 여인은 거리로 나가 지나가는 사람에게 애걸하여 동
전 두 닢을 얻었다. 난다 여인은 기름집으로 가서 기름을 사려고
하였으나 그 돈으로는 아무것도 살 수 없었다. 난다 여인은 눈물
가득 떠나지를 못하고 서 있었다.

[기름집주인] "아니 왜 안가고 서 있소?"

[난 다] "어르신, 죄송하지만 이 돈 받으시고 기름 한 홉만 주실 수
없습니까?"

[기름집주인] "기름 한 홉? 어디다 쓸려고 그러시오? 기름 한 홉 어디다
붙이겠다고-"

[난 다] "어르신-, 부처님이 오신답니다. 오늘 부처님께서 이 성으로
오신답니다. 이 세상에서 부처님을 만나 뵙기란 참으로 어려운 일
입니다.

이제 부처님을 뵙게 되니 얼마나 복된 일입니까.

작은 등불이라도 하나 밝혀 부처님께 공양하고 싶습니다."

[기름집주인] "하아-, 그러시군요. 그 정성이 참 대단하구려. 아주머니
는 복 받으시겠소."

"부처님 -, 저는 가난하여 가진 것이 없습니다"

[나레이터] 기름집 주인은 여인을 가상히 여겨 기름을 곱으로 주었다.
난다 여인은 부처님이 지나가실 길목에 등불을 밝히고 싶었으나,
이미 귀족 들을 비롯한 유력한 시민들이 요지를 다 차지하였다.

난다는 큰 거리를 비켜 서 인적이 드문 후미진 골목길에 등불을
밝히고 빌었다.

[난다 여인의 발원]

모두 위의를 단정히 하고
무릎 꿇고 합장하고 함께 외우며
우리도 저 난다 여인같이 발원한다.

(목탁 / 죽비-)

"부처님-,
저는 가난하여 가진 것이 없습니다.
아무것도 공양할 것이 없습니다.
보잘 것 없는 등불 하나를 밝히오니,
이 공덕으로 저도 오는 세상에 성불하여
가난하고 외로운 사람들 건네지이다."

- 근본설일체유부「위나야약사」12 -

〈잔잔한 음악- 〉

[나레이터] 밤이 깊어 등불들이 하나 하나 꺼져갔다.
빠세나디왕과 말리까 왕비와 귀족들의 등불도 다 꺼졌다.
그러나 난다의 등불만은 꺼지지 않고 밝게 빛나고 있었다.
부처님께서 등불 하나하나 지켜보며 깊은 삼매에 들어계셨다.
등불이 다 꺼지기 전에는 부처님이 주무시지 않을 것이므로,
제자 아난다 비구가 가사 자락과 손으로 여인의 등불을
끄려하였으나 꺼지지 않았다.

부처님께서 이 광경을 지켜보며 말씀하셨다.

[붓 다] "아난다여, 무엇을 그리 애쓰고 있느냐?"

[아난다] "아 세존이시여-, 이 등불이 꺼지지 않고 계속 타오르고 있습니다."

[붓 다] "아난다여, 왜 그 등불을 끄려고 하느냐?"

[아난다] "아, 네-, 등불이 꺼지지 아니하면 세존께서 주무시지 않으실 것 같아서-"

[붓 다] "아난다야, 고맙구나. 아난다여, 그러나 부질없이 애쓰지 말거라."

[아난다] "네? 세존이시여, 무슨 말씀이시온지-"

〈음악 흐르다가- 고조- 다시 고요하게- 〉

[붓다의 수기(授記)]

모두 위의를 단정히 하고
무릎 꿇고 합장하고 함께 외우며
붓다 석가모니의 성불수기(成佛授記)를
내게 주시는 수기(授記)로 온몸가득 받아들인다.
(목탁 / 죽비-)

"아난다야, 그것은 가난하지만 마음 착한 한 여인이
넓고 큰 서원과 정성으로 켠 등불이니
결코 꺼지지 않으리라.
이 등불의 공덕으로 이 여인은 오랜 세월

수많은 중생들을 고통바다에서 건네고,
오는 세상에 결정코 성불하리라."」

－ 근본설일체유부「위나야약사」12 －

[대중들 함께]

"부처님 감사합니다, 감사합니다.
명심불망(銘心不忘) 명심불망(銘心不忘)
이제 저희들이 원력보살이 되어
맹세코 이 세상 고단한 동포들 다 구원하고
모두 함께 성불의 길 걷고 걷겠습니다.
부처님－, 저희를 수호하소서－."

[대중들 함께]

모두 일어나 부처님 계신 곳을 향하여
삼배 올리고 백팔배 정근기도를 올린다.

'나무영상불멸 학수쌍존
시아본사 석가모니불－'

'빈자일등(貧者一燈)',
보살은 불사(不死)다

"아난다여, 부질없이 애쓰지 말라.
그 등불은 가난하지만 마음 착한 한 여인이
넓고 큰 서원과 정성으로 밝힌 것이니
결코 꺼지지 아니하리라."

– 근본설일체유부 「위나야약사」 – [2]

1. '가난한 난다(Nanda) 여인의 작은 등불' –,
이것은 '불사(不死)의 소식'이다

'빈자일등(貧者一燈), 가난한 여인의 등불,
난다(Nanda) 여인의 등불,
난다 여인이 동전 두 닢을 빌어 밝힌 작은 등불 하나,

---

2) 『아사세왕수결경』에도 같은 내용이 실려있다.

사왓티성 후미진 뒷골목을 밝히는 꺼지지 아니하는 등불 하나'-,

이것은 원력불성(願力佛性)의 등불이다.
이것은 불사(不死, *Amata* / 아마따)의 등불-,.
이것은 불사불멸(不死不滅)의 등불-,
4아승지 10만겁-, 영겁토록 꺼지지 아니 하는 생명의 등불이다.

'빈자일등(貧者一燈), 가난한 여인의 등불,
난다(Nanda) 여인의 등불,
난다 여인이 동전 두 닢을 빌어 밝힌 작은 등불 하나,
작고 외로운 보살이 밝히는-, 꺼지지 아니 하는 등불 하나'-,

이것은 '불사(不死, *Amata* / 아마따)의 등불',
'불사(不死)의 소식'-, '보살 불사(不死)의 소식'이다.
보살은 죽는 것 가운데서도 죽지 아니 하는 '불사불멸(不死不滅)의
소식'이다.

중생제도의 순결한 서원을 발한 보살은 불사(不死)다.
이렇게 가난한 속에서도 작은 것 하나라도 나누는 보살은 불사불멸
이다.
동포들 위하여-, 늙고 병들고 굶주리고 폭력으로 죽어가는 불행한
동포들 위하여 작은 것 하나라도 나누며 고통을 함께하는 보살은 불사
불멸이다. 죽는 것 가운데서도 결코 죽지 아니한다. 거듭 거듭 새 생명
으로 태어난다. 거듭 거듭 이 세상으로 다시 온다.
붓다께서 이 '불사의 소식' 열어 보이신다.

[합송 ; 붓다의 직언직설
'불사(不死)-, 죽는 것 가운데서도 죽지 아니 한다']

"험한 벌판길을 함께 가는 길동무처럼

가난한 가운데서도 나누는 사람들은

죽어가는 것들 가운데서도 죽지 않느니

이것은 영원한 진리라네-."

- 상윳따니까야 1, 32 「인색함의 경」 4 / Macchari-sutta - 3)

이렇게 보살은 불사(不死, *Amata* / 아마따)다.

이렇게 나누고 섬기는 보살은 불사불멸(不死不滅)이다.

죽는 것 가운데서도 죽지 아니 한다. 거듭 새 생명으로 태어난다. 더욱 빛나는 모습으로 다시 온다. 4아승지 10만겁-, 헤아릴 수 없는 세월-, 거듭 새 생명으로 이 땅, 이 동포들 속으로 돌아온다.

2. '가난한 난다 여인의 작은 등불'-,
이것은 '만인성불 소식'이다

1) '성불하여지이다'-,
내게 간절한 성불의 서원 있는가?

'나도 오는 세상 성불하여

이 세상 가난하고 병든 동포들

다 건네리, 건너게 하리'-,

---

3) S I. p.18 ; 각묵 스님 역, 『상윳따니까야』 1권 p.190.

이렇게 동전 두 닢을 빌어 작은 등불 하나 밝히면서
난다(Nanda) 여인은 성불(成佛)을 발원하고 있다.

이 세상 동포들 고통과 죽음의 홍수(洪水, 暴流, *ogha* / 오가)에서 건네는(度)—, 건너게 하는 공덕으로, 마지막 한 생명까지 건네는 공덕으로, '나도 성불하여지이다'—, 이렇게 빌고 있다.

저 등불 지켜보면서 묻고 있다.
외로운 골목길 홀로 밝히며 타오르는 저 등불 지켜보면서, 묻고 있다.
난다 여인의 성불발원 들으면서, 나 자신에게 묻고 있다.

내게 성불의 염원 있는가?
나는 성불의 서원 세우고 있는가?
이 몸을 던지고 던져서 이 세상 동포들 건네면서(度)—,
고통과 죽음의 홍수 건너게 하면서, 성불의 서원 세우고 있는가?

[합송 ; '나도 성불하여지이다']

'부처님 성불하여지이다,
전법도생(傳法度生) 부처님 법 전하고 전하여
이 땅의 동포들 건네고 건네는
이 지극한 보살행의 공덕으로
나도 성불하여지이다'

이 간절한 성불의 서원 내게 있는가?
아무 의식 없이—, 아무 생각 없이—, 꿈도 희망도 없이—,
나는 이렇게 인생을 허송하고 있는 것은 아닌가?

2) '성불수기(成佛授記)' -,
우리에게 주시는 거룩한 '성불수기(成佛授記)' -

밤새 꺼지지 아니 하고 찬란하게 타오르는 저 등불-,

난다(Nanda) 여인이 동전 두 닢으로 밝히 순결한 저 등불-,

저것은 '성불 소식'이다,

저것은 '만인성불 소식'이다,

저것은 '만인견성-만인성불 소식'이다.

나도-, 그대도-, 사랑하는 우리 가족들도-,

이 땅의 이름 없는 동포들도 모두 성불할 수 있다는 '만인성불 소식'이다.

하아-, 희유(稀有)하고 희유하다,

세상에 드문 소식이다.

가슴이 뛴다.

눈물이 난다.

나도 성불할 수 있다.

우리도 성불할 수 있다.

이제 붓다께서 수기(授記)하신다.

찬란하게 타오르는 저 등불 지켜보며 인가(認可)하신다.

[합송 ; 붓다의 성불수기(成佛授記)]

모두 위의를 단정히 하고

허리 곧게 펴고 무릎 꿇고 합장하고
함께 큰 소리로 외우며
부처님께서 내게 주시는 성불수기(成佛授記)로
가슴 깊이 받아들인다.

(목탁 / 죽비-)

"아난다야, 부질없이 애쓰지 말거라.
그것은 가난하지만 마음 착한 한 여인이
넓고 큰 서원과 정성으로 켠 등불이니,
결코 꺼지지 않으리라.
그 등불의 공덕으로
이 여인은 오랜 세월 수많은 중생들을 고통바다에서 건네고,
오는 세상에 결정코 성불하리라."

－ 근본설일체유부「위나야약사」12－

'성불수기(成佛授記)'
이것은 부처님께서 내게 주시는 성불수기다.
우리에게 주시는 거룩한 성불수기다.
영원토록 꺼지지 아니 하는 성불의 인가(認可)－, 예언(豫言)－,
부처님의 약속－,

[합송]

부처님 향하여 합장하고
간절한 목소리로 합송하며 삼배 올린다.

(목탁 / 죽비-)

「하아-, 감사합니다, 감사합니다,

부처님-, 감사합니다.

불사(不死)의 소식-,

성불(成佛) 소식-,

저희들에게 주시는 희유한 축복의 소식-,

새 생명의 소식-,

감사합니다, 감사합니다.」

3. '성불(成佛)'-,
이것은 내 생명의 약동-, 우리 인생의 약동

'성불하세요'

'성불하십시오'

우리는 이렇게 인사한다.

불자끼리 만날 때, 헤어질 때, 합장하고 이렇게 인사한다.

돌이켜보면, 참 아름다운 풍속(風俗)이다.

참으로 희유한-, 이 세상에서 보기 드문 아름답고 고결한 풍속이다.

그러나 힘을 잃고 있다.

이 아름답고 고결한 풍속이 힘을 잃고, 우리를 감동시키지 못한다.

그저 주고받는 별 의미 없는 습관처럼 돼버렸다.

참으로 안타깝고 부끄럽다.

저 부처님 뵙기가 민망하고 죄스럽다.

밤늦도록 편히 잠들지 못하고, 저 난다 여인의 찬란한 등불 지켜보시며 수기하시는 부처님 앞에서 고개를 들 수 없다.

　성불(成佛)―,
　이것은 우리 생명의 약동(躍動)이다.

　어둠 속에 빠져서 출구를 찾지 못하고 방황하는 우리 생명―, 끊임없이 욕심 부리고 고집 부리고 화내고 미워하면서 보잘것없는 삼류인생으로 타락해버린 우리 생명―, 우리 인생―,
　이렇게 살려고 이 세상에 왔던가? 이렇게 추한 모습으로 살다 가려고 어머니 죽을 고생시키며 이 세상에 태어났던가?
　이렇게 별 볼일 없이 어영부영 허망하게 살다가려고 많은 사람들 고생시키며 살고 있는가?
　부끄럽다, 눈물이 난다.

　성불(成佛)―,
　이것은 우리 생명의 약동―,
　우리 인생의 약동이다.

　이 어둡고 부끄러운 모습―,
　저것은 박차고 일어나 새 생명으로, 본래생명으로 솟아오르는 우리 생명의 장엄한 약동이다. 복되고 건강한 새 인생으로 솟아오르는 우리 인생의 약동이다. 우리 가정―, 우리 직장―, 우리 마을―, 우리나라―, 이 지구촌을 서로 사랑하고 연민하는 거룩한 평화공동체로 솟아오르게 하는 우리 동포들 희망의 약동이다.

'성불하세요'
'성불하십시오'

이것은 약속이다.
우리가 부처님 앞에서 맹세한 약속이다.
저 난다 여인의 찬란한 등불 앞에서
우리도 난다 여인 같이 부처님께 굳게 맹세한 약속이다.
부처님과의 약속−, 우리 동포들과의 약속이다.

이제 외칠 것이다.
우리 불자들이 만나고 헤어질 때,
서로 손잡고 희열과 희망에 넘친 목소리로 외칠 것이다.
그리고 서로 격려하고 축복할 것이다.

[소리질러]

'성불하세요'
'성불하십시오'

4. 지금 그대 등불은 어디 있는가?
욕망의 등불로 타오르고 있는 것은 아닌가?

'빈자일등(貧者一燈)
가난한 여인의 등불
난다(Nanda) 여인의 작은 등불

난다 여인이 동전 두 닢을 빌어 밝힌 직은 등불 하나
밤새도록 꺼지지 아니 하고
찬란한 빛을 발하는 사왓티 거리의 작은 등불 하나'-,

저 등불 지켜보며 생각한다.
1978년 5월, 천신만고 『룸비니에서 구시나라라까지』 초판을 발행하
면서, 필자는 책머리에서 이렇게 쓰고 있다.

「저 가난한 사와티의 여인에 비하여
나는 굉장히 많은 것을 소유하고 있습니다.
저 보잘것없는 두 입짜리 등에 비하여
당신은 훨씬 아름답고 비싼 등을 켤 수 있습니다.
그런데 지금 나와 당신의 등불은 얼마만큼 밝게 빛나고 있습니까?
얼마나 많은 사람들의 어둠을 밝히고 있습니까?

당신은 스스로 굉장히 훌륭한 등블을 지니고 있다는 사실을 의심하
는 것은 아니겠지요? 나도 저 여인과 같이, 영원히 꺼지지 아니 하는
등불을 밝힐 수 있다는 사실을 혹시 잊고 있는 것은 아니겠지요?
저 등불은 곧 나와 당신의 생명의 등불입니다.
내 생명 그 자체가 놀랄 만큼 크고 아름다운 등불입니다. 지금 당신
이 호흡하고 있다는 사실을 의심할 수 없듯이, 내 생명의 등불이 타고
있다는 사실 또한 의심할 수 없는 진실[4]입니다. …

---

4) 김재영, 『룸비니에서 구시나가라까지』 1978, 최초판, 불교교육회) pp.13-14.

부처가 된다는 것(成佛)은 잊어버린 내 생명의 등불을 다시 밝히는 것입니다. 아름답고 깨끗한 내 자신의 본래모습(本來面目)을 다시 발견하는 것입니다. 복되고 건강한 나와 당신의 인생을 지금 여기서 실현하는 것이고, 건전하고 정의로운 세상을 이 역사 속에서 건설해가는 것입니다. …」

'빈자일등(貧者一燈)
가난한 여인의 등불
난다(Nanda) 여인의 등불
보살 불사(不死)의 소식
성불(成佛) 소식'-,

저 등불 지켜보면서 우리는 우리 자신을 돌아보고 있다.
정신없이 살아온 발걸음 잠시 멈추고, 나 자신을 돌아보고 있다.

어디 있을까? 지금 내 등불은 어디 있을까?
지금 내 등불은 어디서 빛을 발하고 있는 것일까?
이미 꺼져버린 것은 아닐까?
아니-, 어둔 욕망의 등불로 타오르고 있는 것은 아닐까?

권력 부(富) 명성-, 권위 자만 허세 진영논리 분노 증오 폭력-,
이 허망한 욕망과 고집의 등불로 훨훨 타오르고 있는 것은 아닐까?

〔실참실수(實參實修)〕

[등불 공양]

① 내 손으로 작은 연등 하나 만든다.

　(부득이할 때는 구입한다)

② 우리 집 베란다에 밖에서 볼 수 있는 곳에 등불 밝힌다.

③ 가족들과 함께-, 나 혼자서라도 등불 바라보며 백팔 정근 모신다. 백팔배 올리며 '석가모니불' 정근한다.

④ 먼저 「무상 Sati 일구」 외운다.

[무상 *Sati* 일구]

「 들숨 날숨 하나-

제행무상 제행무상

마음이 허공처럼 텅- 비어간다」 (三念)

[백팔정근]

[회향 ; 「광명진언」]

「광명찬란 광명찬란

불성광명이 눈앞에 찬란하다.

보설원력이 온몸 가득 솟아난다.

보살열정이 온몸 가득 솟아난다.

모든 생명들이여-, 부디 행복하소서.

사랑하는 이들이여-, 부디 행복하소서.

우리 빛나는 몸으로 다시 만나요,

나무석가모니불 우리도 부처님같이- 」

보살의 원력, 선(善)한 *energy* –,
이것이 불사(不死)의 생명력이다

•

"나도 저 연등불 같이 힘 있는 부처가 되어
이 세상 동포들 다 법의 배에 태워
고통의 바다에서 기어코 모두 건너게 하리라.
그리하여 완전한 깨달음을 이루리라."

– 본생경(本生經) 1 ; 자따까 「니다나까타」 / *Nidāna-kathā* –

1. '보살은 불사(不死)' –,
그러나 이것은 윤회(輪廻)아니다

'보살은 불사(不死, *amata* / 아마따),
보살은 죽는 것 가운데서도 죽지 아니 한다,
거듭거듭 새 몸으로 다시 온다.
새 생명으로 탄생한다.' –,

무엇일까?

'보살은 죽지 않는다'는 것이 무엇일까?

'새 생명으로 탄생한다'–, '다시 온다'는 것이 무엇일까?

윤회(輪廻)한다는 것일까?

윤회의 몸으로 '다시 온다'는 것일까?

붓다는 맛지마니까야 12「사자후 긴 경」에서 이렇게 설하고 있다.

"여래는 청정하고 인간을 넘어선 신성한 눈(天眼)으로 중생들이 죽고 태어나고, 천박하고 고상하고, 잘 생기고 못 생기고, 좋은 곳(善處)에 가고 나쁜 곳(惡處)에 가는 것을 보고, 중생들이 지은 바 그 업(業)에 따라 가는 것을 꿰뚫어 안다."

– 맛지마니까야 12「사자후 긴 경」18 – [5]

'중생들이 죽고 나서
좋은 곳에 가고, 나쁜 곳에 가고',

중생들은 지은 바 그 업에 따라–, 업력에 따라, 새 몸으로 태어난다. 선인선과 악인악과–, 좋은 곳(善處, 善道)에 가서 태어나기도 하고 악한 곳(惡處, 惡道)에 떨어지기도 한다. 이것이 윤회(輪廻, saṃsāra / 상사라)–, 윤회전생(輪廻轉生)이다. 이 때 이 윤회를 이끄는 것이 업식(業識)–, 또는 영식(靈識)이다. 흔히 말하는 '영혼'이라고 해도 좋을 것이다. 영혼이 있어서 영식 또는 아뢰야식(ālayavijñāna / 알라야위자나,

---

5) M I. p.71. ; 대림 스님 역, 『맛지마니까야』 1권 p.396.

阿賴耶識)이 있어서 몸은 소멸되어도 다시 태어나는 것은 '윤회'다. 업력에 의해서-, 나쁜 energy에 끌려 다니는 고통스런 윤회다.

윤회는 고통이다. 윤회는 고통의 악순환이다.

지옥(地獄, *niraya* / 니라야)·짐승(畜生, *tiracchana* / 띠랏차나)·아귀(餓鬼, *peta* / 뻬따)·아수라(*asura*) 등 악도(惡道)가 아니라도, 천신(天神, *deva* / 데와)·인간(人間, *manussa* / 마눗사) 등 선도(善道)로 가서 태어나는 것도 고통이다. 끌려 다니는 그 자체가 고통이다. 윤회 그 자체가 고통이다. 이것이 '육도윤회(六道輪廻)'다.[6] 천상 천국(天上天國)-, 그래서 우리 불교도들은 천국 가는 것 별로 대단하게 생각하지 않는다. 우리에게 천국은 윤회의 세계다.

'보살은 불사(不死)
보살은 불사불멸(不死不滅)
거듭 새 생명으로 태어난다.
이 세상으로 다시 온다.'

그러나 이것은 '영혼' 때문이 아니다.
'영혼'이 있어서 새로 태어나는 것 아니다.
죽지 아니 하는 성스러운 영혼, 성령(聖靈)이 있어서가 아니다.
고급 영혼(高級靈)이 있어서가 아니다. 영식(靈識)이[7] 있어서, 신령

---

6) 각묵 스님, 『초기불교이해』 pp.466-473.
7) 유식학파(唯識學派)에서는 이러한 잠재의식을 '아뢰야식(ālayavijñāna, 阿賴耶識)'이라고 일컫는다. 쌓이고 쌓인 잠재의식이란 뜻이다.

스런 의식(意識)이 있어서 몸은 소멸되어도 영식은 다시 살아나는 것 아니다. 만약 보살의 불멸이 이런 것이라면, 이것은 윤회(輪廻)다. '불멸(不滅)'이 아니라 '윤회'다. 이 끝없는 윤회 자체가 고통이다.

'영혼(靈魂)' '성령(聖靈)'
'고급 영혼(高級靈)' '영식(靈識)' '아뢰야식'-,

이런 것은 '어둔 생각의 산물'이다.
무슨 불변의 실체(實體)가 있는 것이 아니다.
'내가 있다' '내가 실체다' '나는 영원히 살고 싶다'-,
'영혼' '영식'은 이렇게 '내가 있다'라는 나 자신의 어둔 생각-, 어둔 자아의식(自我意識, *asmimāna* / 아스미마나)이 만들어 낸 '어둔 생각의 산물'이다. '나는 영생하는 존재다' '나는 영원히 존재하고 싶다'- , 이런 나의 어둔 존재의식이 만들어낸 '어둔 생각의 산물'이다.
'영혼' '영식'은 이렇게 내가 영원한 존재(*bhava* / 바와, 有)이기를 갈망하는 애착(愛着, 渴愛 / 갈애, *bhava-taṇha* / 바와땅하)-, '오래 살고 싶다'는 애착-, 집착이 만들어낸 어둔 생각, 곧 번뇌일 뿐이다. 어둔 잠재의식일 뿐이다. 식(識)은 이렇게 어둔 마음작용이다. 따라서 '아뢰야식이다' '유식(唯識)이다' 하면서 깊이 분석하고 들어가는 것은 금물이다. 어둔 수렁에서 끝없이 헤매는 것이다. 식(識)은 극복의 대상이다. 팔정도로-, 청정한 삶으로 극복하는 데 집중해야 한다는 것이 유식(唯識)불교의 큰 뜻이다.

'보살은 불멸(不滅)

보살은 불사 불멸(不死不滅)
거듭 새 생명으로 태어난다.
이 세상으로 다시 온다.'

'보살의 불멸'은 윤회가 아니다.

영혼이 있어서, 깊은 잠재의식이 있어서 그 힘으로 다시 태어나는 것이 아니다. 만인 그런 것이라면, '보살의 불멸'은 고통스런 것이다. '거룩하다' '대단하다' '감사하다'-, 하나도 내세울 것이 못된다.

2. '보살은 불사(不死)'-, 그러나 이것은 적멸(寂滅)도 아니다

'보살은 불사(不死)
보살은 불사불멸(不死不滅)
거듭 새 생명으로 태어난다.
이 세상으로 다시 온다.'

4아승지 10만겁-,
끝없이 끝없이 새 생명으로 태어난다.
보살은 중생의 몸으로 동포들 가운데 새로 태어난다.
그러나 이것은 이미 윤회가 아니다.
보살의 거듭 태어남은 어둔 중생들의 윤회가 아니다.
재생(再生)도 아니고, 환생(還生)도 아니다.
재생-, 환생-, 이것은 윤회의 다른 이름이다.

'보살은 불사, 보살은 불사불멸, 거듭 새 생명으로 태어난다. 이 세상으로 다시 온다.'

이것은 '적멸'도 아니다. '보살의 불멸'은 '적멸'이 아니다.
'적멸(*nibbuti* / 닙부띠)'－, 무엇인가?
'적멸'은 곧 '입적(入寂)'이다. '고요함'에 들어가는 것이다. 윤회전생의 고통을 벗어나 생사멸이(生死滅已)의 '고요함'으로 들어가는 것이다. 생사 없는 '고요함'으로 들어가는 것이다. '태어난다' '죽는다' '간다' '온다'－, 어떤 자취도 남기지 않는 것이다. 큰스님들 돌아가면, '입적했다', 하는 것이 이런 뜻이다.
'적멸' '입적'－, 다시 태어나지 않는다. 해탈 이룬 아라한도, 도인들도 다시 태어나지 않는다. 자취를 찾을 수 없다.

'보살의 불멸(不滅)
보살의 불사불멸(不死不滅)'

그러나 이것은 '적멸'이 아니다. '입적(入寂)'이 아니다.
왜? 무슨 까닭인가? '고요함'에 들지 않기 때문이다.
보살은 '고요함'에 들지 않고 새로 태어기 때문이다.
거듭 거듭 새 생명으로, 이 시끄럽고 번거로운 중생의 세계로－, 사바(裟婆)로 다시 오기 때문이다.

보살은 해탈(解脫)을 추구하지 아니 한다. 보살은 열반(涅槃, *Nibbāna* / 닙바나, *Skt., Nirvana*)을 추구하지 아니 한다.
보살은 생사해탈의 열반을 추구하지 아니 하고, 중생의 무거운 짐

짊어지고 이 어둔 중생세계로 거듭거듭 새로 태어난다. 아니―, 보살
은 중생의 무거운 짐 짊어지고 이 어둔 중생세계로 거듭거듭 새로 태
어나는 것으로 해탈 열반을 삼는다.

선정, 적멸, 해탈 열반―, 이것도 번뇌다.

나 홀로 선정에 들고―, 적멸에 들고―, 해탈 열반을 이루는 것―,
보살에게는 이것도 어둔 번뇌며 탐욕이다. 이것이 보살대승(菩薩大乘)
의 경지다.

3. '이 세상 동포들―, 마지막 한 생명까지'―,
Sumedha 보살의 서원―

'보살은 불사(不死)

보살은 불사불멸(不死不滅)

거듭 새 생명으로 태어난다.

이 세상으로 다시 온다.'

그럼 무엇인가?

윤회 아니라면―, 무엇인가?

적멸 아니라면―, 무엇인가?

보살의 불사불멸―, 무엇인가?

보살의 거듭 태어남―, 무엇인가?

윤회도 적멸도 아니라면―, 무엇인가?

우리는 다시 수메다 보살(Sumedha Bodhisatta)로 돌아간다.

우리는 다시 수메다 보살의 현장으로 돌아간다.

4아승지 10만겁 전, 연등불(燃燈佛) 시대−, 붓다 석가모니의 본생(本生)으로 돌아간다. 지금 수메다 보살은 람마성(Ramma城) 거리 진흙바닥에 몸을 던지며 연등 부처님을 우러러 이렇게 맹세하고 있다.

[합송 ; '이 세상 동포들 −, 마지막 한 생명까지' −, 수메다(Sumedha) 보살의 본원(本願)]

위의를 단정히 하고
부처님 향하여 무릎 꿇고 두 손 합장하고
부처님 우러러 뵈며
수메다 보살의 서원을 나의 본원(本願)으로
큰 소리로 발원한다. (2번−, 3번−)
(목탁 / 죽비−)

"나도 저 연등불 같이 힘 있는 부처가 되어
이 세상 동포들 다 법의 배에 태워
고통의 바다(苦海) 기어코 모두 건너게 하리라.
그리하여 완전한 깨달음을 이루리라."

− 본생경(本生經) 1 ; 자따까 「니다나까타」 / *Nidāna-kathā* −

연등 부처님께서 이 광경을 지켜보고 수메다 행자(Sumedha 行者)를 향하여 찬탄하고 이렇게 수기(授記)하신다.

[좌장 / 가장]

[연등불의 수기(授記)]

"아, 장하다. 수메다여,

그대의 보리심은 참으로 갸륵하구나.

이 지극한 정성으로,

그대 오는 세상에 결정코 부처 되어,

이름을 '석가모니'라 부르리라."

– 본생경(本生經) 1 ; 자따까 「니다나까타」 / Nidāna-kathā –

4. 보살의 원력 –, 선(善)한 *energy*–, 이것이 불사의 동기(動機)며 동력(動力)이다

"이 지극한 정성으로

그대 오는 세상에 결정코 부처 되어,

이름을 '석가모니'라 부르리라."

– 본생경(本生經) 1 ; 자따까 「니다나까타」 / Nidāna-kathā –

이것이 무엇인가? '이 지극한 정성'–, 무엇인가? 불멸의 동력이 되는
'이 지극한 정성'–, 무엇인가?

곧 서원(誓願)이다. 수메다 보살의 본원(本願)–, 본래 서원이다.

곧 수메다 보살의 본서(本誓)–, 본래 맹세다.

"이 세상 동포들–,

이 세상 동포들–, 마지막 한 생명까지–,

다 법의 배에 태워

고통의 바다(苦海) 기어코 모두 건너게 하리라."

— 본생경(本生經) 1 ; 자따까 「니다나까타」 / Nidāna-kathā —

이 세상 사람들 다 건질 때까지 열반에 들지 아니 하고, 이 세상 사람들 다 건넬 때까지 큰 깨달음 얻지 아니 하고,

이 세상 동포들-, 마지막 한 생명까지 다 붓다의 법 전하고 전하여 고통바다(苦海) 건네는(度), 건너게 하려는-, 전법도생(傳法度生)의 기 간절한 서원-, 이 서원력(誓願力)-, 이 지극한 본원(本願)-, 본원력 (本願力)- .

이 지극한 보살의 원력(願力, chamda)-,

이 지극한 보살의 열정(熱情, chamda)-,

이것이 불사(不死)의 동기(動機)며 동력(動力)이다.

[고요한 Sati ; '불사(不死)의 동기(動機),
불사의 동력(動力)']

「4아승지 10만겁, 영겁을 넘어서는 이 기나긴 세월,

무수한 몸으로 죽고 나기를 거듭하며

이 세상에 보살몸으로 태어나기 서원하는-,

이 고통의 사바로 다시 오기 서원하는-,

이 지극한 원력-, 보살의 원력-, 보살의 열장-,

이 순수무구한 마음이 '불사의 동기며 동력'이다.

'불사불멸(不死不滅)의 무한 energy'다.

'내 안의 원력불성(願力佛性)-,

내 안의 충만한 선(善)한 *energy*-,

무한 원력 *energy*-, 무한 창조적 *energy*-,

열정(熱情)을 일으켜 애쓰고 애쓰면서

살아 숨 쉬는 우리들 밝은 마음-, 열린 생각으로'-,

하아-, 이것이다. 이 원력-, 원력불성-,

무한 원력 *energy*-, 선(善)한 *energy*-,

먼저 다가가 인사하고 커피 한 잔이라도 나누고 섬기는

우리들 밝은 마음-, 열린 생각-,

바로 이것이 '불사의 동기며 동력'이다.

보살의 불사가 결코 하늘에서 떨어진 신비한 얘기가 아니다.

밤새 꺼지지 아니 하는 저 난다 여인의 가난한 등불-,

저것이 결코 신화적 우화가 아니다.

지금 여기-, 바로 우리들 자신의 문제다.

우리들 눈앞의 사실(事實)이다.」

제3강

보살은 처음부터 원생(願生)이다,
'원력-원왕(願王)'으로 새로 태어난다

'또 이 사람이 임종할 마지막 찰나,

육근은 모두 흩어지고, 일체의 친족들은 모두 떠나고,

위엄과 세력은 다 사라지고 …

이 모든 것들은 하나라도 따라오는 것이 없건만,

오직 이 원왕(願王)만은 서로 떠나지 아니하여

어느 때나 항상 앞길을 인도하여 - '

− 화엄경 「보현행원품」 − [8]

1. 굶주린 호랑이들에게 몸을 던지고 −

「어느 때 수메다(Sumedha) 보살은 한 나라의 왕자로 태어났다.
왕자는 연민의 마음이 깊어 곤경에 빠진 동포들 보면 자기 소유의

---

8) 광덕 스님, 『보현행원품 강의』 pp. 153-154.

물건을 모두 보시하고, 마지막에는 자기 몸을 팔아서 노비가 되기도 하였다.

그 나라 서울 가까이 한 험한 산이 있고, 그 산에 도력 높은 선인(仙人)들이 살고 있었다. 왕자는 선인을 찾아가 공양 올리고, 그 길로 산에 머물며 무상(無常)을 관찰하며 수행에 열중하였다.

어느 추운 겨울날-,

그 산 절벽 밑 깊은 골짜기에서 어미 호랑이가 일곱 마리 새끼를 낳았다. 그때 마침 큰 눈이 내려 어미 호랑이는 먹이를 찾지 못하고, 새끼들도 굶주려서 얼어 죽을 지경이 되었다. 산 위의 선인과 제자들도 지켜보며 안타까워할 뿐, 어찌 할 바를 몰라 한다.

왕자가 이 소식을 듣고 생각한다.

'이제야 내 원이 이뤄질 때가 되었구나-'

왕자는 벼랑 위에 서서 굶주리고 있는 어미 호랑이와 새끼들을 지켜보면서 고요히 연민의 마음을 일으켰다. 고요히 지난날을 관찰하며, 람마성(Ramma城) 거리에서 진흙바닥에 몸을 던지며 연등불 앞에 일으킨 서원을 기억한다.

[합송]

"나도 저 연등불 같이 힘 있는 부처가 되어
이 세상 동포들 다 법의 배에 태워
고통의 바다(苦海) 기어코 모두 건너게 하리라.
그리하여 완전한 깨달음을 이루리라."

- 본생경(本生經) 1 ; 자따까 「니다나까타」 / Nidāna-kathā -

왕자는 몸을 일으켜 벼랑 끝으로 나아간다. 지켜보던 선인(仙人)과 제자들이 눈물을 뿌리며 전송한다.

왕자는 사슴가죽으로 된 옷을 벗어 얼굴을 덮고, 고요히 합장하고 어미 호랑이와 새끼들을 향하여 벼랑에서 뛰어내린다. 굶주린 어머 호랑이와 일곱 마리 새끼들이 그 살을 먹고 굶주림에서 다 살아난다.

선인들과 제자들이 멀리서 이 광경을 지켜보며 소리 내어 통곡하니, 그 소리에 하늘 땅이 함께 눈물 흘린다.」

– 산스크리트본 자따까 「마아라아」 – [9]

2. 4아승지 10만겁 –,
    보살은 처음부터 원생(願生)한다

'수메다 보살이 굶주린 호랑이 새끼들에게 몸을 던지다'

(菩薩投身餓虎 / 보살투신기호)

이것은 널리 알려진 이야기다. 우리 불교사에 일찍부터 널리 알려진 보살 본생담(本生譚) –, 석가보살의 본생 이야기다. 수많은 불교 예술의 소재가 되어오기도 한다.

'4아승지(阿僧祇, *asaṃkhaya* / 아상카야) 10만겁(劫, *kalpa* / 까르빠)' –, 영겁(永劫) 이전으로부터, 태초(太初) 이전으로부터, 본래(本來) 이전으로부터, 인간의 머리로는 생각할 수 없는 –, 계산할 수 없는(*asaṃkhaya*

---

9) 와다나베 쇼요꼬 / 법정 역, 『불타 석가모니』 상 pp.18-21. 『금광명경(金光明經)』에도 같은 내용이 실려있다.

/ 아상카야, *uncountable*) 시간(개념) 이전으로부터 보살은 이렇게 원생(願生)한다.

아니 처음부터, 보살은 이렇게 원생한다. 이렇게 보살은 처음부터 원력으로−, 원왕(願王)으로 거듭 새 생명으로 태어난다.

'원생'−, 무엇인가? 무슨 말인가? '원력으로 태어나다' '원력, 원왕으로 거듭 새 생명으로 태어나다'−, 이런 뜻이다.

'원생'−, 보살은 죽어도 죽지 아니 하고, 죽는 것 가운데서도 죽지 아니 하고, '원력−, 원왕으로 거듭 새 생명으로 태어나다'−, 이런 뜻이다.

'원왕'−, 무엇인가? '원력의 왕'−, 무엇인가?

곧 '보살의 서원(誓願)'이다. 곧 '보살의 본원(本願)'이다.

이 세상 동포들−, 이 세상 중생들− 모든 생명들−, 마지막 한 생명까지 다 건네려는−, 고통과 죽음의 바다− 고해(苦海)에서 건너게 하려는 보살의 본원이다. '수메다 보살의 본원'−, '우리들의 본원'이 곧 '원왕(願王)'이다.

'중생을 다 건지오리다.

(衆生無邊誓願度 / 중생무변서원도)'

바로 이것이다. 이것이 바로 '원왕(願王)'이다. 그래서 이 원왕이 사홍서원(四弘誓願)의 첫 머리다.

3. '원생(願生)'은 곧 '보살고행'이다, 동포들 살려내는 끝없는 고행이다

'보살은 불사(不死)다. 보살은 원생(願生)한다,
처음부터 보살은 원생한다,
죽지 아니 하고 거듭 새 생명으로 탄생한다,
원력으로-, 원왕(願王)으로 죽지 아니 한다'-,

'죽지 아니 한다. 보살은 죽지 아니 한다'-, 보살의 원생(願生)은 이런 말이 아니다.
'보살은 죽지 아니 하고 영생불멸 한다'-, 이런 말이 아니다.
보살의 원생(願生)이, 죽지 않고 새로 태어나기 위한 것이 아니다.
보살의 불사(不死)가, '죽지 않고 새로 태어나서 좋다' '그럼 나도 보살 돼야지'-, 이런 뜻이 아니다.
이것은 원생(願生) 아니고 불사(不死)도 아니다. 욕심이고 집착이다.

호랑이들에게 몸을 던지는 저 왕자,
굶주린 호랑이들을 향하여
벼랑에서 몸을 던지는 저 왕자의 죽음-,

저것이 원생(願生)이다. 저것이 보살의 불사(不死)다.
원생은 저렇게 몸을 버리는 것이다. 불사는 저렇게 아픈 죽음이다.
온몸을 굶주린 중생의 먹이로 던지고 생을 마감하는 아픈 죽음이다.
그런데 왜 '원생(願生)'이라 일컫는가? 왜 '살아난다' 일컫는가?
그런데 왜 '불사(不死)'라고 일컫는가? 왜 '죽지 아니 한다' 일컫는가?

죽어서 다시 살아나기 때문이다. 내가 죽어서 저 불쌍한 중생들−, 동포들이 살아나기 때문이다. 이 육신은 아프게 죽어도 보살의 원력은 새 생명으로 태어나기 때문이다.

이 육신은 먹이가 되어 아프게 죽어도, 보살의 원왕은−, 동포들 살려내려는 원왕은 빛나는 새 생명으로 다시 태어나기 때문이다. 보살의 원생(願生)은 내가 죽어서 함께 살아나는 생명의 신비(神秘)다. 보살의 불사(不死)는 내가 죽어서 함께 죽지 아니 하는 생명의 경이(驚異)다.

어머니는 죽음을 무릅쓰고 새 생명을 살린다.
어머니는 자기가 죽어도 오히려 기뻐한다.
보살은 어머니−, 모성(母性)이다.
보살은 동포들의−, 중생들의 어머니다.
보살의 원생(願生)은 끝없는 고행이다.
보살의 불사(不死)는 동포들 살려내는 끝없는 고행이다.

4아승지 10만겁− 보살의 고행은 끝이 없다.
영겁(永劫) 이전부터, 태초(太初) 이전부터, 본래(本來) 이전부터, 보살의 원력고행은 처음부터 계속되고 있다. 보살의 원왕고행은 시공을 초월하여 지금도 여전히 계속되고 있다.

4. '원생(願生)' '원력탄생(願力誕生)'−, 이제 우리 운명이−, 이 역사가 바뀐다

수메다(Sumedha) 보살

석가보살(釋迦菩薩, Sakya Bodhisatta)―,

보살은 이렇게 끝없는 고행의 길 걷고 걷는다.

제 몸을 던져서 동포들 살리려는 중생제도의 비원(悲願)을 세우고, 수많은 세월 수많은 몸으로 거듭거듭 태어나서, 고통과 죽음의 바다에서 동포들 건네기 위하여―, 건너게 하기 위하여 수많은 보살행을 하고, 수많은 몸을 버리고, 거듭

거듭 보다 빛나는 보살 몸으로 다시 태어난다.

원생(願生)―, 원력탄생 한다. 이것이 붓다의 전생이다. 아니―, 이것이 붓다 석가모니의 본생(本生)이다.[10] 부처님은 본래 이렇게 사신다. 여기서나 저기서나―, 살아서나 죽어서나―, 붓다는 본래 이렇게 사신다. 붓다는 본래 이렇게 중생을 살리기 위하여―, 나를―, 그대를―, 우리 가족을―, 우리 동포들 살리기 위하여 원력으로 다시 태어난다. 이것이 '원생(願生)'이다. '원력탄생(願力誕生)'이다.

'원생(願生), 원력탄생(願力誕生)

원력으로, 원왕(願王)으로

원생 신앙(願生信仰), 원생사상(願生思想)'―

---

10) '본생(本生)'을 흔히 '전생(前生)'이라고 옮기지만, 그 뜻으로 생각하면, '전생'이 아니라 '본래의 삶'이라고 옮기는 것이 바른 것이다. 보살은 과거 현재 미래―, 전생 금생 내생에 걸쳐, 시공을 초월하며 '본래 이렇게 사신다.' '본래 이렇게 끝없는 원력헌신으로 거듭 거듭 이 몸 던져서 중생들 구제한다.' 이것이 보살의 본래 삶이다. 이러한 과정을 기록한 경전이 '본생경(本生經)'이고, 남방경전으로 Jataka가 여기에 해당된다.

명심불망(銘心不忘)-, 이것은 참 빛나는 희망의 법구(法句)다. 참으로 희유(稀有)하다-, 만나기 어려운 신앙이다.

보살대승의 숭고한 정신이 담긴 구원의 법구다. 우리 인생 운명을 바꾸고, 우리 동포들-, 우리 역사 드높이 약동시킬 희망의 법구다. 우리 불교 혁신하고 우리 인생 혁신하고 우리 동포들의 고단한 삶 혁신할 구원의 신앙이고, 미래 불교 이끌어갈 해탈구원의 사상이다.

보살은 열정(熱情)으로 새로 태어난다. 이것이 '원생(願生)'이다.

보살은 원력(願力, *chanda*)으로, 원왕(願王)으로 새 몸으로 태어난다. 이것이 '원력탄생'이다.

보살은 무한한 원력불성으로, 선(善)한 생명 *energy*로-, 무한한 창조적 생명 *energy*로, 동포들 살리기 위하여 죽어도 죽지 아니 하고, 거듭거듭 보다 빛나는 보살 몸으로 새로 탄생한다. 고행의 길 걷고 걷는다. 이것이 '원생(願生)'-, '원력탄생'이다.

깨달음도 아니다. 해탈 열반도 아니다.

성불도 아니다. 정토에 태어나는 것도 아니다.

보살에게는 이 세상 동포들-, 중생들 살려내는 것이 이 모든 원(願)들에 선행한다. 그래서 '원왕(願王)'-, '원력의 왕' -, '원력의 으뜸'이다. 죽음에 이르렀을때, 모든 것들-, 우리가 그렇게 애지중지했던 것들-, 재산도-, 권력도-, 명예도-, 사랑하는 가족들도 다 우리를 떠나가기만, 이 동포들 살려내려는 원왕(願王)은 우리를 떠나지 아니 하고 우리를 인도한다.

화엄경 「보형핸원품」에서 이렇게 설하고 있다.

[합송 ; '원왕만이 우리를 인도하여-']

'또 이 사람이 임종할 마지막 찰나, 육근은 모두 흩어지고,

일체의 친족들은 모두 떠나고, 위엄과 세력은 다 사라지고 …

이 모든 것들은 하나라도 따라오는 것이 없건만,

오직 이 원왕(願王)만은 서로 떠나지 아니하여

어느 때나 항상 앞길을 인도하여 -'

- 화엄경 「보현행원품」 - [11]

[소리질러]

'원왕(願王)이다,

원력(願力)의 왕(王)이

우리를 인도한다.

이제 우리는 원생(願生)이다,

원력탄생(願力誕生)의 길로 간다.

만세-'

---

11) 광덕 스님, 『보현행원품 강의』 pp.153-154.

이제 우리도 원력보살이다, 보살로 새로 태어난다

●

"어머니가 외딸 외아들을 지키듯이

위로 아래로 옆으로-

서 있거나 가거나, 앉아 있거나,

누워 있거나, 깨어 있는 한

한량없는 자애의 마음을 닦아라." -

- 숫따니빠따 1, 8 「자애경(慈愛經)」/ *Metta-sutta* - 12)

1. "비할 바 없이 미묘한 저 보살님" -, 부처님도 보살이시다

'전생(前生)보살13)-본생(本生)보살-현생(現生)보살'

---

12) Sn 149-151 ; 일아 스님 역, 앞의 책 p.64.

13) '전생(前生)보살'이란 칭호는 석가모니뿐만 아니라 비바시불 등 과거 칠불(過去七佛) 모두에게 통용되고 있다. ; 이봉순, 『菩薩思想 成立史研究』 pp.32-35.

붓다는 이렇게 '보살'로 불린다. 붓다 석가모니는 성불 이전에 이렇게 '보살'이라고 불린다.

'전생에 보살이셨다' '본래 보살이셨다' '현생에 보살이시다'—, 이런 뜻이다. '전생보살' '본생보살'은 전생에 '수메다 보살(Sumedha Bodhisatta)'이었던 사실을 일컫는 것이다.

붓다를 '보살'이라고 부르는 것은 단순히 전생의 일로 끝나는 것이 아니다. 붓다께서 태어나실 때부터, 민중들은 그를 '보살'이라고 일컫고 있다. 붓다의 탄생 사실을 기록하고 있는 숫따빠따의 「날라까경 / Nālaka-sutta」에서는 아기 붓다가 강생했을 때 하늘의 신(神)들이 아시따(Asita) 선인(仙人)에게 들려준 노래를 이렇게 기록하고 있다.

「도솔천의 천신(天神)들이 환희하며
찬탄의 노래를 부른다.
"비할 바 없이 미묘한 저 보살님,
석가족 마을 룸비니 동산에
세상 사람들의 이익과 행복을 위하여
인간 세상에 강생하셨네.
그래서 우리도 기뻐한다네."」

－ 숫따니빠따 3, 11 「날라까경」 / Nālaka-sutta － [14]

여기서 천신들은 민중의 소리를 대변하고 있는 것이다. 뿐만 아니라 부처님 스스로도 자신을 '보살'이라고 일컫는다. 경전 도처에서 붓다는

---

14) Sn 683 ; 일아 스님 역, 『숫따니빠따』 p.242. ; 『菩薩思想 成立史研究』 39. ; 『붓다의 일생 우리들의 일생』 pp.116-117.

이렇게 회고하고 있다.

"악기웻사나여, 내가 깨닫기 전,

아직 바른 깨달음을 성취하지 못한 보살이었을 때,

내게 이런 생각이 떠올랐다.-"

- 맛지마니까야 36 「삿짜까 큰 경」 12 / *Mahā-saccaka-sutta*- 15)

붓다 스스로 자신을 '보살'이라고 부르는 것은 자신의 출가가 곧 중
생구원의 염원 때문이라는 사실을 일깨우는 것이다.16)

'석가보살(釋迦菩薩, Sakya-Bodhisatta)'-, 역사가들은 출가 이후의
수행자 고따마(Gotama), 사문 고따마(沙門 Gotama, Samaṅa Gotama)
를 이렇게 일컫는다. 이것은 붓다 석가모니가 보살출신이라는 사실을
의미한다. 오랜 보살의 서원과 열정으로 성불하고 있다는 사실을 의미
한다. 붓다 석가모니가 보살의 원력으로부터 왔다는 사실을 의미하는
것이다.

'보살(菩薩, Bodhisatta)'-,

'석가보살(釋迦菩薩, Sakya-Bodhisatta)'-,

붓다 스스로 자신을 '보살'이라 부르고,

천신으로 대변되는 하늘 땅의 민중들도 '보살'이라 부르고,

또 4아승지 10만겁 기나긴 본생(本生)에서도 '보살'이라 부르고17)-,

---

15) M Ⅰ. p.240. ; 대림 스님 역, 『맛지마니까야』 2권 p.162.
16) *The Life of Buddha* p.1, note 1) ; 『붓다의 일생 우리들의 일생』 p.116. 주) 12.
17) Jataka에서는 전생의 붓다를 'Sumedha 보살'이라 일컫고 있다. 이 보살이 곧 '전쟁
보살' '본생보살이다. ; 『菩薩思想 成立史研究』 pp.32-46. ; 『붓다의 일생 우리들의

이렇게 불교는 출발 이전부터 '보살'이다. 붓다 강생 이전부터 '보살'이다. 과거, 현재, 미래 – 불교사의 전 과정은 이렇게 보살사상으로 관철되고 있다. 이것은 불교가 처음부터 '보살 *Mind*'로 추구되고 있다는 사살을 말하는 것이다.

2. '나의 성불은 다음 생으로 미룰 것이다' –, 아라한(Arahan)도, 도인(道人)들도 보살이시다

'붓다 시대', 또는 초기불교시대–,

'보살'이 '석가보살' 한 분 뿐이라고 해서, 초기불교-부파불교를 '아라한의 불교' 등으로 생각하면 큰 착각이다. 부파불교를 '아라한의 불교'라 하고, 아라한을 '소승(小乘)'으로 몰아세운다면 큰 착각이다. '무지의 소치'라 해야 할 것이다.

아라한(Arahan, Arahat, 阿羅漢, 應供)도 보살이다. 붓다 석가모니도 아라한– 대(大)아라한이시다.

"여래는 아라한, 정각자이다."

– 초기율장 「대품」 1. 6. 12 – [18]

와라나시 사슴동산 첫 설법 때, 다섯 고행자들을 향하여 이렇게 선포하신다. 대아라한 붓다께서 곧 보살출신이신데, 보살고행으로 정각

일생』 pp.54-63.
18) Mv 1. 6. 12 ; *The Historical Buddha* p.63. ; *The Life of Buddha* p.84.

이루고 부처 되셨는데, 정각을 추구하는 부처님의 제자들이 보살이 아니라면 말이 되겠는가?

　　'세상에 대한 연민으로,
　　많은 사람들의 이익과 행복을 위하여' -,

목숨 걸고 전법고행의 길을 열어간 초기-부파불교시대의 개척자들도 아라한이다. 한 분의 '석가보살'을 '많은 사람들의 보살'로, 곧 '중생보살 / 유정(有情)보살'로 확장시킨 것도 부파불교이고,[19] 팔정도를 보살수행의 중심으로 발전시킨 것도 아라한 중심의 부파불교다.[20] 초기불교-부파불교도 보살의 서원이고 보살의 열정이다. 불교는 처음부터 '보살'이다. 부파불교 · 대승불교-, 어떤 불교이든, 불교인 한-, 모두 '보살행'이다. '보살행' 아니면 불교 아니다. '소승'이니 '대승'이니-, 숲을 보지 못하고 몇몇 나무만 바라보는 고집 센 자들의 편견이다.

숫따니빠따 1, 8「자애경(慈愛經, *Metta-sutta*)」에서, 아라한을 추구하는 수행자들의 행로에 대해서, 붓다께서 이렇게 설하고 계신다.

---

19)　'유정(有情, 중생, 필자 주)으로서 어리석지 않은 자, 즉 총명한 자들이 보살이다.' ;『毘婆沙論』(大正藏 27, p.886 下) ; 이봉순,『菩薩思想 成立史研究』p.125에서 재인용.
20)　'그렇지만 그(보살행, 필자 주)실천도의 중심은 三學과 八聖道(八正道, 필자 주)였다.' ; 앞의 책 p.54.

[합송 ; 붓다의 직언직설
'어머니가 외자식을 목숨 걸고 지키듯이']

[*Metta-sutta*, 자애경(慈愛經)]

"어머니가 외자식을
목숨 걸고 지키듯이
이와 같이 모든 존재에 대하여
한량없는 자애의 마음을 닦아라.

위로 아래로 옆으로
장애 없이, 원한 없이, 증오 없이
온 세상에 대하여
한량없는 자애의 마음을 닦아라.

서 있거나 가거나 앉아있거나
누워있거나, 깨어 있는 한
자애의 마음을 관찰하라.
이것이 이 세상에서 청정한 삶이라 불린다."

– 숫따니빠따 1, 8「자애경(慈愛經)」/ Metta-sutta – [21]

이「자애경(慈愛經)」은 인류정신사의 한 절정(絶頂)이다.

세계 어떤 종교의 경전들도 이렇게 '인간의 자애(慈愛, Metta)'–, '우리들의 사랑'을 노래하지 못하였다. 이것이 초기수행자들–, 아라한 지향 수행자들의 정신세계다. 아니–, 우리 보살들의 정신세계다. 대승

---

21) Sn 149-151 ; 일아 스님 역, 앞의 책 p.64.

경전들의 대자대비(大慈大悲)도 모두 여기에서 연원하고 있다.

　'나의 성불은 다음 생으로 미룰 것이다'-,

　1970~80년대 청담(靑潭) 스님은 항상 이렇게 말씀하셨다. 필자도 현장에서 직접 들었다. 그러면서 난장판이 된 승단을 정화하기 위하여 목숨을 무릅쓰고 나서 싸우셨다. 이것은 비단 청담 스님만의 결의가 아니다. 여러 도인(道人)들께서 다들 이렇게 고백하고 있다. 나아가 이것은 보살들의 본회(本懷)-, 본래 뜻이다.
　'선사(禪師)들 도인들은 적멸이다, 이 세상에 대한 애착을 멀리 떠나셨다'-, 흔히 이렇게 생각한다. 아니다. 멀리 떠난 것은 욕심이고 집착이지, 이 세상에 대한 보살의 열정-, 보살의 원력이 아니다. 보살원력이 결핍된 것은 지금 사람들이지, 옛 어른들 아니다. 지금 우리는 부끄러워할 줄 알아야 한다.

3. 우리도 모두 보살성중(菩薩聖衆)이다,
　　　　　우리 나라, 아름다운 보살 나라다

"어머니가 외딸 외아들을 지키듯이
위로 아래로 옆으로-
서 있거나 가거나 앉아있거나
누워있거나, 깨어 있는 한
한량없는 자애의 마음을 닦아라." -

　　　　　　　　　- 숫따니빠따 1, 8 「자애경(慈愛經)」/ *Metta-sutta* -

이것은 또 하나 인류정신사의 찬란한 금자탑이다.

이렇게 간곡한 '자애의 노래' '사랑의 노래' −, 들어본 적 있는가?

이것은 곧 나에게 주시는 붓다의 간절한 호소다.

이것은 곧 그대에게 주시는 붓다의 간절한 호소다.

이것은 곧 우리 가족들, 우리 동포들, 이 지구촌 동포들에게 주시는 붓다의 간절한 호소다.

왜 붓다께서는 우리더러 '이렇게 살라' 하시는가?

왜 붓다께서는 '어머니가 외딸 외아들 지키듯이 동포들 지키는 자애의 마음 닦아라' 하시는가?

보살이기 때문이다.

내가, 그대가, 우리 가족들이 곧 보살성중(菩薩聖衆)이기 때문이다. 우리 동포들이−, 남이나 북이나, 좌나 우나, 깜둥이나 흰둥이나, 크리스찬이나 무슬림이나−, 우리 동포들이 곧 보살성중(菩薩聖衆)이기 때문이다. 저 시골마을 논두렁길에서 만나는 농부들도 곧 보살성중이기 때문이다. 아파트 앞집 찬우 어머니 찬우 아버지도 곧 보살성중이기 때문이다.

우리 대한민국−, 아름다운 보살 나라이기 때문이다.

우리 지구촌−, 아름답고 거룩한 보살 세계이기 때문이다.

왜? 무엇 대문인가? 왜 우리가 모두 보살인가?

무엇 때문에 이 나라가 보살의 나라인가?

우리는 곧 '붓다의 후예'이기 때문이다.

우리는 모두 '붓다의 빛'을 찾아가는 '붓다의 후예'이기 때문이다.

'우리도 부처님같이'-,

우리는 모두 붓다의 삶을 우리들 자신의 삶으로 살아내려는 '붓다의 후예'이기 때문이다. 우리는 모두 붓다의 일생을 우리들 자신의 일생으로 살아가려는 '붓다의 후예'이기 때문이다.

'중생무변서원도(衆生無邊誓願度)
고통 받는 이 세상 모든 동포들
마지막 한 생명까지 다 건네리다.'-,

'서로 사랑하라,
원수라도 서로 사랑하라'-,

우리는 모두 이렇게 서원을 세운 '사랑의 후예'이기 때문이다.
말로는 서로 다르게 표현하지만, 우리는 모두 이런 보살의 열정으로 우리 인생을 살아가는 '붓다의 후예' '사랑의 후예'-, '예수의 후예'-, '무하마드의 후예'이기 때문이다. 이 나라는-, 이 지구촌은 우리들이 대대로 살아온 나라며 강토이기 때문에, '보살의 나라' '보살의 세계'다. 예수도-, 무하마드도 모두 보살이기 때문에, '보살의 나라' '보살의 세계'다. 우리는 모두 보살로서 만난다. 우리는 모두 보살로서 하나 된다. 보살-, 이것이 우리들의 정체성이다. 세계인류의 정체성이다.

'우리는 보살이다.
우리는 붓다의 삶을 찾아가는 '붓다의 후예들'이다.
이 나라 이 강토는 '보살의 나라', '보살의 세계'다.
보살의 서원-, 보살의 열정-,

이것이 우리 생명력이며 동력(動力)이다.'

명심불망(銘心不忘)-,

바로 이것이 우리들의 정체성(正體性)이다.

목말라 하며 걷고 걸으며, 닦고 닦으며

목숨 걸고 생애를 걸고 팔정도의 법바퀴 굴리며

많은 사람들, 동포들, 중생들 건네고, 건너게 하고, 건네주고-,

이 끝없는 보살고행-, 이것이 불교다.

이 끝없는 보살의 서원, 보살의 열정-, 이것이 불교도다.

이것이 '붓다의 불교-개척불교' '개척빠리사'다.

아니, 이것이 우리 인생이다.

우리가 가야 할 아름다운 인생의 길이다.

4. 'Happy Birthday To You-',
 이제 우리도 보살로 태어난다

오늘은 우리들 '보살 생일날'이다.

'보살서원 고불법회(告佛法會)' 올리는 날이다.

우리 빠리사들이 동포들 찾아가 섬길 것 굳게 결심하고, 보살로 새로 태어나는 이 경이로운 사실-, 부처님께 나아가 보고 드리는 날이다.

날을 가려 새옷 차려입고

가족들, 친구들, 빠리사 도반들 함께 손잡고

갓 피어난 국화꽃 한 송이씩 들고

부처님 앞에 나아가 공양 올린다.

향을 사루고 삼배 올린다.

무릎 꿇고 합장하고 부처님께 고한다.

「간난보살의 발원」-, 부처님께 고한다.

(집전은 스님이 하시고, 스님 부재 시 가장, 법사, 빠리사의 좌장이 한다.)

[합송 ; '간난보살의 발원']

"나도 저 석가모니 부처님 같이 힘 있는 보살이 되어

이 세상 동포들 다 법의 배에 태워

고통의 바다에서 기어코 모두 건너게 하리라.

그리하여 완전한 깨달음을 이루리라."

부처님-,

하늘 땅 찬란한 해탈구원의 빛 자비하신 부처님-,

저희들 굽어 살피소서.

저희들은 오늘 이 순간부터 보살의 길 가겠나이다.

마지막 한 생명까지 법의 배에 태워

고통과 죽음의 홍수 건네시려는 부처님의 서원 따라

이제 저희들도 사람 살려내는 보살고행의 길 가겠나이다.

열정을 일으켜

서원을 세워 애쓰고 애쓰면서

뼈를 깎는 인욕과 자기극복의 결의로

다함없는 연민과 헌신의 원력으로

부처님께서 목말라 하며 걷고 걸으시는 걸음걸음 따라
작고 외로운 동포들 찾아 전법개척의 길 걷고 걷겠나이다.
내가 죽어도 남 해치지 아니 하는 비폭력 정신으로
이 세상 불의(不義)한 세력들 싸워 이기고 극복하면서
거룩한 빠리사의 길, 개척빠리사의 길 걷고 걷겠나이다.

부처님-,
하늘 땅 찬란한 해탈구원의 빛 자비하신 부처님-,
이름 없는 들풀 한 포기마저 가슴에 안으시는 자비하신 부처님-,
저희들 굽어 살피소서.
저희들 앞길 호념(護念)하시고
크신 자비 베푸시어 가피(加被)하소서.
나무석가모니불 (三念)」

[축복]

법당 마루에 둘러앉아 작은 케익 하나 차려놓고
촛불 밝히고 하늘땅 울리는 기쁜 목소리로 축복의 노래 부른다.
서로를 향하여, 간난보살의 탄생-, 축복한다.
보살의 탄생-, 그 자체가 성스러운 축복(祝福)이다.

'Happy Birthday To You -,
Happy Birthday To You -,
(돌아가며 한 명씩 이름을 부르면서)
사랑하는 ○ ○ ○ 애기보살님-,

생일 축하합니다.'

그리고 다 같이 손잡고
「광명진언」 큰 소리로 외친다.

「광명찬란 광명찬란
불성광명이 눈앞에 찬란하다.
보살원력이 온몸 가득 솟아난다.
보살열정이 온몸 가득 솟아난다.
모든 생명들이여-, 부디 행복하소서.
사랑하는 이들이여-, 부디 행복하소서.
우리 빛나는 보살몸으로 다시 만나요.
나무석가모니불 우리도 부처님같이- 만세-」

제8장

[대전환 5 ; *Chanda* / 찬다 ③]

[원생(願生)−원력탄생] (2)

‘우리 빛나는 몸으로 다시 만나요’

'원생(願生)'-, '원내생(願來生)'-, 보살은 왕생(往生)을 넘어 이 험한 사바로 다시 온다

●

'보살은 중생을 연민하는 까닭에
정토를 버리고 이 악한 세상(惡世)에 태어난다.'

— 법화경 10「법사품(法師品)」— [1]

1. '원생(願生) – 원력탄생'-, '원왕생(願往生)' 넘어서 '원내생(願來生)'이다

'원생(願生)'-, 이것은 본래 '원왕생(願往生)'이다.
'원생(願生)'-, '원왕생(願往生)'에서 온 말이다.[2]

---

1) 고성훈 편저, 『법화삼부경』 p.217. ; 『룸비니에서 구시나가라까지』 pp.60-63.
2) '원생(願生)은 원왕생(願往生)과 같음. 아미타불의 정토에 태어나기를 원하는 것' ; 『佛教學大辭典』(1988 홍법원 편) p.1161.

누가 새로 지어낸 조어(造語)가 아니다.

사람이 죽어서 아마타불의 원력으로[願] 극락정토에 가서 태어나는 것[往生 / 왕생]하는 것-, 이것이 '원생(願生)'이다. 대승불교-, 특히 정토신앙(淨土信仰)이 일반화되면서, 이 '원생(願生) 신앙'-, '원왕생(願往生) 신앙'이 민중 속에 널리 자리 잡고 있다.

'원생(願生), 원왕생(願往生)'-,

참 훌륭한 신앙이고 빛나는 구원의 길이다.

'나무아미타불'-, 임종(臨終)할 때, 이렇게 열 번만 불러도 누구든지 구품연화대(九品蓮花臺)-, 홍련(紅蓮) 청련(淸漣)이 향기로운 극락정토에 가서 날 수 있는 활짝 열린 구원의 문이다.[3]

지금이라도 가서 안기고 싶다. 좀 편히 쉬고 싶다. 그래서 불교도는 죽음을 두려워하지 아니 한다. 원왕생(願往生)-, 정토원생(淨土願生)의 거룩한 약속-, 아미타불의 약속을 굳게 믿기 때문이다.

아미타불은 곧 붓다이시다. 붓다 석가모니시다. 죽음 앞에 두려워하는 이 세상 동포들 구호하시는 붓다 석가모니의 대비현신(大悲現身)이 곧 아미타불-, '붓다 아미타'이시다. 붓다 석가모니를 떠나서 별개의 아미타불을 찾는다면, 이것은 '불교의 범주'를 벗어나는 것이다. '미타교(彌陀敎)'를 하나 만들어야 할 것이다.

그러나 보살은 왕생을 넘어 내생(來生)한다.

원내생(願來生)-, 원생(願生)한다.

우리 보살은 극락정토의 안식을 포기하고 다시 이 땅으로 돌아온다.

---

3) '십념왕생원(十念往生願)'-, 법장 비구의 사십팔대원 가운데 가장 빛나는 것이다.

이 어둔 중생들의 사바(sabhā, 裟婆, 忍土)로, 오탁악세(五濁惡世)의 사바세계로 와서 태어난다. 본래 '원왕생(願往生)'은 '원내생(願來生)'과 나란히 함께 가는 말이다. '원왕생(願往生)'이 곧 '원생(願生)'이고, '원내생(願來生)'이 곧 '원생(願生)'이다. 감(往)이 있으면 옴(來)이 있는 것이다. 가고 옴은 하나의 삶이다. '원생(願生)'은 '가고 옴'을 다 포괄하는 삶이고 신앙이다. '원생(願生)'은 '원왕생(願往生)'과 '원내생(願來生)'을 다 포괄하는 삶이고 신앙이다.

앞으로 우리는 '원왕생(願往生)'은 '감(往)'으로 '왕생(往生)'으로 그대로 계승하여 쓰고, '원생(願生)'은 '옴'으로 '원내생(願來生)'으로, '새 몸으로 다시 태어남'으로, '원력탄생'으로 쓸 것이다. 지금 우리는 내생에 다시 오는 원생(願生)을 모두 망각하고, 왕생(往生)만 찾고 있다. 극락정토 가는 것만 찾고 있다. 그래서 거금을 들여서 천도재 올린다. 그러나 다시 옴-, 원내생(願來生)-, 원력탄생이야 말로 '원생(願生)신앙'을 보다 적극적으로 창조적으로 살려내는 삶이다.

2. '원생사바(願生裟婆)'-,
보살은 이 험하고 고통스런 세상(惡世) 태어난다

왜? 무슨 까닭일까? 왜 '원생'을 '원왕생'을 넘어서 '원내생'으로, '다시 태어남'으로, '내생에 다시 옴'으로 쓰려고 하는가?

왜 '원생-원력탄생'을 이렇게 염원하는가?

보살이기 때문이다. 우리는 보살이기 때문이다.

우리 불교도는 붓다의 후예며 보살이기 때문이다.

우리 불교도는 붓다 석가모니의 자녀며 보살이기 때문이다.

우리는 이미 부처님 앞에서 맹세한 '원력보살'이기 때문이다.

'붓다의 후예, 붓다 석가모니의 자녀,

부처님 앞에 맹세한 원력보살,

이 땅의 보살-보살대승(菩薩大乘)'-,

이것이 나다, 그대다.

우리 가족들, 우리 친구들, 동포들이다.

이것이 우리들의 본성(本性)이며 정체성(正體性)이다.

보살은 이 세상 떠날 수가 없다.

'사바(sabhā, 裟婆), 오탁악세(五濁惡世)의 사바세상

끝없이 패를 갈라 싸우고 서로 해치고

부모가 제 새끼들 해치고, 자식이 제 어버이 해치고

남편이 지어미 해치고, 아내가 지아비 해치고

온갖 고통으로 편할 날이 없는 이 악한 세상(惡世)

이 사바(sabhā, 裟婆)세상-, 인토(忍土)-,

눈감고 보지 않고 참지 않으면 살아가기 힘든 이 인욕의 땅(忍土)-,

훌훌 벗어버리고 떠나고 싶은 이 고통의 바다-, 고해(苦海)-,

원왕생(願往生)-, 아미타불의 정토-, 극락정토로 훌훌 떠나가고
싶다.

우리나라 참 좋은데-, 우리 동포들 참 좋은데-, 우리 선대(先代)들이 피땀 흘려서 세계 일류국가 만들어주셨는데-, 의료보험제도-, 대중교통시스템-, 경노우대제도-, 전산행정서비스-, 종교적 인종적 다양성과 관용성-, 의사들 간호사분들의 헌신-, 안전한 밤거리-, 정말 세계에 자랑하고 싶은 것이 많은 아름다운 나란데-, '화엄 Korea인데'-, 좌파 / 우파 정치꾼들 서로 음모하고 싸우는 것 보면, '저게 인간의 짓인가-' 싶고, 훌쩍 버리고 떠나고 싶다.

그러나 그럴 수 없다. 악세(惡世)고 참아야 살 수 있는 인토(忍土)이기 때문에 우리는 더더욱 떠나갈 수 없다.

이것이 보살이다. 이것이 보살의 원력이고 원왕(願王)이다. 이것이 보살로 태어난 우리들의 삶이고 숙명이다. 붓다 석가모니께서도 이리하셨고, 수많은 보살들도 이리하셨고, 수많은 우리 선대(先代)들도 이리하셨다.

보살대승(菩薩大乘)의 탑(塔) 높이 쌓는 『법화경』「법사품(法師品)」에서 붓다께서는 이렇게 설하고 있다.

[합송]

"보살은 중생을 연민하는 까닭에
정토를 버리고 이 악한 세상(惡世)에 태어난다.'

　　　　　　　　　　　　　　　- 법화경 10「법사품(法師品)」-

3. '원생사바(願生娑婆)'―,
이것이 '사바정토(娑婆淨土)'다

"보살은 중생을 연민하는 까닭에

정토를 버리고 이 악한 세상(惡世)에 태어난다.'

― 법화경 10「법사품(法師品)」―

이것이 '사바정토(娑婆淨土)'다.

이것이 '사바정토 사상'이다.

보살은 청정하고 안락한 서방정토(西方淨土)로 가지 않고, 이 악한 세상(惡世), 곧 이 사바(sabhā, 娑婆)로―, 곧 중생들이 살고 있는 이 험하고 악한 세상, 욕심과 집착으로 더렵혀진 땅 '예토(穢土)'로 와서 원생(願生)한다는 사상이다.

20세기 한국 현대불교학을 일으켜 세운 석학 김동화(金東華) 박사는 역사적인 저술『불교학개론(佛敎學槪論)』(1954년 초판발행)에서 이렇게 논하고 있다.

「그러면 석존께서 교화하신 세계인 이 사바는 정토가 못 되고 예토 (穢土)인 이유는 무엇인가?「비화경(悲華經)」제2에 의하면,

"여러 보살은 원력으로 청정한 국토(淨土)를 선택하여 '오탁의 악(五 濁惡)'을 떠나고, 또 어떤 보살들은 원력으로 '오탁의 악'을 찾아간다." 고 한 바와 같이, 그것은 석가모니의 본원력(本願力) 때문이다.」[4]

---

4) 金東華,『佛敎學槪論』(1980년판) p.486.

원생사바(願生裟婆)– 보살은 원력으로 왕생하지 않고, 이 험하고 고통스런 사바(sabhā, 裟婆)에 다시 태어나서, 고통과 죽음의 고행에서 방황하는 동포들 마지막 한 생명까지 구원한다.

이것이 바로 '사바정토(裟婆淨土)'다. 이것이 '사바정토(裟婆淨土) 사상'이다.[5]

붓다께서 선포하시고 몸으로 살아 보이신 가장 빛나는 정신이다. 2천7백 년 불교사에서 불교도가 추구해 온 가장 적극적이며 창조적인 불교정신, 불교적 세계관, 인생관이다. 이 이상 없다.

팔십 노구(八十老軀), 전법고행 사십오 년,
죽음의 고통 참고 견디며 목말라 하며
걷고 걸으시는 부처님–,
등이 아파 공회당 바닥에 누워계시는
작고 외로운 부처님–,

저 부처님 생각하면 눈물이 난다.
저 부처님 지켜보면, 편히 앉아 있을 수가 없다.

'왕생(往生)–원왕생(願往生)'–,
극락정토 구품연화대의 평화와 안식–,
어찌 우리가 '원왕생(願往生)' 할 수 있을까?
어찌 우리가 저 부처님 외면하고 정토로 갈 수 있을까?

---

5) 金東華 박사는 이 사상을 '裟婆卽寂光土說 / 사바즉적광토설'이라고 일컫는다. '사바가 곧 정토다'라는 뜻이다. 앞의 책 p.487.

어찌 우리가 이 땅의 동포들 외면하고 저 연꽃나라로 갈 수 있을까?

'왕생(往生) - 원왕생(願往生)' -, 이럴 겨를이 없지 않은가?

부처님은 지금도 이 사바에서, 우리 곁에서,

우리와 함께 동고동락 하며 계시지 아니 하는가?

4. '속환사바(速還娑婆)' -, '원생(願生) - 원력탄생'은 이미 우리들의 일상사

'원생(願生) - 원력탄생,

보살은 이 몸 마치고 이 세상으로 다시 돌아온다,

보살은 이 몸 마치고 원력, 원왕으로 다시 태어난다.' -,

이것은 여기서 처음 주장하는 독특한 사상 아니다.

이렇게 '원생(願生)'은 불교의 가장 보편적 용어고 보편적 사상이며 신앙이다. 이것은 보살대승의 정수(精髓)다. 이것 빼고는 불교가 성립 되지 아니 한다. 우리가 게을러서 잊고 있었던 것이다.

이 용어가 낯설고 이 사상이 새삼스럽게 느껴지는 것은 우리가 그동 안 '불교 잘못해왔다'는 증거다. 이리저리 교리 찾고 경전 찾고 해석하 고 강의하다 보니까, 이 단순명료한 대승의 정수 망각한 것이다. 눈감 고 눈뜨고 앉아서 '위빳사나 한다' '참선 한다' '명상 한다' 하다 보니까, 살아있는 눈앞의 이 생명력을 보지 못하는 것이다.

'원생(願生) - 원력탄생

원생사바(願生娑婆) -,

사바정토(裟婆淨土)-,

보살은 이 몸 마치고

이 사바(sabhā, 裟婆)로 다시 돌아온다,

보살은 이 몸 마치고

원력, 원왕으로 이 험하고 고통스런 세상에 다시 태어난다'-,

이것은 이미 우리들의 일상사(日常事)다. 이 '원생(願生)-원력탄생'
은 사상이기 이전에, 이미 우리들의 일상적인 삶이 돼 있다.

'속환사바(速還裟婆)- 속히 이 사바로 돌아오소서.'

많이 들어보지 않았는가?

'속환사바(速還裟婆) 재명대사(再明大事)

속히 이 사바로 돌아와서 큰 일 다시 이루소서.'

많이 보아오지 않았는가? 어른들 돌아가시면 의례히 이렇게 만장에
써 붙이고, 또 이렇게 조사(弔辭) 써서 읽지 않는가?

'속환사바(速還裟婆)- 속히 이 사바로 돌아오소서.

우리 이 사바에서 다시 만나요.'

이것이 우리들의 인사다. 이것이 우리 보살들의 작별인사다. 오래
망각하고 있었던 우리 불교도의 작별인사다.

'원생(願生) – 원력탄생' –,
자금 여기서 애쓰고 애쓰는 것이다

"내가 능히 중생들의 고통을 구할 수 있다면,
지옥의 고통이라도 기꺼이 받으리니
이런 까닭에 나는 항상 지옥 가운데 주(住)하여
세상 사람들과 함께 하느니라."

– 열반경 –

1. '원력 – 원왕' –,
무상(無常)을 넘어 굽이친다

보살은 불사(不死, *amata*)다. 죽는 것 가운데서도 죽지 아니 한다.
이 육신은 제행무상(諸行無常, *sabbe sankhāra-anicā* / 삽베상카라 아
니짜)의 도리(道理) 따라 소멸하지만, 보살의 원력은 새 몸으로 다시
온다. 보살의 원왕(願王)으로, 중생을 제도하려는 그 원력으로 무수한
몸으로 다시 태어난다.

'원력(願力)-원왕(願王)

우리들의 *깨끗한 마음-*, 보살의 연민-,

모성(母性)-, 선(善)한 *energy-*,

죽는 것 가운데서도 죽지 아니 하고.'

이것은 '제행(諸行, *sabbe sankhāra* / 삽베상카라)' 아니다. '어둔 생각으로 만들어진 것, 조작(造作, 操作)된 것' 아니다.

따라서 보살의 원력은 '무상(無常, *anicā* / 아니짜)'을 넘어서 불사다. 죽어서 다시 험하고 악(惡)한 이 사바로 다시 돌아오려는 우리들의 원력-, 원왕-, 깨끗한 마음-, 보살의 연민-, 모성(母性)-, 선(善)한 *energy-*, 이것은 제행무상을 넘어 불사불멸이다.

"'무상' '제행무상' 하니까, '모든 것이 무상하다, 덧없다, 변하고 소멸해 간다."-, 이렇게 생각하면 큰 착각이다.

"인생도 무상하고, 이 세상도 무상하고, 사랑도 우정도 무상하고 ⋯ 영원한 것은 아무것도 없다."-, 이렇게 생각하면 큰 착각이다. 앞을 보지 못하는 사견(邪見)이다.

'제행무상'은 수행법이다. 수행관찰법이다. '어둔 나' '어둔 나의 DNA' 치유하는 *Sati* 관찰법이다.

우리 무의식 속의 어둔 애착(愛着)-어둔 자아의식(自我意識, 我相, *asmimāna*)의 뿌리를 제거하고, 우리 생명 본연의 모습, 본연의 능력-, '무한 *energy*'를 드러내려는 *Sati* 수행법인 것이다. 이 '*Sati* 수행' 열심히 하면 순간순간 우리 생명 본연의 '무한 *energy*'-, '원력-원왕의 무한 *energy*'가 자연발로 한다.

'원력(願力) – 원왕(願王)

우리들의 깨끗한 마음 –, 보살의 연민 –,

모성(母性) –, 선(善)한 *energy*' –,

이것은 우리 생명력의 순수발로다. 이것은 나 – 우리들의 원력불성 –, 불성 생명력 –, 선(善)한 *energy*의 순수발로다.

닦고 닦을 때 자연히 드러나는 우리 생명의 약동하는 힘이다.

목말라하며 걷고 걸을 때, 열정을 일으켜 애쓰고 애쓰면서 걷고 걸을 때, 자연히 드러나는 우리 생명 본연의 '무한 *energy*'다. 보살고행의 길 –, '거친 개척의 열정'으로 걷고 걸을 때, 자연히 발로하는 원력불성의 '무한 *energy*'다. 우리 생명이 팔팔 살아 움직이는 '생명의 약동(躍動)이며 비상(飛翔)'이다.

'원력(願力) – 원왕(願王)

우리들의 깨끗한 마음 –, 보살의 연민 –,

모성(母性) –, 선(善)한 *energy*' –,

그런 까닭에 원력 – 원왕은 불사(不死)다. 어둔 생각 –, 번뇌 아니다, 무상한 것 아니다. 보살은 이 원력의 힘으로, 원왕의 에너지로 새 생명으로 탄생한다. 윤회를 넘어서 –, 무상(無常)을 넘어서 굽이친다.

새 생명으로, 진실생명으로, 청정한 생명으로 탄생한다. 험하고 악(惡)한 이 사바(*sabhā*, 娑婆)로 다시 돌아온다. 아니 –, 한 중생을 건지기 위해서라면, 보살은 능히 지옥(地獄)이라도 들어간다. 이것이 '보살의 원생(願生)'이다. '원생(願生) – 원력탄생(願力誕生)'이다.

2. '원생(願生) – 원력탄생' –,
이것은 닦고 닦는 것, 애쓰고 애쓰는 것이다

'원력(願力) – 원왕(願王)
우리들의 깨끗한 마음 –, 보살의 연민 –,
모성(母性) –, 선(善)한 energy –,
불성생명 본연의 약동 –
불사(不死) –, 이 사바(sabhā, 娑婆)로 다시 오고' –,

명심불망(銘心不忘) –,

이것은 '그냥 발로'가 아니다. '자연발로'가 아니다. '무위자연(無爲自然)' 아니다. 노래하고 찬탄한다고 그냥 드러나는 것 아니다. '마하반야바라밀' –, 염송하고 외친다고 그냥 드러나는 것 아니다. 이것은 착각이다, 환상이며 감상(感傷)이다.

"닦을 것이 없다." – 할 말을 잊는다. 어찌 불교공부 그렇게 하였을까?

구슬이 서 말이라도 꿰어야 보배라는데, 이 단순한 눈앞의 사실도 모른단 말인가? 자기 생각에 –, 자기 어둔 생각에 가려서 앞을 못 보는 것이다.

'원력(願力) – 원왕(願王)
불성생명 본연의 약동 –
원생(願生) –, 이 사바(sabhā, 娑婆)로 다시 오고' –,

이것은 닦고 닦는 것이 조건이다.
애쓰고 애쓰는 것이 조건이다.

열정을 일으켜 마음을 다잡아먹고 정진하고 애쓰고 애쓰는 것이 조건이다.

피땀 흘리며 걷고 걷는 것이 조건이다.

뚝뚝 떨어지는 노동자들의 땀방울이 조건이다.

어머니의 찐한 눈물이 조건이다.

자기 목숨 대신 던지는 희생이 조건이다.

'몸으로 하는 연민(*kāya-kamma-karunā*)'이 조건이다.

지하수 푸른 물도 파고 파지 않으면 솟아나지 않는다.

금빛 찬란한 금광석(金鑛石)도, 지하 수백 미터 목숨 걸고 뚫고 들어가 파 올리고 뜨거운 불로 달구는 고된 노동의 과정을 거치지 않으면, 무용지물이다. 모성애(母性愛)도, 병든 자식 가슴에 안고 피눈물 흘리며 이리 뛰고 저리 달려갈 때, 그 고통 속에서 비로소 어머니의 사랑이 되는 것이다. 어머니라고 다 어머니가 아니다. 제 자식 버리는 어머니도 많지 않은가.

본연(本然)−, 본래(本來)−,

본성(本性)−, 본능(本能)−, 무위(無爲)−,

이것이 절로 되는 것 아니다. 이것은 다만 무한가능성(無限可能性)으로 주어져 있을 뿐이다. 무한 energy로 우리 가슴 속에 매장되어 애쓰고 애쓰는 조건을 기다리고 있을 뿐이다.

선인선과(善因善果)

악인악과(惡因惡果)−,

선법(善法)을 위하여 열정(熱情, 熱意, *chanda*)을 일으켜, 정진하고,
힘을 내고, 마음을 다잡고 애쓰고 애쓰는 것, 목말라 하며 걷고 걷는
것, 노동자의 고된 땀방울, 어머니의 아픈 눈물-.

이것이 '원력-원왕'이다.

이것이 '원생(願生)-원력탄생'이다.

이것이 '선(善)한 *energy*'-, '무한 *energy*'다.

끝없는 유위(有爲)가 곧 무위(無爲)다.

3. 원생 -, 불사불멸 -,
이것은 눈앞의 *fact* -

1) '원생(願生)'은 내생(來生)이야기가 아니다,
지금 여기, 눈앞의 사실(事實)이다

[고요한 *Sati* ; '원생(願生)'은 지금 여기,
'불사불멸(不死不滅)'은 지금 여기]

「원생(願生)은 영원히 사는 것 아니다.

영생불멸(永生不滅)이 아니다.

보살의 원력탄생은 영원한 생명을 탐하는 것 아니다.

'영원한 생명' '영생불멸'-, 이런 말 쓰면 헛소리 하는 것이다.

그런 것 없다. 어둔 욕심이다.

불사불멸(不死不滅)은 영원히 사는 것 아니다.

어둔 죽음의 공포를 넘어서, '죽음'이라는 조작된 번뇌를 넘어서,
지금 여기서 나누고 섬기며 열심히 신나게 사는 것이다.

불사(不死, *amata* / 아마따)-, 이것은 고요하고 담담한 것-,
불사불멸(不死不滅)-, 이것은 나누고 섬기는 것-.

원생(願生)은 다만 지금 여기서 애쓰고 애쓰는 것이다.
선법(善法)을 위하여-,
동포들 건네기 위하여 애쓰고 애쓰는 지금 이 현장-,
애쓰고 애쓰는 지금 이 현장의 피땀 어린 노고-, 고행의 땀-,
이것이 원생(願生)이다.
이것이 보살의 원력탄생이다.
다만 이것뿐-.」

diṭṭha dhamma / 딧타담마다-,
현금법(現今法)-,
'눈앞의 *fact*'-,

원생(願生)은 이렇게 눈앞 보이는 사실이다.
보살의 원력탄생은 이렇게 눈앞의 삶으로-, 행위로-, 피땀으로 눈에 보이는 것이다. 보살은 내생(來生)에, 보다 빛나는 몸으로 다시 태어난다. 다시 온다. 이것은 분명한 사실이다. 의심하지 말고 확신을 가질 것이다.
보살의 이 원생도 지금 여기 눈앞의 삶으로, 그 원력으로 결정된다. 그런 까닭에 보살의 원생은-, 다시 태어남은 눈앞에 보이는 사실이다. 이 눈앞의 현장-, 눈앞의 사실을 떠나서 원생(願生) 찾으면 헛것이다. 이 눈앞의 현장-, 눈앞의 사실을 떠나서-, 애쓰고 애쓰는 이 치열한 삶을 떠나서 불사불멸을 찾으면 헛것-, 헛소리다.

원생(願生)은 내생(來生)이야기가 아니다.
보살이 죽어서 다시 태어나는 것은 내생 이야기가 아니다.
원생은 지금 여기-, 이 현장-, 이 눈앞의 사실이다. 원력탄생은
지금 여기서 죽음의 어둔 공포-, 어둔 의식(意識)을 극복하고, 애쓰
고 애쓰면서 보살의 삶 열심히 살아가는 것이다. 윤회 또한 전생 이
야기-, 내생 이야기가 아니다. 지금 여기-, 이 현장-, 이 눈앞의 사
실이다.

2) '갓난아기 가슴에 안고, 총 맞는 어머니' -,
이것 아니면 '원생' '불사' -, 다 헛소리다

전생(前生)이 있는가? 있다.
내생(來生)이 있는가? 있다.
윤회(輪廻)가 있는가? 있다.
사실(事實)이다. 방편설(方便說) 아니다.

지금 여기 이렇게 있다. 눈앞에 보이지 않는가?
서로 패를 나눠 미워하고 싸우고 서로 해치고, 그 때문에 죄 없는
우리 동포들 끝없이 괴로워하고 나라 위태롭고, 전(前)에도 그래왔고,
현재도 그렇고, 내일도 또 그럴 것이고-
이 끝없는 악순환(惡循環) 눈앞에 보이지 않는가?
이것이 전생 아닌가? 내생 아닌가? 윤회 아닌가?
보고도 모르겠는가?

전생(前生)도 지금 여기 있고,

내생(來生)도 지금 여기 있고,

금생(今生)도 지금 여기 있고-,

실로 있는 것은 지금 여기-, 눈앞의 삶-, 눈앞의 사실이다.

우리가 이렇게 치열하게 불사(不死)를 논하고, 불사불멸(不死不滅)을 논하고, 원력탄생을 논하는 것은 다만 지금 여기서-, 오늘 이 순간 우리가 보살의 원력으로 사람답게 열심히 애쓰고 애쓰면서 살아가려는 열망 때문이다. 따뜻한 미소로 먼저 다가가 인사하고, 작은 것 하나라도 나누고 섬기면서, 가족들끼리 서로 의지하고, 동료들하고 서로 북돋우고, 우리 동포들 정의롭게 함께 살아가기를 바라는 보살의 서원 때문이다.

이것이 '붓다의 불교'다. 이것이 붓다 석가모니께서 피땀 흘리며 몸소 하시는 '붓다의 불교'다. 이것이 불교다.

다시 한번 명심불망(銘心不忘)-

'마하반야바라밀'-, 읊는다고 되는 것 아니다.

'본래청정이다' '본래부처다'-, 큰소리 한다고 되는 것 아니다.

교리 찾고 경전 찾고 명상한다고 되는 것 아니다.

'갓난아기 가슴에 안고, 등으로 테러범의 총탄 맞는 파리(Paris)의 저 젊은 어머니'-,

저 희생 아니면, 모두 무용지물-, '원력' '원왕'-, 다 헛소리다.

'원생(願生) 원력탄생(願力誕生)'-, 다 헛소리다.

'불사(不死) 불사불멸(不死不滅)'-, 다 헛소리-, 허구다.

4. '원생(願生) -, 불사(不死)의 현장'에 서서,

1) 가정에서, 직장에서, 사회에서

'원생(願生), 원력탄생(願力誕生)

보살은 원력, 원왕(願王)으로 죽음을 넘어서

새 생명으로 다시 오고,

험하고 악한 이 사바로 다시 오고'-,

이것은 우리 보살들의 권능(權能)이다.

이제 우리는 보살이다. 끌려 다니는 '죽음' '죽음의 공포'에서 벗어나, 보살의 권능으로 스스로 원생의 문을 연다. 불성생명-, 진실생명의 문을 활짝 연다. '영생' '영원한 생명'을 탐하지 아니 하고, 지금 이 순간 순간 열정을 일으켜 정진하고 마음을 다잡고 애쓰고 애쓰면서 보살고 행의 길 걷고 걷는다.

가정에서-,

아버지로서 어머니로서, 아들딸로서, 형제자매로서,

남편으로서, 아내로서 정성을 다하여 가족들 돌보고 섬기고

궂을 일 먼저하고, 화내지 아니 하고, 원망하지 아니 하고

일주일 한 번씩은 잊지 않고 아버지 어머니께 문안인사 드리고.

직장에서-,

내가 먼저 동료들에게 다가가 따뜻한 미소로 인사하고

따끈한 커피 한 잔이라도 나누면서

동료들 이런저런 투정 불만 경청하고 공감하고

외로워할 때, 우울해할 때, 가만히 손잡아주고

동료들과 더불어 정정당당 경쟁하고

'아빠찬스' '엄마찬스' '출신찬스' 쓰지 아니 하고-,

사회에서-

"안녕하세요"- 이웃들 만나면 내가 먼저 머리 숙여 인사하고

아파트 경비원어른 가끔씩 햄버거 하나라도 쥐어드리고

부당하게 차별받는 사람들 편이 돼서 함께 아파하고 분노하고

이 땅의 자유민주주의 거역하는 극단주의자들- 좌파/우파 권력자들의 횡포 앞에 등불 밝혀 들고 행진하고-

이것이 현장(現場)이다.

이것이 원생(願生)의 현장이다.

이것이 원왕(願王)의 현장이다.

불사불멸(不死不滅)의 현장이다.

이 현장에서 이렇게 애쓰고 애쓰면서 열심히 살아가면, 내 머리 속에서-, 내 생각 속에서 '죽음' 사라지고, '죽음'이라는 어둔 생각덩어리 사라지면 이것이 곧 원생(願生)이다.

내 무의식 속에서 '어둔 죽음의 관념덩어리' 사라지면, 이것이 곧 불사불멸(不死不滅)-, 죽는 것 가운데서도 죽지 아니한다.

2) 단돈 10만 원, 매달 2만 원이라도 -,
그리하면 즉시 원생한다

종로 탑골공원 보살의 무료급식소-,
단돈 10만 원이라도 가만히 희사함에 넣고 돌아온 적 있는가?
을지로입구역 김광하 법사가 하는 무료급식소-,
쌀 한 말이라도 짊어지고 가서 몰래 내려놓고 온 적 있는가?

지금 우리 '자비수레꾼'이 캄보디아 어린이 학교보내기에 이어, 졸업
생들의 자립을 위해 북부 오지 뗍보다봉에 기술전문학교 건립불사를
하고 있다. 역경 속에서도 서암 거사와 젊은 수레꾼들이 앞장서 나가
고 있다. 지금 여기서 이 소식 듣고, 매월 단돈 2만 원이라도 자동이체
할 마음이 움직이고 계신가? 왜 아니 그러시겠는가? 잘 몰라서 못하는
것이지-, 이미 우리가 붓다의 후예인데- .

단돈 10만 원,
쌀 한 말,
매달 2만 원 자동이체-,

그리하면 즉시 원생(願生)이다. 지금 여기 내 삶의 현장에서 즉시로
원생이다. 그 삶, 그 생각 자체로 지금 여기서 원력탄생이다. 새 인생,
새 생명이다.
순간 내 인생의 질(質)이 달라진다. 내 생명의 숨결이 달라진다. 내
얼굴빛이 달라지고, 내 음성이 달라지고, 내 사업이 달라지고, 우리
가정이 달라진다. 밤에 편히 잠들 수 있다.

그리고 죽음에 이르러 원생(願生)한다. 어둔 죽음이 아름다운 원생이 된다. 죽어도 죽지 아니 하고 보다 빛나는 보살로 다시 태어난다. 한 포기 순결한 들꽃처럼 빛나는 새 생명으로 다시 태어난다.

'눈앞의 *fact*- '
이것은 지금 여기서 눈에 보이는 사실이다.
이것이 '생명의 진실'이다.
이것이 붓다께서 열어 보이시는 '불성(佛性) 생명의 진실'이다.
모든 생명은 본래 이런 것이다.

원생(願生)
원력탄생(願力誕生)
불사불멸(不死不滅)
죽는 것 가운데서도 죽지 아니 하고, 빛나는 보살 몸으로 다시 태어나고.
속환사바(速還娑婆)- 참지 않으면 살아가기 힘든 이 사바로 다시 오고.

이것은 지금 여기다.
지금 여기 눈앞에서 벌어지는 사살이다.
죽은 다음 벌어지는 일이 아니다.
저승에 가서 일어나는 일이 아니다.
순간순간 지금 내 삶의 현장에서 일어나는 일이다.
여기서도 새로 태어나고 저기서도 새로 태어나고

일신우일신(日新又日新)ㅡ, 보살은 날마다 새로 태어난다.

하아ㅡ, 기쁘지 아니 한가?
부처님 은혜ㅡ, 이리도 크고 높지 아니 하신가?
어깨춤이 절로 나지 아니 한가?
불자 된 긍지ㅡ, 하늘 찌르지 아니 하는가?
한번 소리쳐 보라.
저 푸르른 영겁을 넘어 한번 소리쳐 보라.

[소리질러]

"야호ㅡ 야호ㅡ
야야호ㅡ,
우리도 부처님같이ㅡ
다시 만나요ㅡ'

보살은 원생(願生)-,
죽음을 넘어서 다시 만난다

[우리 보살들의 언약(言約)]

"윤용숙 보살님- 우리 다시 만나요.

우리 빛나는 보살 몸으로 다시 만나요.

우리 내생에도 다시 만나 더 큰 불사해요.

이 나라 불교, 꼭 살려내요. 우리 그렇게 약속했잖아요.

실상화 윤용숙 보살님- 잘 사셨습니다.

편히 갔다 속히 오세요."

1. 그리운 윤용숙 보살님,
다시 만날 언약(言約) -

2014년 10월 28일(화요일) 오후 2시,

서울 조계사 지하공연장,

우리 청보리가 주관하는 「10부작 영상 붓다 석가모니」 교계(敎界)

시사회가 열리고 있었다. 12명의 청보리순례단이 인도 8대성지를 맨발로 걷고 현장에서 찍은 영상으로 '붓다의 일생'을 기록하여 불교사상 처음으로 세상에 알리는 자리다.

그런데 뜻밖의 봉투 한 장이 접수부에 들어왔다.

살펴보니 실상화 윤용숙 보살이 희사금 백만 원을 넣고 자필로 축원의 말을 써서 보내셨다.

"법사님, 큰 불사 축하드립니다.
마땅히 가서 동참해야 하는데,
제가 요즘 병이 깊어 가질 못합니다.
법사님, 죄송합니다."

나는 순간 충격을 받고 눈물을 흘렸다.

윤용숙 보살-,
실상화 윤용숙 보살-,
동갑내기고 수십 년 불자로서 교류가 있어온 터지만, 병으로 수술받고 요양중인 걸 들어서 알기 때문에 알리지도 않고 초청도 하지 않았다. 필자는 평생 불교 하면서, 수없는 불사 하면서도 한 번도 누구 앞에 권선문 돌린 적이 없다. 자력개척-, 우리 힘으로, 우리 주머니 털어서 한다는 것이 우리 청보리 빠리사의 오랜 신념이고 전통이다.

너무나 큰 돈 백만 원-,
윤용숙 보살은 평생을 이렇게 나눔과 섬김으로 살아오셨다.
이 나라 불사하는 분들치고 보살의 나눔과 섬김 받지 않은 이가 없을 정도다. 그러면서도 윤용숙 보살은 조금도 내색하지 않았다. 언제나 섬기는 미소-, 고요한 미소이다. 부처님의 제자, 붓다의 후예로서 닦고 닦은 보살행의 선보(善報)다. 선한 과보(果報)다. 지금도 불이회 (不二會)가 보살의 뜻을 이어가고 있다.

얼마 전 윤용숙 보살께서 원생(願生)하셨다.
구파발 진관사 영결법회에서 보살님 영정 마주하며 나는 지켜보고 있었다.
"윤용숙 보살님-,
보살님은 부처님 당시 위사카(Visākhā) 보살님이시지요.
그동안 거듭거듭 원생하시고, 이번에도 오셨다 먼저 가시네요.
윤용숙 보살님-, 우리 다시 만나요.
우리 빛나는 보살 몸으로 다시 만나요.
우리 내생에도 다시 만나 더 큰 불사해요.
이 나라 불교-, 꼭 살려내요. 우리 그렇게 약속했잖아요.
실상화 윤용숙 보살님, 잘 사셨습니다.
편히 갔다 속히 오세요."

2. '죽음'은 이미 소멸되었다,
'죽었다'가 아니라 '원생하셨다'

'원생(願生)
원내생(願來生)-, 원력탄생(願力誕生)
원생사바(願生娑婆)-, 속환사바(速還娑婆)

보살원력으로 이 사바로 다시 온다,

이 몸 놓아버리고 다시 이 땅에 새 몸으로 태어난다'–,

'원생(願生)'은 다시 오는 것이다.

'원생'은 이 몸 놓아버리고 다시 새 몸으로, 빛나는 새 보살의 몸으로 거듭거듭 태어나는 것이다. '왕생(往生)'은 아미타불 원력 따라 정토에 가서 나는 것이고, '원생'은 '왕생'을 넘어 이 세상으로, 이 어둔 고통의 사바(*sabhā*, 娑婆)로–, 빛나는 새 몸으로 다시 오는 것이다.

'원생(願生)

원력탄생(願力誕生)'

이제 우리는 '원생'이라 할 것이다.

'죽음'이란 말 대신 '원생'이라 할 것이다.

'사망'이란 말 대신 '원생' '원력탄생'이라 할 것이다.

'부처님의 대원력(大願力) 가운데서,

원왕(願王)으로–, 우리들의 보살원력으로 다시 태어난다,

우리들의 깨끗한 마음으로 다시 태어난다,

원력불성으로–, 선(善)한 *enegy*로 다시 돌아온다'–,

이렇게 말할 것이다.

"원생하셨다."–, 이제 이렇게 말할 것이다.

죽었다, 사망했다, 별세했다, 하지 않고 "원생하셨다"–, 이렇게 할 것이다.

'입적하셨다' 하지 않고, "원력탄생 하셨다"―, 이렇게 할 것이다.

돌아갔다, 돌아가셨다 하지 않고, "돌아오신다. 다시 돌아오신다"―, 이렇게 할 것이다.

돌아오기 축원할 때는, "원생하소서" "속환사바 하소서"―, 할 것이다.

조화나 만장에는, '축원생(祝願生)'―, 이렇게 할 것이다.

'祝願生 光明거사' '祝願生 光明成보살'―, 이렇게 할 것이다.

'원왕(願王)'―, 이제 이렇게 할 것이다.

'영가(靈駕)'라는 말 대신에 '원왕'이라 할 것이다.

돌아가신 분을 말할 때, '아무개 영가'―, 이렇게 하지 않고, '아무개 원왕' '원왕보살님'―, 이렇게 할 것이다. '아무개 원왕께서 원생하셨다'―, 이렇게 할 것이다. 위패를 쓸 때도 '아무개 원왕'―, 이렇게 쓸 것이다.

[위패 보기]

「 축원생 아버지 무상 거사 원왕 」

  (祝願生 아버지 無上 居士 願王)

아버지 무상 거사 원왕께서 빛나는 보살 몸으로 다시 오시길 축원합니다.

「 축원생 어머니 무진수 보살 원왕 」

  (祝願生 어머니 無盡壽 보살 願王)

원생하신 분을 '원왕보살'이라고 부를 것이다. '아무개 원왕보살' '아무개 원왕보살님이 이것을 남기고 원생하셨다'-, 이렇게 할 것이다.

'망자(亡者)' '망엄부(亡嚴父)' '망자모(亡慈母)' '망부(亡夫)' '망혼(亡魂)'-, 이런 반(反)불교적인 용어 결코 쓰지 않을 것이다. 불교에서 죽음은 결코 '사망(死亡)' 아니다. 왜 '죽음'이 '망(亡)하는 것'인가?

'김순진 원왕(願王)'
'무상행(無上行) 김순진 원왕(願王) 보살'
'무구(無垢) 거사 김태양 원왕(願王) 보살'

이렇게 쓰고 이렇게 부를 것이다. 얼마나 거룩하고 상쾌한 전환인가? 이제 우리 불교도들을 '영가(靈駕)' '영혼(靈魂)'에서 풀어내야 할 때다.

한 중생으로부터 보살로 옮겨 세워야 할 때다. 이것이 천도(遷度)다. '영가'는 '영혼'이고, '영혼'은 오래 살기 집착하는 '어둔 나' '어둔 나의 자아(自我)'기 조작해낸 개념이다. '죽음'이란 '어둔 나의 자아'가 조작해낸 어둔 생각-, 어둔 관념덩어리다. 스스로 조작해놓고 스스로 두려워한다.

이제 우리 불교도는 발심한 보살이다. 보살에게는 '어둔 나' 없다. 어둔 죽음-, 어둔 관념덩어리 없다. 깨끗한 마음-, 깨끗한 생각-, 불성-, 원력불성이다.

보살은 죽지 않는다.
보살에게는 죽음 없다.
보살은 원력으로, 원왕으로 새 생명으로 다시 돌아온다.

붓다는 '법왕(法王, *Dhamma-rāja* / 담마라자)' – '진리의 왕'이시고, 우리 보살들은 '원왕(願王)' '원력의 왕' '원력의 왕들'이다.

붓다 석가모니는 진리의 선포로써 이 세상을 평화로 이끌고, 나는 – 우리는 사회적 헌신으로써 사회적 정의의 수호로써 이 세상 동포들의 이익과 행복을 추구한다. 우리는 사회적 헌신으로써 이 세상에 머물고, 이 몸 여의고 새 몸으로 다시 와서, 원생(願生)해서, 한결같이 이 세상의 정의를 위하여 걷고 걷는다.

이제 우리는 '원생(願生)'이다. '죽음'이 아니라 '원생'이다.

'죽었다' '돌아가셨다' '서거하셨다'가 아니라 '원생하셨다'다. '죽음'이란 말부터 확– 바꿀 것이다. 말이 우리 인생을 지배한다. 말이 바뀌면 생각이 바뀌고, 생각이 바뀌면 삶이 바뀐다.

이제 우리는 '원생'으로 간다. '죽음' – 이제 우리는 이 어둔 부정적인 말과 생각과 삶을 박차고 나와, 눈부시게 찬란한 '원생(願生)'으로 간다.

3. 우리 보살은 원생(願生)한다,
태어날 때마다 '새 생명'이다

'보살은 불멸, 보살은 원생(願生).

보살은 원력탄생, 거듭 거듭 새로 태어난다.

우리 다시 만나요.

더욱 빛나는 몸으로 여기서, 이 사바에서 다시 만나요' –

이것은 윤회 아니다. 윤회전생(輪廻轉生) 아니다.

중생을 제도할 인연 따라 대통령으로도, 재벌로도, 청소원으로도, 거리의 천사로도 태어난다.

환생(還生) 아니다. 환생은 본래모습으로 환원(還原)하는 것이다.

재생(再生) 부활(復活) 아니다. 재육화(再肉化)도 아니다. 죽었다 그 몸으로 다시 살아나는 것 아니다. 생명이 무슨 재활용품인가? 고물 · 고철처럼 재생품(再生品)인가?

이것은 모두 '나(自我, attā / atman)'라는 애착 버리지 못한 어둔 '자아의식(自我意識, asmimāna)'의 산물이다. 이런 것은 브라만교나 기독교의 '생각 틀'이다.

영생(永生)-영생불멸(永生不滅)-, 더더욱 아니다. 영생불멸-, 이것은 이미 생명 아니다. 화석(化石)일 뿐이다. 피고 지는 꽃이 아니면, 그것이 어찌 꽃인가? 플라스틱 조화(造花)일 뿐이다.

'나의 영원한 생명'-, 이런 말은 삼가지 않으면 안 된다. 보살은 이런 영원한 생명 탐하지 아니 한다. 다만 지금 여기서 이 생명을 다하여 보살고행의 길 걷고 걸을 뿐, '영생불멸' '영원한 생명'-, 이런 생각하지 않는다.

'불사불멸(不死不滅)'-, 이것은 보살의 원력탄생을 말하는 것이지, '영원한 생명'을 구하는 것 아니다. 보살은 죽음 없다는 눈앞의 사실을 말하는 것이고, '죽음'은 어둔 관념의 생각덩어리라는 눈앞의 사실을 말하는 것이지, 영생부활을 탐한다는 것 아니다. 영생부활-, 이것은 '나의 자아는 영원하다'라는 '어둔 나' '어둔 자아의식'의 발동일 뿐이다.

피고 지는 꽃-, 피고 지고 내년 봄 다시 피는 꽃-, 이것은 새 생명이다. 새 꽃이다.

다시 필 때마다 '새 꽃'-, '고귀한 새 생명'이다.

'원생(願生)'-, '새 생명'이다.

'원력탄생(願力誕生)'-, '새로운 탄생'이다.

어머니의 고귀한 희생으로 태어날 때마다 '새 생명-새로운 탄생'이다. 모태(母胎)에서 출생하는 순간, '갓 태어났다'고 하지 않는가? '갓 난, 갓난아기'-, 누가 갓 태어난 아기의 전생 나이를 계산하는가? 갓난 아기-, '한 살'이라고 하지 않는가. 만(滿)나이로는 '0'이라고 하지 않는가. '0'이 무엇인가? 새로운 탄생, 새로운 시작 아닌가?

'원생(願生)'-, 원력탄생(願力誕生)'-, 이것은 갓 태어난 '갓난 생명' '새 생명'-, '새로운 탄생'이다.

'0'-, '갓난 보살'의 '새로운 출발'이다. '새 인생의 시작'이다.

거듭 거듭 태어나는 생명마다 '새로운 탄생' '새로운 시작'이다.

4. 죽음은 새 생명의 진통,
다시 만날 약속이다

1) 죽음을 넘어서 새 생명으로 -,
불교인생 일대전환 -, 인류정신사의 일대혁명

중생은 업력 따라 윤회하고,

아라한·도인은 해탈법력 따라 적멸(寂滅)에 들고,

불자들은 염불기도 하면 아미타불의 원력 따라 왕생(往生)하고,
보살은 거친 전법개척의 열정 발원하면 그 원력, 원왕 따라 원생(願生)하고,
새 생명으로 탄생하고,
이 고통의 땅.

윤회(輪廻) 적멸(寂滅) 왕생(往生)
원생, 원력탄생ㅡ,
속환사바(速還娑婆)ㅡ, 이 고통의 땅 사바로ㅡ,
지금 여기 이 동포들 곁으로 다시 돌아오고ㅡ,
우리 다시 만나고ㅡ, 다시 만나 함께 불사(佛事) 하고ㅡ,

하아ㅡ, 이것은 인류정신사의 일대전환이다.
이것은 실로 인류정신사의 일대혁명이다.
미증유(未曾有)ㅡ, 일찍이 없었고 또 없을 일대전환이다.

'생명관(生命觀)의 대전환, 불교 인생 일대전환, 일대혁명.
죽음을 넘어서 새 생명으로 우리 다시 만나요ㅡ'

불교가 도달한 경이(驚異)ㅡ, 참으로 인류정신사의 극치다.
붓다께서 열어 보이신 구원의 법등(法燈)이다.
부처님께서 우리 앞에 열어 보이신 은혜로운 구원의 출구다.

하아ㅡ, 우리가 불교를 만난 것이 이렇게 감사한 일이던가.
우리가 부처님 만난 것이 이렇게 은혜로운 축복이던가.

이제 우리는 '은혜 속의 주인'이다.

이제 우리 보살들은 부처님의 은혜 가운데서 당당주인으로 우뚝 선다. 이제 우리는 죽음에서, 죽음의 공포에서 영구히 해방되었다. 이제 우리는 죽음 앞에서 두려워 떨며 '영생불멸' 구걸하지 아니 한다.

하하하— 웃으면서, 우리는 원왕(願王) 따라 갈 수 있게 되었다. 아니—, 바로 우리가 원왕이다. 내가—, 그대가—, 우리 동포들이 '원력왕'이다.

다시 한번—,

붓다께서는 위없는 '법왕(法王, *Dhamma-rāja*)'이시고,

우리 보살들은 붓다의 후예로서 '원왕(願王)' '원력왕(願力王)'이다.

우리가 가는 곳마다 금강역사들이 옹위한다.

우리가 원생 앞에 이르렀을 때, 호법신중들이 달려와서 우리 앞길 인도한다.

'부처님,

우리 원왕 보살들,

금강역사—호법신중들'

이것이 우리 가문의 계보(系譜)고, 나의 정체성(正體性)이다. 이것이 우리 불교도—, 보살들의 권능(權能)이다.

2) 죽음은 새 생명의 진통 —, 다시 만날 약속이다

'죽음'이란 무엇인가?

보살에게 '죽음'이란 무엇인가? 새로운 원생-탄생의 과정이다. 이 몸 놓고 새 보살의 몸으로 가는 원생-탄생의 과정이다.

'죽음의 고통, 죽음의 공포'-, 이것은 새로운 원생-탄생의 진통(陣痛)이다. 새로운 탄생의 산고(産苦)-, 한때의 아픔이다.

'죽음'이란 무엇인가? 보살에게 '죽음'이란 무엇인가? '새로운 만남의 약속'이다. 사랑하는 모든 것들과의 '다시 만남의 언약(言約)'이다.

'더욱 빛나는 보살의 몸으로 다시 만나 중생구원의 길 함께 가리.'- '다시 만남의 언약'이다. 이것이 보살의 생명력이다. 이것이 우리 불교도의 진실생명이다. 다시 무엇을 더 걱정하고 두려워할 것인가? 보살 고행의 길 가는 사람들은 여기서도 저기서도 이렇게 불멸인데- .

'원생(願生)'

"보살님-, 원생하소서. 보살님께서 원생(願生) 하셨다."

"어머니 보살님께서 원생하셨습니다. 새 생명으로 탄생하셨습니다."

"보살님은 다시 돌아오십니다. 우리는 다시 만날 것입니다, 빛나는 몸으로 다시 만나 함께 보살의 길 갈 것입니다. 함께 빠리사의 길-, 개척자의 길 걷고 걸을 것입니다."

이제 이렇게 널리 널리 말할 것이다. 가정에서, 집안에서, 직장에서, 이웃에서 - 이렇게 널리 널리 말할 것이다. 이렇게 널리 널리 전파-, 전법할 것이다.

이것이 해탈 구원의 사회적 민중적 *Message*다. 우리 동포들을 죽음의 공포에서 구하는 거룩한 보살행이다. 우리 불교도가 동포들 위하여 할 수 있는 최선의 선물이고 축복(祝福)이다.

[소리질러]

'광명찬란 광명찬란—

불성광명이 눈앞에 찬란하다.

나무석가모니불 우리도 부처님같이— 」

(박수 환호—)

보살들의 굳센 언약(言約)–, "우리 빛나는 몸으로 다시 만나요"

●

「보살의 원생(願生) 고불법회 / 임종기도, 불자들의 아름다운 언약식(言約式)」

[원생 고불법회 / 임종기도 진행과정]

이제 굳게 약속할 것이다. 손가락 걸고 굳게 약속할 것이다.

'원생(願生)' '보살의 원생(願生)'–,

이 몸 내려놓고 새로운 '탄생의 길', 새로운 '원생 길' 떠날 때–,

내가, 우리 가족이, 친구, 친척, 동료, 도반이 새로운 원생 길 떠날 때–,

가족 친구 도반들이 모여서 '보살의 원생 고불법회(告佛法會) / 임종 기도'를 경건하게 열고 보살의 새로운 원력탄생을 축원할 것이다.

'원생'–, 아름다운 작별이다.

'원생'–, 새 몸으로 가는 아름다운 고별이다.

'원생'−, 더욱 빛나는 몸으로 다시 만날 언약(言約)이다.

부처님의 법력(法力)따라, 금생의 몸을 놓고 새로운 보살의 몸으로 아름답게 원생(願生)하는 것이다. '원생 고불법회(告佛法會)'는 보살이 살아온 금생의 고된 인생역정을 회향하고, 찬란한 '부처님의 빛(Buddha-abhā)' 가운데서 새 보살로 원생하는 거룩하고 아름다운 의식(儀式)이다.

① 주치의의 예비선고가 있으면 가족, 또는 도반들이 주관해서 가까운 인연들이 모인다.

가능한 한 원왕보살이 의식(意識) 있을 때, 취지를 설명하고 양해를 구하고 하는 것이 좋다.

원왕보살이 이미 운명했을 때도 그대로 고불법회를 진행한다.

② 스님을 초청해서 집전한다.

스님 부재 시나 여의치 못할 때, 법사, 가족의 어른, 빠리사의 좌장, 선배 등이 주관한다.

③ 주변에 가족 친구 등 연고가 없는 외로운 사람 만나거든, 빠리사의 도반들 이 주선해서 고불법회를 열고 외롭게 가지 않도록 보살핀다. 외로운 사람들 잘 보살피는 것이 보살이다.

④ 고불법회 마지막 순서로 '다시 만날 언약(言約)' 순서를 진행한다.

[원생 고불법회 / 임종기도 ;

「원생 언약식(願生言約式)」진행순서]

❈ 이 순서는 지난 2021년 8월 27일(금요일) 저녁 8~10시 빠리사학교 *Buddha Study*에서 실제 진행했던 순서 그대로다.

가) 「원형삼보귀의」(법송집 참조)

나) 「무상 *Sati* 일구」(법송집 참조)

　　「들숨 날숨- 하나-,

　　'제행무상(諸行無常) 제행무상(諸行無常)'-

　　'마음이 허공처럼 텅- 비어간다.」- (三念)」

　　(마치고-, 목탁 / 죽비-)

다) 「원생축원 (임종기도)」

　　법사, 또는 좌장, 가장이 기도 올린다.

[원생축원(임종기도)]

(대중들은 합장한다.

원생자도 합장한다.(의식 있을 때)

목탁 / 죽비-)

[진철희 교수법사]

부처님,

하늘 땅 찬란한 해탈구원의 빛 자비하신 부처님,

우리 사랑하는 친구 김순진 상품화 보살을 인도하소서.

우리 사랑하는 친구 김순진 상품화 보살은 부처님 은혜 가운데서 빛나는 일생의 삶을 살고, 이제 기쁜 마음으로 부처님 품으로 돌아가려 하나이다.

우리 친구 김순진 상품화 보살은 한 가정의 주부로서 가정을 지키고, 아들 승찬이와 두 딸 승희, 승연이를 낳아 잘 길러서 이 나라의 큰 인재로 열심히 헌신하도록 인도하였고, 사랑하는 남편 한지수 도반의 아내로서 평생을 아름답게 살아왔습니다.

또 우리 사랑하는 친구 김순진 상품화 보살은 신심 깊은 불자로서 부처님을 믿고 의지하고, 부처님 앞에 발심한 보살로서 수십 년간 외로운 동포들 찾아서 나누고 섬기면서 빛나는 보살의 길을 걷고 걸어왔습니다.

[민병직 교수법사]

부처님,

하늘 땅 찬란한 해탈구원의 빛 자비하신 부처님,

이제 우리 사랑하는 친구 김순진 상품화 보살이 이승의 빛나는 인연을 다하고, 부처님 품으로 돌아갑니다.

부처님께서 대비의 품으로 안아주시고, 부처님 정토에서 잠시 쉬게 하시고, 부처님의 거룩한 위신력으로 다시 이 땅으로 돌아오게 인도하소서.

우리 사랑하는 친구 김순진 상품화 보살이 증생제도의 큰 서원을 계속해서 이어갈 수 있도록, 다시 우리들 곁으로 원생하게 인도하소서.

보다 빛나는 보살의 몸으로 환ㅡ 하게 웃으면서 우리들 곁으로 다시 돌아오도록 인도하소서.

[조명숙 교수법사]

부처님,

하늘 땅 찬란한 해탈구원의 빛 자비하신 부처님,

우리는 오늘의 이 이별이 다시 만나는 약속임을 굳게 믿습니다.

우리는 오늘의 이 슬픈 눈물이 다시 만날 환희의 눈물임을 굳게 믿습니다.

부처님,

하늘 땅 찬란한 해탈구원의 빛 자비하신 부처님, 우리 사랑하는 친구 김순진 상품화 보살이 가는 길을 수호하소서.

외롭지 않게 따뜻한 손길로 몸소 인도하소서.

[이 형 교수법사]

사랑하는 친구 김순진 보살,

그대는 잘 살았습니다.

중생제도 크신 서원 잊지 말고, 잠시 다녀오십시오.

가시는 듯 성큼 우리들 곁으로 돌아오십시오,

사랑하는 가족들, 도반들, 친구들, 기다리고 있겠습니다.

그대 돌아와서 앉을 자리 비워놓고 기다리고 있겠습니다.

부처님 저희들을 수호하소서.

(목탁 / 죽비－)

[함께] "나무석가모니불 (三念)"」

라) 「원왕보살의 고별인사」

　　(원왕보살이 친구들에게 고별인사 한다.

　　말할 수 없을 때는 가족이 대표해서 한다.

　　목탁 / 죽비－)

[윤웅찬 교수법사]

「사랑하는 가족들, 친척, 친구들, 도반들,
금생의 깊은 인연-, 감사합니다.
우리 내생에도 다시 만나요.
더욱 빛나는 대승보살 몸으로 다시 만나서
'붓다의 길' '빠리사의 길' 함께 걸어요.
이 땅의 불교 다시 살리고 우리 동포들 다시 살려요.
우리 굳게 굳게 약속해요.
언제 어디서나 우리는 늘 함께 있습니다.
가족들 친구들 감사합니다, 사랑합니다.

부처님, 감사합니다.
저를 수호하소서.
새로운 보살생명으로 저를 인도하소서.
[함께] "나무석가모니불 (삼념)"」

마)「다시 만날 언약(言約)-손가락 걸고」
　　대중들은 모두 합장하고,
　　'석가모니불' 정근하고, (목탁 가볍게-)
　　가족부터, 친척, 친구, 도반들 순으로
　　한 사람씩 나가서 원생보살과 손가락 걸고 언약한다.

"우리 빛나는 보살 몸으로 다시 만나요"-,

(원왕 보살의 사정이 여의치 않을 때는 손만 잡고 언약하고 나온다.
만일 임종했을 때는 합장 반배하고 언약하고 나온다.)

바) 「찬불」
　　한 곡-, 또는 두세 곡을 함께 노래한다.

[김혜은 메조소프라노 보살]

'찬란한 빛으로 돌아오소서'
'미타의 품에 안겨'
'보현행원'

사) 「회향 광명진언」
　　「광명찬란 광명찬란-
　　불성광명이 눈앞에 찬란하다.
　　보살 원력이 온몸 가득 솟아난다.
　　보살 열정이 온몸 가득 솟아난다.
　　모든 생명들이여 부디 행복하소서.
　　사랑하는 이들이여 부디 행복하소서.
　　우리 빛나는 보살 몸으로 다시 만나요.
　　나무석가모니불 우리도 부처님같이- 」

참고문헌

● **1차 자료(경전 및 주석서)**

『디가니까야』전3권, 각묵 스님 역(2006, 초기불전연구원)

『맛지마니까야』전4권, 대림 스님 역(2014, 초기불전연구원)

『맛지마니까야』전5권, 전재성 역(2002, 한국빠알리성전협회)

『앙굿따라니까야』전6권, 대림 스님 역(2007, 초기불전연구원)

『상윳따니까야』전6권, 각묵 스님 역(2016, 초기불전연구원)

『쌍윳따니까야』전11권, 전재성 역(1999, 한국빠알리성전협회)

『빠알리경전』일아 스님 편(2010, 민족사)

『한글대장경 본생경』1권 (1988, 동국역경원)

『한글대장경 불본행집경』1권 (1985, 동국역경원)

『법구경』전2권, 거해 스님 역(1992, 고려원)

『법구경-담마파다』전재성 역(2012, 한국빠알리성전협회)

『숫따니빠따』일아 스님 역(2015, 불광출판사)

『숫타니파타』전재성 역(2004, 한국빠알리성전협회)

『금강경』현장 법사 역/각묵 스님 역해(2006, 불광출판부)

『근본설일체유부 비나야잡사』12권

『기쁨의 언어 진리의 언어』(우다나) (1991, 민족사)

『붓다의 과거세이야기』(자타카) (1991, 민족사)

『네 가지 마음 챙기는 공부』(개정판 1쇄), 각묵 스님 역(2004, 초기불전연구원)

The Long Discourses of the Buddha (1995, tr. Maurice Walshe, Wisdom Pub., Oxford)

The Middle Discourses of the Buddha (1995, tr. Bhikkhu Nanamoli, Wisdom Pub., Oxford)

Dialogues Of The Buddha part I ~ IV (1996, ed. T. W. Rhys Davids, PTS, Oxford)

The Book of The Middle Length Sayings Vol. I ~ III (1996, ed. I. B. Horner, PTS, Oxford)

The Book of The Gradual Sayings Vol. I ~ IV (1996, ed. E. M. Hare, PTS, Oxford)

The Book of The Kindred Sayings Vol. I ~ IV (1996, ed. MRS, Rhys Davids, PTS, Oxford)

The Book of The Discipline Vol. IV / Mahāvagga (2000, tr. Horner J. B., Oxford PTS)

The Book of The Discipline Vol. V / Cullavagga (2000, tr. Horner J. B., Oxford PTS)

Udāna (1997, tr. P. Masefield, PTS, Oxford)

Buddhist Legends (1999, tr. Eugene W. Burlingame, Munshiram Manoharlal Pub., Ltd)

Swam Prabhvananta / 박석일 역, 『우파니사드』(1980, 정음사)

The Thirteen Principal Upanisads (1934, tr. R. E. Hume, Oxford University Press, London)

● 2차 자료

국내문헌 (저술, 논문, 편저)

각묵 스님, 『초기불교 이해』(2010, 초기불전연구원)

광덕 스님, 『보현행원품강의』(1998, 불광출판부)

김동화

　『佛敎學槪論』(1980, 보련각)

　『原始佛敎思想』(1973, 보련각)

김재영

　『룸비니에서 구시나가라까지』(1999, 불광출판부)

　『은혜 속의 주인일세』(1991, 불광출판부)

　『초기불교개척사』(2001, 도서출판 도피안사)

　『히말라야를 넘어 인도로 간다』(2006, 종이거울)

　『초기불교의 사회적 실천』(2012, 민족사)

　『화엄코리아』(2017, 동쪽나라) [붓다스터디 1집]

　『붓다의 일생 우리들의 일생』(2018, 동쪽나라) [붓다스터디 2집]

　『새롭게 열린다, 붓다의 시대』(2019, 동쪽나라) [붓다스터디 3집]

이봉순,『菩薩思想 成立史硏究』(1998, 불광출판부)

이수창(마성 스님),『사캬무니 붓다』(2010, 대숲바람)

임승택,『초기불교』(2013, 종이거울)

정태혁,『印度宗敎哲學史』(1986, 김영사)

조계종교육원,『부처님의 생애』(2010, 조계종출판사)

번역문헌

와다나베 쇼꼬/법정 스님 역,『불타 석가모니』상/하(1981, 지식산업사)

中村 元/김지견 역,『佛陀의 世界』(1984, 김영사)

平川 彰/이호근 역,『印度佛敎의 歷史』상/하(1989, 민족사)

平川彰 외/정승석 역,『大乘佛敎槪說』(1985, 김영사)

외국문헌

Ahir ed., A Panorama of Indian Buddhism (1995, Sri satguru Pub., Delhi)

Chakravarti, Uma, *The Social Dimensions of Early Buddhism* (1996, Munshiram Manaharlal Pub, New Delhi)

Das Gupta, *A History of Indian Philosophy vol, 1* (1968, Cambridge)

John M. Koller, *The Indian Way* (1982, Macmillan Pub., Co., Inc. New York)

Pande, G. C, *Studies in The Origin of Early Buddhism* (1978, Motilal Banarsidas, Delhi)

Rahula, Wolpola, *What the Buddha taught* (1978, London, Gordon Fraser)

Schumann, H. W, *The Historical Buddha* (1989, New York, Arkana)

Thomas E. J,

    The History of Buddha Thought (1933, Kegan Paul)

    The Life of Buddha (1997, Motilal Banarsidas, Delhi)

Upreti G. B, *The Early Buddhism World Outlook of Historical Perspective* (1997, Manohar Pub., New Delhi)

사전류

『佛教學大辭典』(1988, 홍법원)

PED (*The Pāli Text Society's Pāli-English Dictionary* / T. W. Rhys Davds & William Stede, London, 1921-1925)

몸은 늙어가고
세상시름은 더욱 깊어지고

2015년 10월 18일

의정부 집에서 『화엄코리아』를 쓰기 시작하였다.

자기하고 다르다고, 자기생각-, 자기주의-, 자기 진영하고 다르다고, 남들을 적대시하고, 편을 가르고 원수처럼 온갖 막말로 저주하고, 서로 잔인하게 해치고, 편이 다르면, 진영이 다르면 '눈앞의 fact'-, '사실(事實)'도 달라지고 '진리'도 달라지고 '정서'도 달라지는-, 눈빛마저 달라지는 이 험한 세상을 보면서, 모두 하나 되는 세상 그리워하면서 쓰기 시작하였다. 온갖 잡것들-, 잡꽃 잡초 잡나무들-, 잡화(雜華)들이 한데 어우러져 아름다운 숲처럼 평화로운 나라-, 우리 코리아 그리워하면서, '화엄코리아'라고 이름 붙였다. '화엄(華嚴)'이란 말이 본래 그런 뜻 아닌가.

처음에는 한 권으로 끝낼 생각이었다.

그러다가 2017년 책이 나오고 욕심이 생겨서, 2018년 『붓다의 일생 우리들의 일생』을 내면서 '붓다 스터디 2집'이라 하고, 2019년 『새롭게 열린다, 붓다의 시대』는 '3집'이라고 갖다 붙였다. 그래서 이번에 이 책이 '4집'이 된다. 생각지도 않게 '붓다의 불교 시리즈'가 된 것이다. 내 맘속으로는 이것을 '붓다의 불교학'이라고 이름 붙이고 있다. 5집까지 내려고 계속 글을 쓰고 있다.

　일이 이렇게 된 데에는 빠리사 학교가 큰 인연이 되었다.

　2013년 1월 열두 명 청보리 순례단이 인도 팔대성지를 걷고 와서, 2014년 10월 27일 조계사 지하공연장에서 붓다의 일생 10부작 영상 「붓다 석가모니」를 발표한 것이 계기가 돼서, '부처님 공부하자'며 스스로 모인 40여 명의 학인들이 '우리는 선우 빌딩' 2층 '만해방'에서 '붓다-빠리사 학교'를 열었다. 재가연대의 조화제 원장과 사무총장 정윤선 박사가 큰 역할을 했다. 이 빠리사학교가 지금까지 계속되고 있다. 한 달 두 번 둘러앉아서 공부하다가 코로나 덕분에 지금은 Zoom 방에 둘러앉아서 밤늦도록 Sati 수행하고 발표하고 토론하면서 구도의 열정을 불태우고 있다. 수원 춘천 김해 울진 등 지방에서도 붓다 빠리사를 결성하고 함께 정진하고 있다. 붓다께서 노구(老軀)를 무릅쓰고 빠딸리(Pāṭali) 마을에서 시민들과 무릎 맞대고 둘러앉아 밤늦도록 공부하시던 그 열정을 배워가고 있는 것이다. 학인들이 모이고 공부하게 되니까 강의하고 토론할 자료가 있어야 하고-, 그래서 그때그때 써서 모은 것이 자연스럽게 책이 되어 나오게 된 것이다.

『대전환 붓다는 지금도 걷고 있다』
　이 책은 2020년 10월 1일 한가위 날 시작해서 2021년 9월 초 탈고하였다. 붓다빠리사 학교에서 함께 공부한 강의본을 토대로 다시 정리한 것이다.

『대전환』-,

우리불교가-, 우리 세상이 바뀌기를 바라는 간절한 염원과 열정으로 한 자 한 줄씩 쓰고 있다.

부처님은 하늘에서 뚝 떨어진 신비한 존재가 아니다. '신(神)'도 아니고, '하늘 가운데 하늘(天中天)'도 아니고, '법신'도 아니고, '화신'도 아니고-, 열심히 피땀 흘리며 걷고 걸었던 한 역사적 선각자다. 우주진리를 깨달은 것도 아니고, 불생불멸의 한마음-, 진공묘유(眞空妙有)를 깨달은 것도 아니다. 우주적 영원생명-, 진실생명과의 합일-, 대아(大我) 진아(眞我)의 경지를 깨달은 것도 아니다. 붓다는 이런 말도 모르고 이런 개념도 없으시다. 이것은 모두 범아일여(梵我一如)를 추구했던 숲속 명상가들의 유물이다. 붓다는 그 상속자가 아니다.

붓다는 걷고 있다.

우리들과 함께 무릎 맞대고 둘러앉아 있다.

붓다는 동시대 많은 사람들-, 동포들-, 시민들의 고통을 함께 가슴 아파하며 그 고통의 현장에서 고뇌하고 찾아 헤매고-, '욕심 고집을 버리고 아픈 연민으로 나누고 섬기는 보살원력이 최선의 해탈구원'이라는 단순한 '눈앞의 사실'을 깨닫고, 늙고 병들어 돌아가시는 순간까지 애쓰고 애쓰면서 걷고 걸으신다. 작고 외로운 많은 사람들-, 동포들-, 시민들 찾아 그 현장에서 밤늦도록 함께 둘러앉아 계신다. 고집을 비우고 지켜보면, 붓다는 지금도 우리 곁에서-, 우리와 함께 걷고 있다. 우리와 함께 무릎 맞대고 앉아있다.

몸은 점차 늙어가고

세상은 더욱 시름의 늪으로 빠져들고 있다.

'이게 세상인가? 이게 동포들인가? 이게 인간들인가?'-, 싶다.

그래도 포기하지 않을 것이다. 그럴수록 더 애쓰고 애쓸 것이다.

금생에도 애쓰고, 다음 생에도 애쓰고-, 결코 멈추지 않을 것이다.

우리도 부처님같이-, 영겁을 넘어-, 지금 여기서 걷고 걸을 것이다.

평생 함께 걸어온 우리 청보리들,

함께 공부하고 있는 우리 빠리사 도반들,

캄보디아 오지에서 어린이들 청년대학생들 위하여 헌신하는 자비 수레꾼들,

언제나 큰 힘이 되어주는 우리절의 대중들, 우리 가족들-,

고마운 동행자 동쪽나라 김형균 거사-,

감사합니다.

2021년 11월 26일, 금요일

도솔산 도피안사 玉川山房에서

김재영 합장

찾아보기

나

다

아

대전환

붓다는 지금도 걷고 있다

초판 1쇄 인쇄일   2021년 12월 14일
초판 1쇄 발행일   2021년 12월 17일
지은이   김재영
펴낸이   김형균
펴낸곳   동쪽나라
등록   1988년 6월 20일 등록 제2-599호
주소   서울시 강동구 고덕동 62길 55 3003호
전화   02) 441-4384

값 18,000원
ISBN 978-89-8441-282-8 03220

ⓒ 김재영, 2021

이 책의 저작권은 저자에게 있습니다.
파본 및 잘못된 책은 교환해드립니다.